VANESSA MÜNSTERMANN

MIT REGINA CARSTENSEN

ICH WILL MICH NICHT VERSTECKEN

ROWOHLT TASCHENBUCH VERLAG

Das für dieses Buch verwendete Papier ist FSC®-zertifiziert.

Originalausgabe
Veröffentlicht im Rowohlt Taschenbuch Verlag,
Reinbek bei Hamburg, März 2019
Redaktion Ana González y Fandiño
Copyright © 2019 by Rowohlt Verlag GmbH, Reinbek bei Hamburg
Bildnachweis: Fotos 1–19, 22–25, 27–29 © Vanessa Münstermann,
Fotos 20, 21 © Christian Holzknecht, Foto 26 © Uli Schuster
Umschlaggestaltung zero-media.net, München
Umschlagabbildung Christian Holzknecht
Satz aus der Mercury bei Pinkuin Satz und Datentechnik, Berlin
Druck und Bindung CPI books GmbH, Leck, Germany
ISBN 978 3 499 63378 2

INHALT

PROLOG

Kylie guckt mich auffordernd an. «Ist ja schon gut, wir gehen sofort raus.» Meine Beagle-Dame verfolgt aufmerksam, wie ich in meine dicke graue Jacke schlüpfe. Ein letzter Blick in den Spiegel. Okay, sage ich zu mir selbst und lächle, du bist fast ein bisschen overdressed. Meine orangefarbene Halskette ist nicht zu übersehen, mit meinen Haaren habe ich mir viel Mühe gegeben, genauso mit meinem Make-up. Die braunen Overknee-Stiefel passen perfekt zu den schwarzen Leggings, unter der Jacke trage ich ein langes schwarzes Top. Styling gecheckt und für gut befunden – es ist an der Zeit, ein neues Leben zu beginnen. Mein neues Leben. Endlich. Mit sechsundzwanzig. Nichts mehr will ich mit Männern zu tun haben, die sich regelrecht tarnen, die sich erst von ihrer guten Seite zeigen und einen dann verletzen, die einfach nur destruktiv sind und mit allen Mitteln versuchen, Einfluss auf die Partnerin zu nehmen.

Brrr. Draußen ist es kalt, immerhin regnet es nicht. Schnell habe ich die Kälte vergessen, ich spüre sie kaum, denn ich bin einfach nur glücklich. Ich bin kein Spielball mehr. Kein Häufchen Elend mehr, das heulend auf dem Sofa liegt. Nicht mehr die, die laufend Fehler macht. Ich habe mich selbst zurückerobert. Endlich habe ich es geschafft, mich von Daniel zu trennen. Er hatte mich in den «siebten Himmel» gehoben, nur um mich letztes Endes zu vernichten. Doch bevor ihm das gelingen konnte, habe ich ihm einen Strich durch die Rechnung gemacht. Ich bin bei ihm ausgezogen und in meine eigene Wohnung zurückgekehrt. Zum Glück hatte ich den Mietvertrag nicht gekündigt. Aber selbst wenn, dann hätte ich mir eine neue gesucht und wäre zwischenzeitlich bei einer Freundin oder bei meiner Mutter untergekommen.

Es ging einfach nicht mehr. Ich war labil geworden, jede einzelne Minute, in der er gut drauf war, stellte für mich Erholung pur dar. Was war ich in Daniel verliebt gewesen – kein Mann schien mich je so verstanden zu haben wie er, keiner hatte je so viel Interesse an mir gezeigt wie er. Dabei hatte er nur deshalb alles aufgesogen wie ein Schwamm, um zu wissen, wie ich ticke, um die richtigen Strategien anwenden zu können. Und um sich erst einmal anzupassen. Während ich blöd genug war zu denken, ich hätte in ihm einen Seelenverwandten gefunden, wurde ich nur manipuliert. Alles, was er wollte, war, Macht über mich zu haben. Macht über meine Seele und Macht über meinen Körper. Und zwar auf Knopfdruck. Gehirnwäsche könnte man es auch nennen.

Monatelang ließ ich alles mit mir machen, ordnete mich unter, suchte immer nach irgendwelchen Gründen und Entschuldigungen für sein Verhalten. Merkte nicht, dass es seinerseits Berechnung war, wenn er zwischendurch liebenswert war – und ich dadurch glücklich. Er brauchte es, dass ich in der Spur war, in seiner Spur. Doch auf Dauer war das nicht nur für mich enorm belastend und anstrengend, sondern auch für ihn. Der Nutzen, den ich ihm bot, wurde immer geringer. Am Anfang genoss er es, dass ich, die doch eigentlich stark und ganz patent war, ihn bewunderte, doch irgendwann reichte das nicht mehr. Er brauchte neue Opfer. Als ich schließlich merkte, dass er sich mit anderen Frauen traf, sagte ich zu ihm: «Ich brauche erst einmal Abstand von dir. Da du dich anderweitig orientierst, machen wir wohl besser eine Pause.» Er hatte sich mit meinem Entschluss einverstanden erklären müssen, gezwungenermaßen, schließlich waren die Nachrichten von anderen Frauen auf seinem Tablet Beweis genug.

Kurz nach meinem Auszug bei Daniel rief ich seine Eltern an, erzählte ihnen, dass es mit ihrem Sohn und mir nicht geklappt hätte. Sie räumten ein, gewusst zu haben, dass unsere Beziehung in die Brüche gehen würde. Zum Schluss gaben sie mir noch zu verstehen, dass ich auf mich aufpassen solle, nach jeder Trennung poste ihr Sohn gewisse Sachen auf Facebook. Ich hatte nicht nachgefragt, was sie mit «aufpassen» genau meinten. Ich war einfach nur froh, wieder in meinen eigenen vier Wänden zu sein.

Nach dem Telefonat schrieb ich Daniels Eltern noch einen Brief, in dem ich genauer erläuterte, warum ich mich von ihrem Sohn getrennt hatte. Darin beschrieb ich auch, welche Ultimaten Daniel aus meiner Sicht würde erfüllen müssen, damit an eine Wiederaufnahme unserer Beziehung überhaupt nur zu denken wäre: eine mehrjährige Therapie machen, sich einen Job suchen und eigene Möbel anschaffen. Es war ein Versuch, einen Weg aus dem Chaos zu finden. Einen gemeinsamen Weg.

Die Eltern antworteten, sie glaubten nicht, dass Daniel sich darauf einlassen würde. Und selbst wenn er es noch so sehr wollte, würde er es nicht schaffen. Er sei als Kind in der Psychiatrie gewesen, was aber damals nicht viel geholfen hätte. Es habe anschließend weiterhin Probleme gegeben. Psychiatrie? Schon als Kind? Probleme? Ich stutzte, als ich das hörte. Davon hatte mir Daniel nie etwas gesagt. Dennoch war ich gar nicht so verwundert, als mir das schließlich zu Ohren kam. Auf einmal fügte sich nach und nach etwas zusammen, was ich bislang nur im Verborgenen gefühlt, was ich irgendwie geahnt hatte. Dann sagten seine Eltern allerdings noch etwas, was mich weitaus mehr irritierte. Ihnen täte das alles schrecklich leid, ich sei der Traum einer Schwiegertochter, allerdings hätten sie nie verstanden, wieso ich mich auf jemanden wie ihren Sohn eingelassen hätte, was eigentlich mit mir los sei? Das musste ich erst einmal verdauen. Mir wurde klar: Es war notwendig, dass ich mir diese Frage selbst stellte. Wieso hatte ich mich in Daniel verliebt? Hätte ich das alles nicht schon viel früher bemerken müssen? Was hatte mich so blind gemacht?

Ich seufze, denn mit all diesen Fragen werde ich mich noch beschäftigen müssen. Weitaus ausführlicher, als mir lieb ist. Ich werde unsere Beziehung unters Mikroskop legen müssen. Aber erst einmal brauche ich Ruhe, ich muss wieder ich selbst werden, mit meinen eigenen Stärken und Schwächen. Niemand soll mir mehr irgendwelche Eigenschaften zuschreiben.

«Kylie, hierher!» Wieso läuft sie denn immer wieder zu diesem Busch? Sie ist doch sonst nicht so nervös? Hat sie etwa eine Spur aufgenommen? Von einem Rüden? Es gibt ja noch andere Hundebesitzer, die schon so früh unterwegs sind. Ich kann allerdings kaum etwas erkennen, denn es ist noch verdammt dunkel, nur hin und wieder mache ich auf dem Rasen weiße Punkte aus: keine Schneereste, sondern wagemutige Schneeglöckchen, die ihre strahlend weißen Blüten unverdrossen in alle Himmelsrichtungen strecken.

Daniel. Wieder kehren meine Gedanken zu ihm zurück. Zu dem Mann, den ich nicht verstehe. Nicht mehr verstehe. Mit dem ich doch mein Leben teilen wollte. Was steckt bloß hinter seinem merkwürdigen Verhalten? Nach unserer Trennung war er eher freundlich, unerwartet freundlich. Er half mir sogar dabei, meine Sachen, die ich bei ihm hatte, zurück in meine Wohnung zu transportieren. Er war wieder der nette Daniel aus unserer Anfangszeit, nicht der aggressive. An meinem Geburtstag vor drei Tagen war er dann abends vorbeigekommen und hatte mir ein Geschenk gebracht, eine Tasche, die man beim Joggen am Oberarm befestigen und in der man sein Handy verstauen kann. Dazu zwei Gutscheine, um Essen über das Internet zu bestellen. Eigentlich nichts Persönliches, eher Allerweltsgeschenke, die er vielleicht sogar selbst geschenkt bekommen hatte.

Als er gegangen war, stellte ich die Klingel aus und legte die Sicherheitskette an der Wohnungstür vor. Ich spürte eine unbestimmte Angst, davor, dass er zurückkehren könnte. Daniel hatte nämlich wieder seine aggressive Seite hervorgekehrt. Von Tag zu Tag mehr. Es fing mit Telefonterror an, ungefähr vierzigmal in der Stunde rief er mich auf meinem Handy an. Nachdem ich nicht einen seiner Anrufe angenommen hatte, versuchte er es bei meinem Vater. Entnervt von diesem Verhalten, rief mein Vater daraufhin Daniels Vater an: «Kümmer dich mal um deinen Sohn, sag ihm, er soll seinen Telefonterror gefälligst bleiben lassen. Es eskaliert gerade.» Daniels Vater meinte daraufhin nur, er würde ja gern helfen, könne jedoch leider nichts tun, er habe keinen Einfluss auf ihn, er wisse, wie sein Sohn sei, könne aber nicht auf sein Handeln einwirken. Damit war klar, dass von Daniel Gefahr ausgehen konnte. Der Rat seiner Eltern, «auf mich aufzupassen», fiel mir wieder ein.

In der Nacht nach meinem Geburtstag, gegen drei oder vier Uhr morgens, erhielt ich eine SMS von ihm. In der Nachricht hieß es, ich sei die Frau seines Lebens, er wolle Kinder mit mir haben. Ich las sie erst am darauffolgenden Morgen; denn ich hatte schon geschlafen, als sie eingetroffen war. Sollte ich darauf eingehen? Nein, ich wollte ihn nicht noch mehr provozieren. Und doch tat ich offenbar genau das. Denn weil ich nicht das machte, was er wollte, womit er rechnete, wurde er immer wütender. Der Telefonterror ging weiter und weiter. Irgendwann ging ich ran. Daniel schluchzte und meinte, er wolle mich zurück, er könne nicht ohne mich sein. Das hatte ich alles schon häufiger gehört, früher hatte ich mich davon erweichen lassen, doch jetzt nicht mehr. Ich war nur genervt, schon allein deshalb, weil er meine Familie mit in alles hineinzog, das war wirklich das Allerletzte. Ich erklärte ihm, dass ich nichts mehr mit ihm zu tun haben wolle, er solle mich in Ruhe lassen, und von den Bedingungen, die ich nicht nur in dem Brief an seine Eltern genannt, sondern auch ihm gegenüber geäußert hatte, wolle ich erst recht nichts mehr wissen. Es sei definitiv aus zwischen uns, ich hätte kein Vertrauen mehr zu ihm.

Seine Rache folgte prompt, indem er meine Handy-Nummer auf Facebook postete, versehen mit dem Hinweis, ich hätte angeblich eine Vorliebe für dicke schwarze Schwänze. Auf wen immer das zuträfe, der solle zur Tankstelle meiner

Mutter und meines Stiefvaters kommen, ich würde mit jedem Einzelnen Sex haben wollen. Es war unfassbar! Daniels Eltern hatten mich zwar vorgewarnt, aber ich hatte ihren Hinweis nicht ansatzweise ernst genug genommen.

Ich schüttle mich, als ich jetzt wieder daran denken muss. Wie habe ich diesem Menschen nur glauben und vertrauen können? Ich beobachte die Atemwolken, die vor meinem Gesicht aufsteigen, doch auch sie können meine Wut nicht besänftigen.

Seit zwei Wochen arbeite ich fest angestellt bei der Tankstelle, weil meine Mutter und mein Stiefvater kein Personal finden konnten, also habe ich meinen Job bei der Bank gekündigt und bin eingesprungen. Jeden Morgen um halb sechs fange ich dort an, um halb fünf klingelt mein Wecker. Deswegen bin ich auch so früh unterwegs, jetzt ist es gerade ungefähr fünf.

Kylie und ich gehen um die Ecke des Häuserblocks, meine Hundedame scheint den ominösen Hundeherrn vergessen zu haben, der sie eben noch brennend interessierte, sie läuft wieder wie üblich an meiner Seite. Meine Gedanken kehren zurück zu dem Facebook-Post von Daniel. Diverse Freunde und Bekannte waren darauf aufmerksam geworden und hatten mich informiert – «Es gibt da ein kleines Problem ...» –, bevor ich ihn selbst bemerkte.

Gestern, am Sonntag, meinte meine Mutter dann zu mir: «So geht das nicht weiter, wir müssen zur Polizei. Das läuft total aus dem Ruder.» Kunden, die einen Werkstatttermin abmachen wollten, kamen nicht mehr bei uns durch, weil Daniel ständig die Telefonnummer der Tankstelle anrief und damit die Leitung blockierte. Außerdem meldete sich auch wiederholt eine Frau, die herumstöhnte und sagte, sie habe auch eine Schwäche für dicke schwarze Schwänze. Wir vermuteten, dass es sich dabei ebenfalls um Daniel handelte, da er ein gewisses Talent dafür hatte, seine Stimme zu verstellen.

Mein Stiefvater kam also zur Tankstelle und löste mich ab, sodass meine Mutter und ich zur nächsten Polizeidienststelle gehen konnten. Nachdem wir erklärt hatten, worum es ging, wurde mir eine Polizeibeamtin zugewiesen, die mich bat, ihr alles genau zu erzählen. Und das tat ich auch. Sie unterbrach mich nicht, blickte nur hin und wieder vom Bildschirm ihres Computers, an dem sie konzentriert arbeitete, zu mir herüber. Es war nicht notwendig, dass sie irgendetwas kommentierte, ihre Blicke sagten mehr als tausend Worte. Schließlich verkündete sie: «Wir werden jemanden bei ihm vorbeischicken.» Danach kamen keine Anrufe mehr und auch keine SMS. Ich war erleichtert.

Wieder wird Kylie unruhig. Was hat sie heute denn bloß? Bevor ich weiter darüber nachdenken kann, taucht jemand vor mir im Gebüsch auf. Dass da überhaupt jemand ist, erkenne ich zuerst nur an einer beigefarbenen Mütze. Sie ist so hell, dass sie wie die Schneeglöckchen geradezu aus dem Dunkel hervorstrahlt. Mein Atem stockt. Im ersten Moment habe ich nicht geschaltet, doch nun erkenne ich Mütze und Gesicht. Ich will es nicht wahrhaben, aber es ist Daniel. Dunkel gekleidet, die Hände in den Taschen seiner Jacke. Jetzt stalkt er mich auch noch, schießt es mir durch den Kopf. Ich habe es befürchtet, doch sofort wieder verdrängt. Hat er etwa, überlege ich weiter, die ganze Nacht im Auto vor der Haustür verbracht? Doch warum habe ich dann seinen blauen Mazda gar nicht gesehen? Hat er ihn weiter entfernt abgestellt, damit ich keinen Verdacht schöpfe?

Daniel tritt aus dem Gebüsch hervor, er trägt seine schwarze Jacke und Jeans.

«Vanessa!», ruft er. «Vanessa!»

«Lass mich in Frieden», erwidere ich genervt. «Ich habe eine einstweilige Verfügung gegen dich erwirkt, du darfst dich mir nicht nähern.» Das ist zwar gelogen, doch in der vergangenen Nacht habe ich mich entschieden, den entsprechenden Rat der Polizistin zu befolgen und später am Tag bei Gericht eine solche einstweilige Verfügung zu beantragen.

Ich kehre ihm den Rücken zu, leine Kylie an und zerre sie ums Haus, Richtung Hauseingang, ich will nur noch fort, fort von Daniel, diesem Mann, der mir von Tag zu Tag unheimlicher wird. Ich schaue mich nicht um, sondern gucke nur nach vorne. Ich habe das Gefühl, als hätte ich Blei an den Füßen, der Weg bis zur Tür erscheint unendlich lang und weit. Da höre ich auf einmal von links: «Ich muss ja sowieso ins Gefängnis», und schon im selben Moment schüttet Daniel mir etwas ins Gesicht. Ich spüre, dass es kein Wasser ist, aber was es sonst sein könnte, vermag ich nicht zu sagen. Es fühlt sich merkwürdig an, nass und irgendwie auch heiß. Daniel hält in seiner Hand ein kleines Schraubglas, ich erkenne das Etikett, es gehört zu einer Fertignudelsauce, die wir häufig zu Spaghetti aufgewärmt haben, eine Sorte namens Arrabbiata. Jedenfalls ist das, was da in meinem Gesicht gelandet ist, keine Nudelsauce, in dem Glas muss sich etwas anderes befunden haben. Dann sehe ich auf einmal nicht mehr richtig, stehe unter Schock, gehe vor Schreck in die Hocke und nehme auch gar nicht mehr wahr, wie Daniel wegrennt.

Eine Nachbarin, die ebenfalls mit ihrem Hund unterwegs

ist und die ich kurz zuvor noch gegrüßt habe, hat die kurze Szene verfolgt. Sie kommt nun auf mich zu und sagt:

«Er ist schnurstracks geflohen, ohne nach links oder rechts zu gucken.» Als sie merkt, dass ich nicht ganz bei mir bin, fragt sie mich: «Was ist denn passiert? Kann ich Ihnen aufhelfen?»

Ich bin so perplex, dass ich nicht auf ihre Frage antworten kann. Langsam erhebe ich mich und sage: «Ich muss zur Arbeit, ich muss in mein Auto steigen, sonst komme ich zu spät.»

Die Nachbarin schüttelt den Kopf und erklärt: «Sie fahren jetzt nirgendwohin. Ihr Gesicht wird ja ganz grün, irgendwas stimmt da nicht.» Es ist die Säure, die schon reagiert, von der ich aber immer noch keine Ahnung habe, dass es Schwefelsäure ist. Daniel hat den Industriereiniger «Rohrgranate» gegen mich verwendet, hochaggressives Zeug, doch das erfahre ich erst sehr viel später. Mein Haar und das Fell an meiner dunkelgrauen Winterjacke triefen von der Flüssigkeit.

«Und was soll ich dann machen?», frage ich, noch immer völlig orientierungslos.

«Wir rufen jetzt einen Krankenwagen. Allerdings habe ich gerade kein Handy dabei. Sie vielleicht?»

Benommen greife ich in meine Jackentasche, um mein Mobiltelefon herauszuholen. Ich versuche, 112 einzutippen, aber es gelingt mir nicht. Mein Handy reagiert nicht, es ist anscheinend nass geworden.

«Es funktioniert nicht», murmele ich vor mich hin.

«Dann klingeln wir eben bei den Nachbarn», erwidert die Hundebesitzerin bestimmt und führt mich zur Haustür.

Noch bevor wir einen Klingelknopf drücken, höre ich

eine Stimme aus der Gegensprechanlage: «Mein Mann hat schon einen Krankenwagen gerufen.»

Eine andere Nachbarin kommt heraus und reicht mir ein Handtuch zum Abtrocknen.

Ich nehme es und sage: «Danke, es ist besser, Sie fassen mich nicht an, ich weiß nicht, was das für eine Substanz ist. Ich möchte nicht, dass sich jemand verletzt. Aber können Sie sich um Kylie kümmern? Sie hat doch nichts abbekommen?»

Die Nachbarin nickt, und ich entferne mich ein wenig von den Menschen, die um mich herumstehen, setze mich vor einem blätterlosen Strauch auf den kalten Boden, trockne mit dem Handtuch mein Gesicht ab. Dann warte ich. Nach ungefähr vier Minuten, die sich anfühlen wie eine ganze Ewigkeit, taucht endlich der Krankenwagen auf. Ein Arzt mit Handschuhen an den Händen hilft mir in den Wagen.

«Bitte, passen Sie auf», sage ich und füge hinzu: «Ich bin Diabetikerin.»

Noch während der Arzt mir einen Zugang legt, taucht die Polizistin auf, der ich tags zuvor alles über Daniels Einschüchterungsversuche erzählt habe und die meine Aussage aufgenommen hat.

«Sie kenne ich doch», spricht sie mich an, während sie vor dem Krankenwagen steht. «Sie sind doch gestern bei uns gewesen! Wer war das?»

«Mein Exfreund», erwidere ich. «Daniel F., der, den ich angezeigt habe.»

«Sind Sie sich sicher?»

«Ja, da bin ich mir absolut sicher.»

Sie fängt noch an, andere Sachen zu fragen, aber der Notarzt mischt sich ein. «Das muss jetzt warten. Dafür haben

Sie noch später Zeit. Wir müssen jetzt los. Jede Minute zählt.»

Ich höre noch, wie der Notarzt und der Sanitäter überlegen, wohin sie mich fahren sollen, in welches Krankenhaus. Es muss schlimmer um mich stehen, als ich vermute. Daniel hat ein Attentat auf mich verübt.

1

AUFWACHEN
AUS DEM KOMA

Februar 2016

War ich wach oder schlief ich? Manchmal schien ich es zu wissen, dann wieder nicht. So genau konnte ich es nicht einordnen. Ich befand mich in einer Art Zwischenzustand, aber immerhin war mir bewusst, dass ich am Leben war. Genau, tot war ich nicht, doch als ganz normal nahm ich das Geschehen um mich herum auch nicht wahr. Weder ging ich zur Arbeit, noch machte ich Spaziergänge mit meiner Beagle-Dame Kylie, ich lümmelte auch nicht mit einem Freund oder einer Freundin auf dem Sofa oder sah mir irgendwelche Fernsehserien an. Genauso wenig besuchte ich meine Eltern oder meine Schwester, sie schienen sich eher in meiner Nähe aufzuhalten. Irgendetwas stimmte hier nicht, ich wusste nur nicht, was.

In jenem Moment aber war etwas anders, grundsätzlich anders. Es versammelten sich Menschen um mein Bett, und zwar in einer Anzahl, die mir ungewöhnlich vorkam. Ich hatte das Gefühl, sie alle zu kennen, allerdings waren die meisten bislang zu zweit in meiner Nähe gewesen, während das hier geradezu einem Aufmarsch glich. Was wollten sie bloß alle von mir? Was war nur los? Immer deutlicher hörte ich ihre Stimmen, wie sie leise miteinander redeten, und auch ihre Umrisse konnte ich nach einer Weile klarer erkennen. Plötzlich wusste ich, was anders war als sonst. Ich öffnete zum ersten Mal wieder meine Augen. Ja, Augen, Mehrzahl. Ich wusste zu diesem Zeitpunkt noch nicht, dass ich auf einem Auge blind war, besser gesagt nahezu blind. Eigentlich hatte ich also nur mein eines Auge geöffnet, um genau zu sein, das rechte. Und mit diesem Auge nahm ich nun Schläuche und Geräte wahr, die ich nie zuvor in meinem Leben gesehen hatte. Minutenlang starrte ich auf fünf aufgezogene Spritzen in einer Schale, zwei oder drei davon gefüllt mit einer weißen Flüssigkeit, die sie scheinbar in einem bestimmten Rhythmus in meinen Körper abgaben. Was war das für eine Apparatur? Was hatte das Ganze zu bedeuten? Und wieso hatte ich zwei Schläuche in der Nase?

Eine Krankenschwester, die ich an ihrer Dienstkleidung erkannte, trat an mein Bett. Sie beuge sich ein wenig zu mir herab, das besorgt dreinblickende Gesicht von mittelblondem, kinnlangem Haar umrahmt. Zarte Grübchen umspielten ihre Mundwinkel, als habe sie noch ein anderes Gesicht, mit dem sie zu lächeln pflegte.

«Ich bin Schwester Clara», sagte sie. «Es ist alles in Ordnung mit Ihnen. Ihre Eltern sind auf dem Weg hierher und werden bald da sein. Schlafen Sie noch ein wenig.»

Ich wollte etwas sagen, war aber nicht dazu in der Lage. An meinem Blick erkannte Schwester Clara jedoch, was ich hatte fragen wollen.

Sie lächelte, dann erklärte sie, während sie mir sanft über das Haar strich: «Sie brauchen keine Angst zu haben. Sicher wollen Sie wissen, was es mit den Schläuchen auf sich hat. Nun, durch den einen bekommen Sie Sauerstoff zum Atmen, und der zweite Schlauch geht tiefer in Ihren Körper hinein, bis in den Magen. Durch ihn werden Sie künstlich ernährt. Über eine Sonde bekommen Sie Ihr Essen. Und das möchte ich Ihnen jetzt zuführen.»

Wie bitte? Was jetzt? Ich hatte überhaupt kein Gefühl dafür, was mit mir passiert war. Sicher, ich war nach dem Attentat in einem Krankenhaus gelandet, und dann hatte man mich gewaschen. Daran konnte ich mich wohl noch erinnern. Und jetzt lag ich in einem Bett, in einem Zimmer, das von Neonlicht erhellt war. Das war noch einigermaßen nachzuvollziehen. Aber ich konnte mich nicht ansatzweise daran erinnern, über eine Sonde Nahrung erhalten zu haben. Hatte ich da etwas verpasst?

Die Schwester runzelte die kräftigen Augenbrauen, als sie mit einer der aufgezogenen Spritzen an mein Bett trat.

«Es wird gleich ganz kalt. Dann müssen Sie schlucken.»

Es war genau, wie sie gesagt hatte. Im Rachen wurde es bitterkalt, als hätte ich Eis im Mund. Ich hatte Angst, nicht schlucken zu können, denn ich fühlte mich viel zu müde, viel zu schlapp für irgendeine Bewegung. Doch der Schluckreflex stellte sich von ganz allein ein, ich schluckte und schluckte, bis die Spritze leer war. Es fühlte sich überhaupt nicht unangenehm an, ganz und gar nicht, und es roch nach Erdbeere.

Wieder sah ich Schwester Clara an, bislang hatte unsere Kommunikation funktioniert. Auch ohne Worte.

«Sie haben sich für einige Zeit in einem künstlichen Koma befunden», erklärte sie prompt. «Und vorhin haben wir Sie wieder aufwachen lassen.»

Ich war also im Koma gewesen. Das erklärte meine diffusen Erinnerungen. Aber warum hatte man mich überhaupt ins Koma versetzt? Das machte man doch nur bei Patienten, denen etwas Gravierendes zugestoßen war. Offensichtlich traf das bei mir zu. Und bekam man während dieses unnatürlich starken Tiefschlafs tatsächlich etwas von seiner Umgebung mit? Bislang hatte ich immer angenommen, dass dies nicht der Fall war. Man konnte ja auch nicht selbständig atmen oder gar essen, deshalb auch die ganzen Schläuche. Vielleicht hatte man ja hin und wieder die Medikamente herunterdosiert. Und wie war das mit Schmerzen? Müsste ich nicht welche haben? So überlegte ich vor mich hin, jetzt, wo ich wieder wach war. Wenn ich in einem Bett lag, umgeben von so vielen Schläuchen, Geräten und Monitoren, dann müsste ich doch eigentlich auch Schmerzen haben. So hatte ich mir das jedenfalls immer vorgestellt. Ich war verwirrt, zu viele Gedanken strömten gleichzeitig auf mich ein.

Eingehend betrachtete ich Schwester Claras Gesicht: schmale Augen, langgezogene Nase, hohe Wangenknochen. Sie war etwa Mitte dreißig, vielleicht aber auch jünger oder älter. Einzuschätzen, wie alt andere waren, hatte noch nie zu meinen Stärken gehört, was daran liegen konnte, dass ich selbst einfach noch zu jung war. Mit sechsundzwanzig interessierte mich das Alter nicht so sehr, es hatte mich eigentlich noch nie besonders interessiert. Es kam mir auf den Menschen an, nicht auf das Alter.

Schwester Clara wies auf mein Schlüsselbein und erklärte: «Sie haben dort einen Zugang, über den wir mit Hilfe kleiner Rädchen die Schmerzmittel dosieren, die wir Ihnen verabreichen.»

Erneut schien sie geahnt zu haben, was mich bewegte. Wahrscheinlich wusste sie dank jahrelanger Erfahrung, was in den Patienten in einer vergleichbaren Situation vorging. Und schon wenig später sollte ich erleben, wie genau man mich in meinen schmerzlosen Zustand versetzte. Ein Rädchen wurde aufgedreht und eine Spritze am Zugang angesetzt, bis die darin enthaltene Flüssigkeit in meinen Körper gelaufen war, dann wurde das Rädchen wieder zugedreht – anschließend machte sich ein Gefühl in mir breit, und zwar das schönste, das ich seit langem erlebt hatte. Überall in meinem Körper wurde es ganz warm. Als wäre ich aus der Badewanne gleich ins Bett gehuscht und meine Mutter hätte eine frisch gewaschene Bettdecke, geradewegs aus dem Trockner, über mich gebreitet. All meine Sorgen, mein ganzer Kummer waren vergessen. Ich fühlte mich nur geliebt. Mit dieser Vorstellung dämmerte ich weg.

Dann erwachte ich erneut, das zweite Mal öffnete ich meine Augen, jedenfalls ging ich davon aus, dass ich mit beiden sehen konnte. Langsam wurde mir bewusst, warum ich hier in diesem Bett lag. Daniel. Ein Traum von einem Mann. Fast jeden Morgen hatte er mir Frühstück ans Bett gebracht oder war mit mir aufgestanden, um mit mir gemeinsam in der Küche zu frühstücken. Er hatte das Haus geputzt und sich liebevoll um die Hunde gekümmert, um Kylie und seinen Mischling Tyra. Fuhr ich zur Arbeit, steckte er mir immer etwas für die Mittagspause in die Tasche, einen kleinen Snack. Kam ich von der Arbeit zurück, stand er am Herd und kochte etwas für mich. Aber es gab nicht nur diese helle Seite an ihm. Wie ein Donnerschlag konnte, von einer Sekunde auf die andere, seine dunkle Seite zum Vorschein kommen. Unberechenbar war er in solchen Momenten.

Und dann gab es da diesen Morgen wenige Tage nach meinem Geburtstag, ab dem mein Leben, das ich gerade zurückerobert zu haben glaubte, nicht mehr so war wie zuvor. Daniel hatte mir aufgelauert, mir etwas ins Gesicht geschüttet, von dem ich inzwischen wusste, dass es Säure gewesen war. Tränen schossen mir in die Augen. Was musste das alles meinen Eltern für Kummer bereitet haben. Irgendwie hatten sie wohl erfahren, dass man mich ins Krankenhaus gebracht hatte, und mich dort besucht, das war mir klar, denn trotz des Komas hatte ich gespürt, dass sie nah bei mir gewesen waren. So betroffen mich das machte, war ich gleichzeitig auch auf merkwürdige Weise erleichtert. Es war, als hätte ich die ganze Zeit auf etwas Schreckliches gewartet, und jetzt, da es offenbar passiert war, hatte der dunkle Schatten sich wieder verzogen. Der Spuk war vorbei, war aus dem Fenster geschlüpft.

Zwei Wochen lang hatte ich im Koma gelegen, so langsam wurde mir das auch bewusst. Bei «Koma» handelt es sich um einen Ausdruck, der in Fällen wie meinem nicht ganz zutreffend ist, denn es ist eigentlich eine Langzeitnarkose. Die Ärzte verwenden, um diesen Zustand herbeizuführen, dieselben starken Schmerz- und Schlafmittel wie bei einer OP-Narkose. Sinn und Zweck ist es, die Hirnzellen dadurch zu entlasten, dass der Stoffwechsel und der Sauerstoffbedarf des Gehirns reduziert werden. Die meisten Organe arbeiten während der Langzeitnarkose selbständig weiter. Das Herz schlägt, die Leber und die Nieren funktionieren. Doch je länger die Narkose, desto größer die Gefahr, dass es zu Komplikationen kommt. Und zwei Wochen sind für ein künstliches Koma eine lange Zeit. Entsprechend groß muss die Sorge um mich gewesen sein.

In diese Gedanken hinein öffnete sich plötzlich die Tür. Sicher war es wieder Schwester Clara, die zur Abwechslung vielleicht mal ihr lächelndes Gesicht aufgesetzt hatte, so meine Vermutung, doch weit gefehlt. Es waren mein Vater und meine Mutter, die an mein Bett traten. Mit dunklen Ringen unter den Augen blickten sie mich an. Sofort verschwamm wieder alles vor mir.

«Alles gut», sagte mein Vater leise und beschwichtigend.

«Es tut mir so unendlich leid.» Ich flüsterte, meine Stimme klang heiser, noch ungeübt, aber immerhin kamen überhaupt Worte aus meinem Mund. Es war für mich unerträglich zu wissen, wie mich meine Eltern hier so liegen sahen, quasi reglos, mit Schläuchen in der Nase und an etliche Geräte angeschlossen. Bestimmt hatten sie, während man mich ins künstliche Koma versetzt hatte, lange bei mir im Zimmer gesessen, hatten ihren eigenen Gedanken nachgehangen, mich beobachtet und sich dabei ganz bestimmt auch gefragt, ob ich je wieder aus diesem Koma erwachen würde. Diese Ungewissheit musste sie maßlos beunruhigt haben.

«Psst. Du sollst noch nicht so viel sprechen», tadelte mein Vater mich liebevoll.

Aber ich konnte nicht schweigen. Seit ich wach war, hatte mich die Tat, Daniels Tat, ununterbrochen in ihren Fängen. Sie war für mich unverständlich, ein Rätsel, ohne jeglichen Sinn und Verstand. Ich hatte hin und her überlegt, ob ich etwas hätte anders machen können, um das alles zu verhindern. Trotz aller Schmerzmittel quälte mich dieser Gedanke unerbittlich. Auch wenn ich das Geschehene nicht mehr rückgängig machen konnte, ich nichts mehr zu ändern vermochte, so musste es doch einen Grund dafür geben, dass Daniel so etwas getan hatte. Ich konnte und wollte nicht glauben, dass es keinen Grund gab – hinter jeder Angelegenheit verbarg sich doch eine Ursache, selbst wenn man sie anfangs noch nicht erkennen konnte.

«Warum?», fragte ich meinen Vater.

Nun sah ich hinter den Brillengläsern Tränen in seinen blauen Augen aufsteigen, sein mittelbraunes, kurzes Haar schien schlagartig ergraut zu sein, seine sonst leicht gebräunte Haut wirkte fahl. «Mein Schatz, ich weiß es nicht», wisperte er. «Ich weiß es beim besten Willen nicht. Ich verstehe wirklich nicht, wie ein Mensch überhaupt fähig sein kann, einem anderen Menschen ein solches Leid zuzufügen.» Langsam schüttelte er den Kopf. Ich fühlte, wie seine warmen Tränen auf meine Hand tropften.

Daniel. Er hatte alles für mich getan, allerdings nur solange alles so lief, wie er es wollte, andernfalls rastete er aus. Mit ihm Auto zu fahren war die Hölle gewesen, er war unaufmerksam, fühlte sich bei jeder Kleinigkeit von den anderen Autofahrern provoziert, zeigte ihnen den Mittelfinger, beleidigte sie und drangsalierte alles und jeden mit der Lichthupe. Ich konnte mich aber auch noch an eine bestimmte Situation erinnern, da war es nicht nur um andere gegangen, sondern um mich. Wir waren unterwegs, ich weiß gar nicht mehr, wohin eigentlich. Als wir Hunger bekamen, steuerten wir einen Burgerladen an. Auf dem Parkplatz vor dem Schnellrestaurant fanden wir noch eine freie Lücke. Wir stiegen aus, und auf einmal fing Daniel wie aus heiterem Himmel an, ein älteres Ehepaar anzupöbeln. Ich hatte überhaupt nicht mitbekommen, dass sie ihm etwas getan hätten, aber Daniel herrschte die beiden lauthals an: «Jetzt guckt nicht so blöd.» Der Mann und die Frau, beide sicher über achtzig, zuckten zusammen, die Frau klammerte sich ängstlich an ihren Mann.

«Bist du verrückt?», blaffte ich Daniel an. «Die haben dir doch überhaupt nichts getan. Älteren Menschen zollt man Respekt. Hat man dir das nicht beigebracht?»

Daniel machte eine wegwerfende Handbewegung. «Nun komm schon, lass uns was essen.»

«Mir ist der Appetit vergangen», entgegnete ich. «Ich will nur noch weg von hier.»

Wir stiegen wieder in den Wagen, doch Daniel fuhr nicht weit. Er hielt in einer Seitenstraße, nahm den Autoschlüssel an sich und ging, ohne ein Wort zu sagen, davon. Ich saß auf dem Beifahrersitz und wusste im ersten Moment nicht, was ich tun sollte. Dann stieg ich auch aus, aber anstatt Daniel zu folgen, schlug ich die entgegengesetzte Richtung ein. Ich wollte nur noch weg von ihm. Was er da veranstaltet hatte, war in meinen Augen unentschuldbar, das wollte ich nicht tolerieren, ich fand es einfach unerträglich. Ich drehte mich im Weggehen nicht nach ihm um, und so sah ich auch nicht, dass Daniel seinerseits kehrtgemacht hatte. Das bekam ich erst zu spüren, als er mich an der Kapuze packte und mich nach oben zog, sodass meine Füße nicht mehr den Boden berührten. Samt Haaren ließ er mich in der Luft baumeln. Ein unerträglicher Schmerz durchzuckte meinen Körper. Nie zuvor war er mir gegenüber handgreiflich geworden. Laut schrie ich, dass er von mir ablassen solle. Das tat er schließlich, aber nicht etwa, weil ich es von ihm verlangt hatte, sondern weil eine Frau auf uns aufmerksam geworden war, die mit ihrem Telefon herumfuchtelte und rief, sie würde sofort die 110 wählen, wenn er mich nicht augenblicklich loslasse. Wieso hatte ich dieses Erlebnis später verdrängt? Wieso hatte ich mich damals nicht sofort von ihm getrennt? Er hatte sich entschuldigt, sich meine Kritik angehört, war liebenswürdiger als je zuvor gewesen, hatte Besserung gelobt – und sich wohl darüber gefreut, dass ich ihm alles geglaubt hatte. Wie dumm ich gewesen war.

Mein Vater wischte die Tränen von meiner Hand, in einer hilflosen, fast schon verzweifelten, aber auch Mut machenden Geste.

«Was ist mit Kylie?», wollte ich wissen. Meine Beagle-Dame war ja während der Tat dabei gewesen, ich hatte sie bei der Nachbarin zurücklassen müssen.

«Es geht ihr gut, sie hat nichts von der Säure abbekommen», beruhigte er mich.

«Sie ist bei mir», fügte meine Mutter hinzu, während sie über meinen Arm strich. «Ich werde gut auf sie aufpassen.»

Ich nickte. Ich wusste, dass sie sie verwöhnen, dass es Kylie an nichts fehlen würde.

Eine dritte Sorge bewegte mich, sie hatte mich am stärksten belastet, seit ich wieder wach war. War es möglich, dass Daniel ins Krankenhaus gelangen konnte, in diese Station, in dieses Zimmer, in dem ich lag?

«Ist er weg?», brachte ich hervor. Ich konnte noch gar nicht wieder richtig sprechen, abgesehen von einzelnen kurzen Sätzen. Einerseits, weil in meinem Gesicht alles geschwollen war, andererseits, weil mein Kopf mich glauben machte, es nicht zu können. Also versuchte ich es gar nicht erst, beschränkte mich auf wenige Worte. Ich dachte, man hätte einen Luftröhrenschnitt bei mir gemacht, da sich ein dicker Verband um meinen Hals wand.

«Ja», beruhigte mich mein Vater. «Er kann dir nicht mehr weh tun. Er ist weggesperrt, in U-Haft.» Dann erzählte er noch alles Mögliche. Dass ich fast zwei Wochen im Koma gelegen hätte und dass die ganze Zeit jemand bei mir gewesen wäre – er, meine Mutter oder meine Schwester. Dass ich sicher bald von der Intensivstation auf eine normale Station verlegt werden könne. Und schließlich versprach er, dass wir gemeinsam eine Reise unternehmen würden, ich solle nur kämpfen und niemals aufgeben. Es gebe immer etwas, für das es sich zu leben lohne.

Seine Worte drangen zwar zu mir durch, aber so ganz gelang es mir nicht zu begreifen, was er mir damit eigentlich genau sagen wollte. Das mit dem Koma hatte ich inzwischen kapiert. Aber was sollte das mit dem Kämpfen, und wieso bat er mich so eindringlich, auf keinen Fall die Flinte ins Korn zu werfen? Erst im Nachhinein wurde mir klar, warum er so vehement darauf bestand. Ich selbst hatte mein Gesicht zu diesem Zeitpunkt noch nicht gesehen, mein Vater aber sehr wohl. Genauso wie meine Mutter und meine Schwester. Sie alle drei versuchten stark zu sein – für mich. Sie hatten, wie ich nach und nach verstehen sollte, schreckliche Angst, dass ich aufgeben würde, mich aufgeben würde. Doch das kam für mich gar nicht in Frage. Was war denn das überhaupt für ein Gedanke? Nicht mit mir! Ich war es doch, die ihnen helfen wollte, sie unterstützen und ihnen die Sorgen abnehmen. Allen voran meinen Eltern, ich war doch ihre Tochter.

Das Gespräch hatte mich angestrengt, und irgendwann schlief ich vor Erschöpfung ein, ohne mich noch von meinen Eltern zu verabschieden. Genauso wenig bekam ich mit, dass sie irgendwann mein Zimmer verließen Ich wachte erst wieder auf, als über mir ein Licht anging. An meinem Bett stand erneut Schwester Clara.

«Ich werde mich auch heute um Sie kümmern. Schwester Miriam und ich werden Ihnen dabei helfen, dass es Ihnen bald wieder bessergeht.» Ich hielt sie fest, warum, hätte ich in diesem Moment nicht sagen können, als würde ich etwas von ihr erfahren wollen, was ich zugleich nicht wissen wollte. «Sie brauchen wirklich keine Angst zu haben», beruhigte sie mich, «wir sind immer bei Ihnen.» Bei diesen Worten fasste sie mich an den Händen.

Hatte ich Angst? Gab es denn einen Grund für mich, Angst zu haben? Ich konnte mit ihrer Aussage nichts anfangen. Daniel war weggesperrt, wie mir mein Vater versichert hatte, er konnte mir nichts mehr anhaben. Also brauchte ich doch keine Angst zu haben. Oder gab es womöglich Konsequenzen von Daniels Tat, vor denen ich mich fürchten musste? Was genau hatte er mir angetan? Ich wusste eigentlich nur, dass er mir in seiner Wut Säure ins Gesicht geschüttet hatte. Nicht ohne Folgen, klar, sonst wäre ich nicht hier gelandet. Aber was genau waren die Folgen?

Eine zweite Krankenschwester betrat das Zimmer. Ihre blauen Augen standen weit auseinander, das lange schwarze Haar fiel ihr glatt über die Schultern, der Pony bedeckte ihre Stirn, ihre Ohren zierten kleine goldene Stecker. Sie war hübsch, sehr schmal, perfekt geschminkt, fast schon zu elegant für ein Krankenhaus. Das musste wohl Schwester Miriam sein. Sie hatte eine Schüssel mit Wasser bei sich und begann, mich zu waschen. Ich zitterte wohl, denn sie sagte: «Entschuldigung. Ich weiß, das Wasser ist schon ein wenig kalt geworden, aber ich bin gleich fertig.» Sie sollte sich noch häufiger entschuldigen, wenn sie merkte, dass es unangenehm für mich wurde.

Kurz darauf, zumindest in meiner Wahrnehmung, war Visite. Ich musste mindestens vierzehn Stunden lang geschlafen haben, denn es war tatsächlich schon der nächste Tag. Der Arzt, Professor Dr. Peter Vogt, Direktor des

Schwerbrandverletztenzentrums der Medizinischen Hoch-schule Hannover, war ein Mann, bei dem es einem den Atem verschlagen konnte, wenn er ein Zimmer betrat. In diesem Fall mein Zimmer. Zimmer 4. Er wirkte wie ein Gentleman durch und durch, imposante Statur, helles, dichtes Haar. Eine unglaubliche Präsenz ging von ihm aus, ich hatte sofort Respekt vor ihm. Und ich konnte mir gut vorstellen, dass, sobald er einen Hörsaal betrat oder irgendwo einen Vor-trag hielt, alle im Raum sofort verstummten und sämtliche Augen nur noch auf ihn gerichtet waren.

«Frau Münstermann, Sie wissen, was geschehen ist?», begann er das Gespräch.

Ich nickte. «Ich kann mich inzwischen an jedes Detail erinnern. An die Tat, an den Krankentransport, auch ans Koma.»

Als der Krankenwagen eintraf, hatte ich seltsamerweise keine Schmerzen gehabt, wahrscheinlich durch das ganze Adrenalin, das seit dem Moment des Anschlags durch mei-nen Körper pulsierte. Ich hatte der Polizistin, die vor Ort war, sogar noch Fragen beantwortet, bevor der Notarzt sie wegschickte. Der weizenblond gelockte Sanitäter im Ret-tungswagen sprach dann mit so beruhigender Stimme zu mir, dass ich mich gleich sicher und gut aufgehoben fühlte. Er hatte mir eine Spritze mit Schmerz- und Beruhigungs-mitteln verabreicht, eine rosafarbene Flüssigkeit, und er-klärt: «Das ist alles für Sie. ‹Hello Kitty› nenne ich diese hübsche Substanz. Sollten Sie irgendwelche Schmerzen verspüren, dann sagen Sie es mir bitte, Sie erhalten jeder-zeit Nachschub.» Es war Morphin.

Ich wusste noch, wie er mein Auge ausspülte und fragte: «Tut es weh?» Tat es nicht. Dann ging auch schon der mitfahrende Notarzt unwirsch dazwischen: «Wie kannst du das Auge spülen, wenn du noch nicht weißt, ob es Lauge oder Säure ist?» Aha, dachte ich, wie ich schon vermutet hatte. Es war tatsächlich kein Wasser gewesen, das Daniel in dem Saucenglas dabeihatte. Doch ganz gleich, ob nun Lauge oder Säure, beides verätzt die Haut, und zwar gut sichtbar. Während dieser Fahrt war ich bei vollem Bewusstsein und in der Lage, völlig normal mit dem Arzt und dem Sanitäter zu reden. Was vielleicht daran lag, dass ich das ganze Ausmaß von Daniels Tat noch nicht begriffen hatte. Es mir schlicht nicht vorstellen konnte. Sicherlich auch dank «Hello Kitty».

Man brachte mich zunächst ins Klinikum Nordstadt. Bei meiner Einlieferung, so erzählte man mir später, sei sofort klar gewesen, dass etwas nicht stimmte. Ich hätte ausgesehen, als habe man mir den kompletten Inhalt eines Farbeimers ins Gesicht geschüttet, die gesamte Gesichtshaut habe sich zusehends grün verfärbt, meine Haare seien tropfnass gewesen, das Fell meiner dunkelgrauen Winterjacke habe nur so getrieft. Im Nordstadt-Krankenhaus angekommen, zog man mich als Erstes vorsichtig aus und spritzte mich dann von oben bis unten mit kaltem Wasser ab. Anschließend wurde ich wieder auf eine Liege gebettet, während man mir erklärte, ich würde nun in die MHH gebracht, in die Medizinische Hochschule Hannover. Ich dachte noch, was ich denn an einer Hochschule sollte und warum ich denn nicht in dieser Klinik bleiben könnte, doch kurz nach dem Losfahren glitt ich ab in die Bewusstlosigkeit.

Als ich wieder zu mir kam, befand sich vor mir ein riesiges Waschbecken aus silbrig glänzendem Metall, regelmäßig durchlöchert wie ein übergroßes Nudelsieb. Obendrauf befand sich ein Gitter, auf das ich gelegt wurde. Man würde mich komplett waschen, erklärte man mir, um mich von der Säure zu befreien. Die Bewegungen der Personen um mich herum waren geschäftig, fast hektisch, ganz im Gegensatz zu ihren Stimmen. Sie waren ruhig und bestimmt und gaben mir das Gefühl, dass die Menschen, zu denen die Stimmen gehörten, genau wussten, was zu tun war. Ich dachte, dass man mich hier nur erneut waschen, mich von den letzten Säureresten befreien würde. Danach, so nahm ich an, könnte ich wieder nach Hause. Noch immer hatte ich keine Vorstellung davon, was Daniel angerichtet hatte. Es waren die letzten Minuten einer Vanessa, die es bald nicht mehr geben würde.

«Gibt es eine Möglichkeit, Ihr Nasenpiercing zu entfernen?», fragte mich ein Pfleger unwirsch. «Können Sie den Ring rausnehmen?»

«Nein», erwiderte ich. «Tut mir leid. Das kann nur der Piercer. Es sei denn, Sie haben eine Zange, mit der Sie den Ring aufknipsen können.»

Ohne auf meine Frage zu reagieren, wandte er sich ab und suchte nach einem geeigneten Gerät. Kurz danach wurde das Piercing entfernt. Ein neuer Arzt kam auf mich zu und kündigte an: «Gleich kommt die Narkoseschwester.» Im gleichen Moment dämmerte ich bereits weg. Ich merkte gerade noch, wie mein Kopf nach rechts fiel und ich heftig fror, mich eine Art Schüttelfrost überfiel. Mein letzter Gedanke war: Jetzt werde ich wieder ohnmächtig. Und dann war ich auch schon weg.

Es gibt Fotos davon, wie ich bewusstlos auf dem OP-Tisch liege, kurz bevor ich ins künstliche Koma versetzt werde.

Farbfotos. Auf ihnen ist zu erkennen, wie sich das Grün in meinem Gesicht langsam in ein Schwarz verwandelt. Eine schwarze Kruste, die nach meinem Aufwachen nach und nach abfiel und unter der entzündetes, rotes Fleisch zum Vorschein kam. Auf diesen Bildern ist mein Schädel komplett kahl rasiert.

«Sie wissen, dass Ihr Gesicht von Säure getroffen wurde?», fragte Professor Vogt weiter.

Ich nickte abermals und sagte: «Ich kann mir vorstellen, dass ich scheiße aussehe.» In seinem Gesicht war keine Reaktion abzulesen, nicht die geringste Veränderung, nicht ein Muskel zuckte. Es war unmöglich zu erkennen, was der Arzt dachte, obwohl ich genau das mit meiner Bemerkung hatte herausfinden wollen. Fand er, dass ich wie ein Monster aussah, wie ein Mensch, den man nicht unter seinesgleichen lassen durfte? Das konnte ich mir eigentlich nicht vorstellen. Ich fühlte mich doch wie Vanessa, da konnte ich doch auch nur wie Vanessa ausschauen. «Darf ich vielleicht einen Spiegel haben, damit ich selbst sehen kann, was die Säure mit meinem Gesicht angestellt hat?»

«Glauben Sie mir», sagte Professor Vogt, nun doch etwas zurückhaltender geworden, «es ist besser, wenn Sie noch nicht in den Spiegel blicken. Es muss erst einmal alles ein bisschen besser verheilen.»

«Können Sie mir denn wenigstens sagen, was bei mir gemacht wurde? Ich will einfach verstehen, was mit mir passiert ist. Ich möchte nicht länger im Ungewissen bleiben.»

«Hm.» Der Arzt überlegte eine Weile, dann fasste er wohl einen Entschluss, denn er begann zu erklären: «Zunächst haben wir einen Teil Ihrer verätzten Haut abgeschabt und anschließend eine Art Netz über Ihr Gesicht gespannt, damit sich die Wunden schließen. Dann haben wir Ihr linkes Auge nochmals ausgespült und einen kleinen Schlauch verlegt, durch den eine spezielle Flüssigkeit floss ...»

«Was für eine Flüssigkeit?», unterbrach ich ihn.

«Eine, um die Säure zu neutralisieren. Ein paar Tage später haben wir das Netz wieder heruntergenommen und eine dünne Hautschicht von Ihrem Oberschenkel entnommen und in Ihr Gesicht transplantiert.» Das klang alles sehr sachlich, doch die Zwischentöne verrieten ihn. Ich konnte heraushören, dass diese Operation nicht einfach gewesen war. Während er die Vorgehensweise beschrieb, sah ich einen Hobel vor mir, mit dem man Scheibe für Scheibe Käse von einem Laib abträgt. «Wir Ärzte nennen diese Haut Spalthaut», fuhr Professor Vogt fort. «Und diese haben wir waagerecht mit selbstlösenden Nähten auf Ihrem Gesicht angebracht. Mit der Haut von Ihrem Schlüsselbein konnte anschließend Ihr Augenlid komplett rekonstruiert werden.»

«Aber wieso war es einmal Haut vom Oberschenkel, dann wieder vom Schlüsselbein?», fragte ich.

Professor Vogt wunderte sich vermutlich, dass ich alles so detailliert wissen wollte, dass ich gar nicht mehr darauf zurückkam, wie ich denn nun tatsächlich aussah und wie oder ob das alles überhaupt wieder verheilen würde. Vielleicht war es ein Selbstschutzmechanismus. «Ihre Frage ist berechtigt», nickte er. «Die gesamte Körperoberfläche kann für die Rekonstruktion des Gesichts verwendet werden, wobei sich manche Hautstellen, das hat die Praxis gezeigt, besser eignen als andere. Beispielsweise ist die Haut am Schlüsselbein unserer Erfahrung nach ideal für die Rekonstruktion von Augenlidern.»

«Dann ist mein Körper also ein Ersatzteillager, so wie eine Autowerkstatt Ersatzteile für kaputte Autos herumliegen hat», schlussfolgerte ich.

«So kann man das auch sehen.» Sein Mund verzog sich zu einem sanften Lächeln. Dann verabschiedete er sich: «Ich muss jetzt zum nächsten Patienten, aber ich werde bald wiederkommen.» Im Rausgehen drehte er sich noch einmal kurz um. «Das Aussehen ist zwar durchaus wichtig, aber das Leben besteht noch aus anderen Dingen», stellte er fest, bevor er das Zimmer verließ.

Ich guckte seinem weißen Arztkittel hinterher. Tja, mein Aussehen, dachte ich, als ich wieder allein war. Viele in meinem Freundes- und Bekanntenkreis hatten mich für hübsch und attraktiv gehalten. Und beim Blick in den Spiegel hatte ich in ein Gesicht geschaut, das ich so weit okay fand. Wie jede Frau fand ich genug an mir herumzumäkeln, dies und das passte mir nicht, aber im Großen und Ganzen war ich schon zufrieden mit mir gewesen. Doch hatte mein Aussehen mich je weitergebracht? Hatte es mir genützt? Nein. Ich war mit meinem passablen Aussehen immer an die falschen Typen geraten. In diesem Moment konnte ich dem jedenfalls nichts Positives abgewinnen. Und auf einmal kam da noch ein anderer Gedanke in mir hoch, völlig unerwartet und verunsichernd: Die schlimmste Zeit in meinem Leben war definitiv die Zeit im Koma. Man hatte mich stillgelegt, nichts hatte ich beeinflussen können. Nicht einmal das, was ich dachte. Man hatte mein Gehirn heruntergefahren. Doch jetzt konnte ich wieder selbständig denken. Und unter anderem auch darüber nachdenken, warum ich immer an Männer geraten war, die mir nicht guttaten.

2

MEINE MUTTER IST NICHT
MEINE MUTTER

Die Linie zog sich zickzackförmig über den Bildschirm. Hin und wieder stieg sie zu einer Reihe von steilen Spitzen an, dann wieder verlief sie fast horizontal. Ähnlich unruhig wie diese Linie fühlte ich mich, ich konnte einfach nicht still in meinem Bett liegen. Mein ganzer Rücken tat weh, und ich versuchte ständig, mich auf die Seite zu drehen. Was ich nicht durfte, da ich meine verbrannte, verätzte Körperhälfte schonen sollte. Einmal bekam ich ihn aber hin, diesen genialen Seitendreh; es war ein wahnsinniges Gefühl, weil durch diese unerwartete Wendung meine Wirbelsäule plötzlich entlastet wurde.

Umgehend rauschten zwei Schwestern, die ich nicht kannte, ins Zimmer. Und auch wenn sie nicht schimpften oder meckerten, als sie mich in dieser unerlaubten Position sahen, war ihnen doch deutlich anzusehen, dass sie mit meinem Tun ganz und gar nicht einverstanden waren.

«So dürfen sie nicht liegen!», ermahnte mich die eine.

«Warum denn nicht?», protestierte ich. Da ich mich immer noch nicht im Spiegel gesehen hatte, konnte ich nicht verstehen, was an dieser veränderten Liegehaltung so schlimm sein sollte. «Ich fühle mich so viel wohler», fügte ich zu meiner Verteidigung hinzu. Die beiden Schwestern seufzten. Alle Körperpartien, die von der Säure betroffen waren, nicht nur das Gesicht, sondern auch der Hals und Teile der Schulter, sollten weder Kontakt zum Kissen noch zum Laken haben. Sie sollten möglichst keinem Druck ausgesetzt werden, um heilen zu können.

Nachdem ich das Wort «wohler» ausgesprochen hatte, wurde mir klar, dass ich mich tatsächlich wohl in meinem Zimmer 4 auf der Station 71 fühlte. Es war zu meiner sicheren Burg geworden, von der aus ich jeden Tag kämpfte, um zurück ins normale Leben zu finden. Die Schwestern auf dieser Intensivstation konnten mir zwar mein früheres Äußeres nicht zurückgeben, das Attentat war eine unverrückbare Tatsache, aber durch ihre Menschlichkeit wurde das, was unerträglich hätte sein können, wesentlich leichter auszuhalten. Täglich wischten sie mir, um das mal klar und deutlich zu sagen, den Arsch ab, ohne dass ich ein Gefühl von Scham verspürte, sie wuschen mich, sie cremten mich ein. Sie standen an meinem Bett, sprachen mit mir, beruhigten mich, wenn nicht irgendwo gerade ein Alarm losging und sie von anderen Patienten gerufen wurden. Manchmal erzählten sie einfach nur vom Wetter und dass sie sich nach dem Frühling und wärmeren, helleren Tagen sehnten, aber auch, dass sie nach Feierabend noch dies oder jenes erledigen müssten, sich mit ihrem Freund verabredet hätten, sich viel zu erschöpft fühlten, um noch etwas zu unternehmen. Zuerst fragte ich mich, ob ich das schockierend finden sollte, denn ich rang hier um mein Leben – und das tat ich wirklich, denn viel hing wortwörtlich von meinem Lebenswillen ab –, und sie plauderten über ihre alltäglichen Probleme. Letztlich war das aber nur eine rhetorische Frage, die ich mir da stellte. Nein, es schockierte mich nicht, ich fand es sogar toll, auf diese Weise an ihrem Leben teilnehmen zu können. Sie nahmen ja auch an meinem Leben teil, und das nicht nur, indem sie unentwegt und wachsam meine Monitore kontrollierten. Ich hatte eher das Gefühl, eine von ihnen zu sein, eine junge Frau, die auch einiges zu meistern hat. Ich konnte ihnen immer nur wieder «Danke» zuflüstern, weil sie mich, die ich mich in einer so beschissenen Situation befand, so respektvoll behandelten. Sie entgegneten dann ein ums andere Mal: «Sie müssen sich nicht bei uns bedanken, wir machen das gern für Sie.»

Schon am zweiten Tag nach dem Wachwerden durfte ich aufstehen, ich sollte mit Hilfe zweier Schwestern versuchen, einen ersten Schritt zu machen. Das Beatmungsgerät hatte man dafür nicht entfernt, auch nicht die Magensonde. Meine Mama war bei mir, sie schaute von einem Stuhl neben meinem Bett aus zu. Vorsichtig setzte ich mich auf. Alles drehte sich, es dauerte eine Weile, bis sich mein Kreislauf wieder stabilisiert und ich mich an die neue Position gewöhnt hatte.

«Sie wollen bestimmt nicht ewig sitzen bleiben, oder?», fragte Schwester Clara und sah mich aufmunternd an. «Sie haben mir doch gesagt, dass die Intensivstation nicht so Ihr Ding sei.»

Das stimmte. Ich wollte in ein normales Krankenzimmer – und irgendwann auch raus aus dieser Klinik. Also musste ich den ersten Schritt dafür tun. Als ich mich aufrichtete und erhob, fühlte es sich an, als würde ich untertauchen. Aber es war alles andere als angenehm, ich trieb nicht einfach im Wasser herum, sondern es kam mir vor, als würde mich jemand brutal unter Wasser ziehen, bis in die tiefsten Tiefen hinunter. Zugleich schien eine Mauer von oben auf mich herabzustürzen, dabei konnte ich nicht einmal meinen Rücken gerade machen, um mich vor dem zu schützen, was da auf mich einstürzte, es irgendwie noch zu verhindern, dass ich darunter begraben wurde. Es ging nicht, ich musste mich wieder hinsetzen. Erschöpft ließ ich mich zurück auf meine Bettkante gleiten.

«Ich muss ein wenig verschnaufen», erklärte ich.

«Kein Problem», beruhigte Schwester Clara mich. «Sie haben im Koma gelegen, es wäre ein Wunder, wenn Sie das nicht müssten.»

Die Schwestern zogen mir Strümpfe mit Noppen an den Sohlen an, damit ich bei meinem ersten Gehversuch nicht gleich wegrutschte.

Tief atmete ich durch. «Okay, es kann wieder losgehen», beschloss ich. «Ab in die Vertikale.»

Eine der beiden Krankenpflegerinnen, Schwester Miriam, war wesentlich kleiner und zierlicher als ich, aber sie hatte einen Griff, als würde sie jeden Tag im Fitnessstudio Hanteln stemmen, bei deren Gewicht ich nur kapituliert hätte. Rechts und links von je einer Krankenschwester gestützt, unternahm ich einen zweiten Versuch, und auf einmal stand ich erneut auf meinen eigenen zwei Beinen. Mein Kreislauf sackte augenblicklich wieder ab, mir wurde übel, schummrig vor Augen. Aber ich wollte nicht, dass das hier ein Ende nahm, es war mein erster Schritt zurück ins Leben. In mein altes oder mein neues Leben? Das war mir noch nicht so klar. Hauptsache, es war mein Leben. Ich konzentrierte mich darauf, die Kontrolle über meinen Körper zu behalten, mich zusammenzureißen. Ein Schritt nach vorn! Ja, geschafft! Aber das war es auch schon. Mein Kreislauf hinderte mich, einen zweiten Schritt zu wagen, zwang mich, für heute endgültig aufzugeben. Es stimmte mich traurig, hatte ich doch gehofft, mich etwas besser auf den Beinen zu halten. Aber ich musste akzeptieren, dass mehr nicht drin war. Fertig, aus. Dennoch: Ein kleines bisschen war ich auch stolz, dass ich diesen lebenswichtigen Schritt unternommen hatte.

Als ich wieder im Bett lag, hatte ich das Gefühl, einen Marathonlauf hinter mich gebracht zu haben. Meine Mutter verabschiedete sich von mir, streichelte meinen unversehrten rechten Arm, meine unversehrte rechte Wange und versprach, dass sie bald wiederkommen würde, jetzt müsse ich mich ausruhen.

Meine Mutter. Erschöpft lag ich da und dachte an sie. Ich war wie meine Mutter. Meine Mutter war wie ich. Ich war ein Mama-Kind. Dann folgte unaufhaltsam schon der nächste Gedanke: Meine Mutter war nicht meine leibliche Mutter. Doch was hieß das schon? Ich liebte sie unendlich, sie bedeutete mir unermesslich viel. Dass ich immer wieder an die falschen Typen geriet, konnte ich nicht darauf zurückführen, dass ich von meiner Mutter keine Liebe bekommen hätte. Ganz im Gegenteil. Meine Mutter war eine der liebevollsten Mütter, die ich mir nur vorstellen konnte. Ihr konnte ich es nun wahrlich nicht ankreiden, dass ich Opfer eines Säureattentats geworden war. Nie hatte ich gefühlt, dass es da etwas in meiner Familie gab, etwas Merkwürdiges, dass bei meiner Geburt etwas anders gewesen war als bei meinen Schulfreundinnen. Meine Mutter war meine Mutter und hatte mich zur Welt gebracht, mein Vater war mein Vater. Das hatte ich nie in Frage gestellt, so hatte ich es verinnerlicht. Ich wusste nur, dass ich immer etwas aufmüpfiger gewesen war, mehr randaliert und rebelliert hatte als meine Schwester, somit das schwarze Schaf in der Familie war. Aber das gab es schließlich in fast jeder Familie, und in unserer hatte eben ich diese Rolle übernommen. So war das eben. Akzeptiert.

Meine Schwester war da ganz anders. Sie war eine Kopie meines Vaters, ein weiblicher Klon, ihm wie aus dem Gesicht geschnitten, mit nahezu identischen Augen in Graugrün. Und hatte ich in der Schule Scheiße gebaut, und das kam häufiger vor, musste sie als Streitschlichterin fungieren. Das war bestimmt nicht immer einfach. Trotzdem war auch sie während meiner Zeit im Koma jede freie Minute bei mir gewesen, obwohl sie zwei kleine Kinder hatte.

Natürlich vergleicht sich jedes Mädchen mit der Mutter – welche Ähnlichkeiten gibt es zwischen ihr und mir? Und so begann auch ich irgendwann, mich zu vergleichen. Am meisten interessierten mich die Haare, denn mein Vater und meine Schwester, beides Brillenträger, hatten glattes braunes Haar, ich aber kaum zu bändigende Locken. Und hatte meine Mutter Locken? Ja, stellte ich zufrieden fest. Allerdings nicht von Natur aus. Was ich aber damals nicht wusste. Sie hatte sich, wie ich erst später erfuhr, beim Friseur eine Dauerwelle machen lassen, damit auch ihre Haare sich kräuselten. So wollte sie mir das Gefühl geben, ihre Tochter zu sein. «Du bist von mir», lautete ihre Botschaft an mich, wohl ahnend, dass ich solche Vergleiche anstellte. Und in dem Bewusstsein, dass sie etwas wusste, was ich nicht wusste.

Meine Eltern hatten mich adoptiert. Das hatten sie mir nie gesagt, ich fand es erst heraus, als ich sechzehn war und noch zur Schule ging. Es war an einem Morgen, noch vor dem Frühstück, und aus irgendeinem Grund hielt ich mich zu so früher Stunde unten bei uns auf dem Hof auf. Da kam ein Mädchen aus der Nachbarschaft vorbei, von dem ich zwar wusste, dass es Jule hieß und etwa in meinem Alter war, mit dem ich sonst aber keinen näheren Kontakt hatte. Ich war wie vom Donner gerührt, als sie auf mich zukam und mich völlig unvermittelt fragte: «Weißt du eigentlich, dass deine Mutter nicht deine richtige Mutter ist?»

Sprachlos starrte ich Jule an. Wie kam sie dazu, so etwas zu behaupten? Konnte das überhaupt stimmen? Und wenn ja, woher wusste sie es dann? Jule drehte mir den Rücken zu und setzte ihren Weg fort. Ich sah ihr nach. Ich hätte das, was sie gerade gesagt hatte, als Lüge abtun können. Damit wäre alles vergessen gewesen. Doch ich spürte, dass Jule nicht gelogen hatte. Es war die Wahrheit. Sie hatte das gesagt, was ich die ganze Zeit irgendwie gespürt hatte. Das mit der Dauerwelle hatte ich inzwischen schon kapiert, und auch, dass ich etwas anders war als der Rest der Familie. Das ließ sich nicht so einfach ignorieren.

Noch völlig benommen, kehrte ich zurück in unsere Wohnung. In der Küche saßen meine Eltern am Tisch und frühstückten. Sie hoben ihre Köpfe, als ich eintrat, als ahnten sie, was ich in Erfahrung gebracht hatte. Zumindest schien ihnen klar zu sein, dass etwas Ungewöhnliches passiert war.

«Stimmt das, was Jule mir gesagt hat?», fragte ich.

«Was hat Jule denn gesagt?» Beklommen sahen meine Eltern mich an.

Ich blickte meiner Mutter fest in die Augen: «Jule behauptet, dass du nicht meine richtige Mutter bist. Stimmt das, bist du wirklich nicht meine richtige Mutter?»

Stille. Unheilvoll und kaum auszuhalten. Alles in mir schrie. Ich wollte die Wahrheit wissen, eine Wahrheit, die ich andererseits nicht hören wollte, die ich bereits kannte. Die Köpfe senkten sich. Nach einer grauenvoll langen Zeit sagte meine Mutter dann endlich: «Ja, Vanessa, es stimmt. Dein Vater und ich müssen dir etwas erzählen.» Es war, als hätten sie auf diesen Moment schon lange gewartet. Und nun war er gekommen, an einem ganz normalen Morgen, der auch ganz anders hätte verlaufen können. So wie jeder Morgen, bevor ich zur Schule ging. Der aber nun zu einem wurde, den ich nie vergessen werde.

Ich erfuhr, dass sie mich adoptiert hatten, als ich noch ein Säugling war, weil die Frau, die mich zur Welt gebracht hatte, mich gleich nach meiner Geburt im Krankenhaus zurückgelassen hatte. Sie erzählten weiter, dass Jule meine Halbschwester sei. Dass sie immer damit gerechnet hätten, dass Jule «es» mir eines Tages stecken würde. Und dass sie trotzdem jahrelang eisern geschwiegen hätten. Alles um mich herum begann zu schwanken, ich hatte das Gefühl, jeden Moment zu Boden sinken zu müssen. Vorsichtshalber setzte ich mich auf einen Küchenstuhl – und fing an zu heulen wie ein Schlosshund. Meine Eltern erklärten mir noch einiges mehr, was ich jedoch gar nicht aufnehmen oder verstehen konnte. Es rauschte einfach an mir vorbei. Ich begriff nur, was alles totgeschwiegen worden war. Meine fremde Herkunft. Und dass zu dieser Herkunft noch andere Geschwister gehörten.

Schließlich sagte ich, betäubt von den vielen Neuigkeiten: «Ich möchte allein sein.» Ich war völlig überfordert und hatte das dringende Bedürfnis, in mein Zimmer zu gehen und die Tür hinter mir zu verschließen. Wie sollte ich nur mit dieser Tatsache umgehen, dass meine Eltern nicht meine leiblichen Eltern waren? Meine Schwester, ja, sie war in dem Bauch meiner Mutter herangewachsen, ich hingegen in dem einer anderen, mir völlig unbekannten Frau. In meiner Verzweiflung wollte ich mich nur noch in mein Bett verkriechen, wollte nichts mehr fühlen, wollte, dass die vielen Gedanken aufhörten, die sich in meinem Kopf überschlugen und die so übermächtig waren, dass ich nicht mehr wusste, was ich überhaupt denken sollte.

«Nein.» Meine Mutter schüttelte energisch den Kopf. «Wir möchten auf keinen Fall, dass du jetzt allein bist. Du musst auch nicht zur Schule gehen. Ich nehme dich mit zu Oma.» Meine Mutter pflegte damals meine Großmutter, die seit einiger Zeit unter Demenz litt und dann auch vier Jahre später dieser Krankheit erlag.

Ich war nicht in der Lage, meiner Mutter zu widersprechen, jener Mutter, die auf einmal gar nicht mehr meine Mutter war. Die es aber sein sollte. Nichts wünschte ich mir sehnlicher. Warum nur hatte sie mir das verschwiegen? Wollte sie mich beschützen? War meine Erzeugerin so schrecklich, dass man sie so gar nicht als Mutter ansehen konnte? Aber da gab es doch auch Jule. Doch auch Jule, so sagte man mir, sei adoptiert worden.

Bei meiner Großmutter zu Hause war es für mich kaum auszuhalten, ich konnte nicht einfach so zurück zur Normalität finden. Mehr noch, diese Normalität war einfach unerträglich. Meine Mama wusch ihre Mutter, kämmte ihr das Haar, machte das Frühstück und redete mit ihr, als wäre die Welt nicht aus den Fugen geraten – dabei war das für meine Oma wie für mich der Fall, auch wenn sie dies durch die Demenz vermutlich nicht ganz so bewusst wahrnahm. Jedenfalls hielt ich es nicht mehr länger dort aus. Ich musste raus, meine Gedanken sortieren. Ich suchte nach einer Ausrede, die meine Mutter überzeugte, mich gehen zu lassen. Aber alles, was mir einfiel, wirkte an den Haaren herbeigezogen, letztlich gab es nur eine Möglichkeit, nämlich die, bei der Wahrheit zu bleiben.

«Es geht mir nicht so gut», sagte ich. «Ich möchte wieder nach Hause.»

Sie nickte und ließ mich ziehen. Auch ihr war klar, dass ich Zeit für mich brauchte.

Von meiner Großmutter nach Hause war es nicht weit, man ging gerade mal fünfzehn Minuten. Doch ich machte einen längeren Spaziergang daraus, indem ich einen Umweg durch den Wald nahm. Die Stille tat mir gut, niemand war an diesem Vormittag unterwegs, jedenfalls keine Menschen, nur ein paar Vögel flogen von Ast zu Ast, auf dem Boden krabbelten Ameisen und Käfer herum und versuchten mir auszuweichen. Mein gesamter Körper schmerzte, es fühlte sich an, als sei mein ganzes bisheriges Leben eine Lüge gewesen. All die Fragen, die ich mir immer wieder mal gestellt hatte – wem sah ich ähnlicher, meinem Vater oder meiner Mutter, von wem hatte ich welche Charakterzüge? –, sie waren völlig sinnlos gewesen. Kein Wunder, dass meine Schwester und ich so unterschiedlich waren. Nicht umsonst musste sie jeden Streit schlichten, den ich anzettelte. Ich war direkt, vorlaut, trotzig, und ich eckte an mit diesem Verhalten. Einer meiner Lehrer hatte mal zu mir gesagt: «Du kannst dein Adrenalin nicht zügeln.» Es stimmte: Ich konnte vom einen Augenblick zum anderen in die Luft gehen wie ein HB-Männchen. Hatte das etwas mit meinen leiblichen Eltern zu tun? Noch heute komme ich nur schwer zur Ruhe, und das hat nichts mit dem Attentat zu tun.

Auf einmal konnte ich eins und eins zusammenzählen.

Plötzlich lag so manches glasklar auf der Hand: Ich war so anders, so aufbrausend, weil ich nicht das Kind meiner Eltern war. Meine Schwester hingegen war so wie sie, ruhig und besonnen, sie trug ja ihre Gene in sich.

Ich war ein Bastard. Laut und deutlich hämmerte dieses Wort in meinem Kopf, ich sah es förmlich vor meinem geistigen Auge. Doch wenn man mir meine Herkunft verschwiegen hatte – was wusste ich dann alles nicht darüber? Hatte ich neben Jule noch andere Geschwister, die womöglich auch so rebellisch waren wie ich? Und warum war ich überhaupt zur Adoption freigegeben worden, anscheinend noch im Krankenhaus, gleich nach der Geburt? Hatte meine Erzeugerin überhaupt einen Blick auf das Bündel geworfen, das ich damals war? Hatte sie Probleme gehabt und mich deshalb weggegeben? Hatte sie sich leichten oder schweren Herzens für die Adoption entschieden? Kannte sie meinen Erzeuger? So viele Fragen – und keine Antwort in Sicht.

Auf einmal wollte ich alles über meine beiden Erzeuger herausfinden, nur so konnte ich einschätzen, was es mit diesen Informationen auf sich hatte und was sie für mich bedeuteten. Auf jeden Fall wollte ich mich den Tatsachen stellen und sie nicht unter den Teppich kehren. Das würde zweifellos Mut erfordern, aber an Mut hatte es mir in der Vergangenheit nie gemangelt. Eines wusste ich allerdings schon jetzt: Meine leibliche Mutter und meinen leiblichen Vater konnte ich nur als Erzeugerin und Erzeuger bezeichnen, denn in meinen Augen hatte man es nur verdient, Mutter oder Vater genannt zu werden, wenn man sein Kind liebte. Und das hatten sie kaum getan, eher gar nicht. Offensichtlich hatte es sie herzlich wenig interessiert, wie es mir in den letzten Jahren ergangen war, keiner von beiden hatte je nachgefragt. Das wenigstens hatten mir meine Eltern am Frühstückstisch erzählt. Und es gab keinen Grund, ihnen nicht zu glauben.

Meine Gedanken wurden untermalt vom lauten Knacken der Äste, auf die ich trat. Als wollten sie mir zu verstehen geben, dass sie nicht schuld an meinem Schicksal waren und dass ich meine Schritte doch wohl auch etwas vorsichtiger setzen konnte. Ein Eichelhäher schnappte sich eine auf dem Boden liegende Eichel, seine Lieblingsspeise, und flog davon. Wenn ich eins mit Sicherheit sagen konnte in diesem Moment, dann das: An dem Verhältnis zu meinen Eltern und meiner Schwester sollte sich nichts ändern. Meine Schwester war ein wahrer Segen, mein Vater fürsorglich, meine Mutter immer da, wenn ich sie brauchte. Nie hatte ich auch nur eine Sekunde daran gezweifelt, geliebt zu werden oder zur Familie zu gehören. Und das sollte so bleiben. War ich auch adoptiert, so konnte ich nur von großem Glück sprechen, dass genau diese Eltern mich gewollt und sich meiner angenommen hatten. Ohne sie wäre ich nicht die Person geworden, die ich heute war. Stolz erfüllte mich, eine wohlige Wärme machte sich in mir breit und verdrängte die Kälte, die ich bis dahin gespürt hatte.

Abends fragte ich meine Eltern: «Warum habt ihr es mir nicht früher gesagt?»

Einen Augenblick lang zögerten sie mit der Antwort, dann sagte mein Vater: «Wir hatten Angst, dass du uns dann womöglich nicht mehr als Eltern hättest akzeptieren können.»

«Aber wieso das denn?», hakte ich nach.

«Na ja», meinte meine Mutter, «du bist ein impulsiver Mensch, da waren wir uns nicht sicher, wie du das aufnehmen würdest.»

Ich konnte ihre Erklärung nachvollziehen und ihre Ängste nur zu gut verstehen. Meine Ausbrüche waren berühmt-berüchtigt, sie hatten wirklich nicht einschätzen können, wie ich mit dieser Nachricht umgegangen wäre. Wie hätte ich ihnen also böse sein können? Allerdings war es jetzt auch nicht so, dass ich schon beim geringsten und nichtigsten Anlass an die Decke ging. Da war vielmehr etwas in mir, weswegen ich manchmal so reagierte. Und nun begriff ich auch, was die Ursache dafür war. Mein Verhalten hatte damit zu tun, dass ein tiefer Schmerz in mir steckte, und dieser Schmerz hing mit meiner Geburt zusammen, damit, wer meine Erzeuger waren und dass ich offensichtlich so ungewollt war wie die Pest. Ich war kein aus Liebe gezeugtes Kind, da war ich mir inzwischen sicher.

Ich brauchte einige Zeit, um die Neuigkeiten zu verdauen. Was ich auf dem Waldweg noch voller Mut und Überzeugung gedacht hatte, war nicht so leicht in die Tat umzusetzen. Erst Monate später war ich bereit, mehr über meine familiären Hintergründe zu erfahren, mit denjenigen von «dieser anderen Seite» meines Lebens in Kontakt zu treten. Anfänglich lehnte ich die betreffenden Personen komplett ab. Als hätte ich gespürt, dass mir das, was mich erwartete, nicht besonders gefallen würde. Und so war es dann auch, als ich mich schließlich innerlich ausreichend gewappnet hatte, um mich dieser neuen Situation zu stellen. Egal, ich musste verstehen, was das für ein Schmerz in mir war. Ich ahnte, dass er mich sonst nie loslassen würde, da konnte ich noch so viele Erklärungen erhalten, es würde nichts helfen. Ich wollte wenigstens wissen, woher dieses dumpfe, quälende Gefühl stammte, um besser damit umgehen zu können.

Meine Erzeugerin, so erfuhr ich von meinen Eltern, war Polin, mein Erzeuger Italiener. Sie arbeitete als Prostituierte, er war damals ihr Freier. Beide wohnten nicht weit von unserem Wohnort entfernt. Immerhin, erstaunlicherweise wusste sie, wer von den vielen Männern, mit denen sie verkehrte, mich gezeugt hatte. Glückwunsch! Und keine Selbstverständlichkeit, denn offenbar ging sie (und geht sie bis heute) ihrer Tätigkeit nach, ohne Kondome zu benutzen. War er vielleicht einer ihrer Stammkunden? Ich habe bis heute keine Ahnung, weil ich aber auch nie nachgefragt habe.

Über Dritte erfuhr ich, dass mein Erzeuger jener Frau während der Schwangerschaft in den Bauch getreten haben soll, um zu erreichen, dass ich sterbe. Meine Erzeugerin wiederum unternahm ihrerseits Versuche, mich abzutreiben; sie nahm Drogen, Tabletten, trank Alkohol. Der Alkoholkonsum und Drogenmissbrauch erklärten, woher meine diversen körperlichen Beeinträchtigungen kamen. Aller Wahrscheinlichkeit nach hatte meine Erzeugerin sich hierbei eine Virusinfektion zugezogen, aus der wiederum mein Diabetes vom Typ 1 resultierte. Diese Stoffwechselkrankheit ist eine Autoimmunerkrankung, bei der das Immunsystem die sogenannten Betazellen der Bauchspeicheldrüse zerstört, die normalerweise Insulin produzieren. Dadurch liegt ein permanenter Insulinmangel vor, der es erforderlich macht, dass ich mir jeden Tag Insulin spritze. Außerdem leide ich auch noch unter Bronchialasthma und bin Allergikerin. Ein komplexes Wechselspiel.

Wer möchte schon gern herausbekommen, ungewollt gewesen zu sein? Aber zu erfahren, mit welchen Methoden man mich hatte töten wollen, machte alles nur noch schlimmer. Ich konnte kaum glauben, dass man so viel Hass in sich tragen konnte, um einem Ungeborenen so etwas anzutun. Dass sie dich abgegeben hat, ist das Beste, was dir passieren konnte, dachte ich damals. Im Krankenhaus, in meinem Bett auf der Intensivstation, kam ein neuer Gedanke hinzu: Daniel und meine polnische Erzeugerin – ich kann sie beide nur auf eine Stufe stellen. Später hörte ich, meine Erzeugerin hätte in ihrer Wohnung Bilder von mir aufgestellt, als sie von der Tat hörte. Gleich nach dem Anschlag waren in den Medien viele Berichte erschienen, mit Fotos von mir, auf denen ich noch hübsch anzusehen war. Spätestens jetzt konnte ich sie nicht mehr ernst nehmen. Ich war regelrecht sauer auf sie. Und plötzlich war ich froh, dass mein Gesicht nicht mehr dem meiner Erzeugerin ähnelte, so wie mir jemand erzählt hatte. Es war verbrannt und verätzt, es gab keine Übereinstimmung mehr mit ihr. Eigentlich hatte nie eine existiert, denn sie trug nicht einen Funken Menschlichkeit in sich. So wie auch Daniel keinen Funken Menschlichkeit in sich trug. Positive Emotionen waren ihnen beiden fremd. Aus welchem Grund auch immer.

Von meinem italienischen Erzeuger erfuhr ich, als er von meinen Nachforschungen Wind bekam und mich seinerseits kennenlernen wollte. Wir trafen uns, und er sagte mir, dass ich noch einen Bruder und drei Schwestern hätte, zwei davon würden in Deutschland leben, zwei in Frankreich. Ich solle mir doch mal überlegen, ob ich Kontakt zu ihnen aufnehmen wolle. Damit war das Treffen mit meinem Erzeuger aber auch schon wieder beendet. Ich hielt es kurz, denn ich wurde von Anfang an das Gefühl nicht los, dass wir uns nicht viel zu sagen hatten.

«Soll ich meine Halbgeschwister kennenlernen?», fragte

ich abends meine Mutter. «Vielleicht sind es sogar meine Geschwister. Genau habe ich das nicht herausfinden können. Auf jeden Fall lebt mein Erzeuger mit einer Frau zusammen und hat Kinder mit ihr.»

«Ich würde das nicht tun», erwiderte meine Mutter. «Was für einen Sinn hätte das?»

«Sie sind immerhin mit mir verwandt. Wer weiß ...», überlegte ich laut.

Meine Mutter zuckte mit den Achseln. «Diese Entscheidung musst du selbst treffen. Da rede ich dir nicht rein.»

Also machte ich mich auf die lange Reise zu meinem Halbbruder nach Frankreich. Ich hätte sie mir sparen können. Ich fand ihn zum Kotzen. Wie der Vater, so der Sohn – auch wir beide waren nicht auf einer Wellenlänge, lebten in verschiedenen Welten. Die Erfahrungen, die ich machte, als ich den Kontakt zu meinen anderen Halbgeschwistern suchte, waren ähnlich. Bewusst brach ich ihn ab. Mochten sie mit mir verwandt sein, für mich blieben sie fremde Personen, mit Werten und Meinungen, die nicht zu meinen passen. Immer mal wieder sah ich mir Fernsehformate an wie *Verzeih mir* mit Julia Leischik oder *Vermisst* mit Sandra Eckardt, die teils in Deutschland, teils weltweit unterwegs waren, um nach vermissten Menschen zu suchen, die das Schicksal auseinandergerissen hatte. Ich saß dann da und konnte kaum glauben, was ich auf dem Bildschirm verfolgte. Menschen, die längst die Hoffnung auf ein Wiedersehen aufgegeben hatten, lagen sich auf einmal tränenüberströmt in den Armen. Und ich dachte nur: Wie kann man bloß so emotional reagieren? Ich hatte bei den Begegnungen mit meinen Halbgeschwistern nicht geheult, wir hatten uns nicht mal umarmt. Das einzig Interessante war, dass es da diese Menschen gab, die eine gewisse äußere Ähnlichkeit mit mir hatten. Vom Temperament mochte es auch noch stimmen, meine große Klappe passte gut in diese italienische Familie hinein, aber vom Charakter her waren wir grundverschieden.

Es war eine Erleichterung gewesen, das zu beobachten und so für mich formulieren zu können. Tolle Eltern und eine tolle Erziehung schienen also eine Menge Positives bewirken zu können. Die Erleichterung hatte noch einen Nebeneffekt. Auf einmal hatte ich das große Verlangen, meinen Eltern zu beweisen, dass es sich «gelohnt» hatte, mich zu adoptieren. Ich wollte, dass sie stolz waren, auch darauf, dass sie mir eine zweite Chance gegeben hatten. Was wäre mit mir passiert, wäre ich ins Heim gekommen? Womöglich wäre ich mit neun, zehn Jahren an Diabetes gestorben. Oder ich würde heute in Italien oder in Polen auf den Strich gehen. Ohne die Adoption hätte ich keine besonders rosige Zukunft gehabt, daran bestand kein Zweifel.

Auch meine Erzeugerin hatte noch weitere Kinder, darunter meine Halbschwester Jule. Aber mit ihnen war es genauso wie mit den Halbgeschwistern vonseiten meines Erzeugers – sie blieben Unbekannte für mich. Mit meiner Erzeugerin traf ich mich nicht, ich wollte nicht dieser Person gegenüberstehen, die versucht hatte, mir auf brutale Weise das Leben zu nehmen. Das wollte ich mir nicht antun.

Nachdem ich meinen Besuchsreigen absolviert hatte, wurde es schwierig für mich, meine Herkunft zu bestimmen. Ich war weder Polin noch Italienerin, zu beiden Ländern konnte ich keine Affinität ausmachen. Aber wer war ich dann? Sicher, eine Deutsche. Aber letztlich konnte ich nur sagen: Ich war Vanessa Münstermann, und seit der befruchteten Eizelle im Bauch meiner polnischen Erzeugerin hatte ich um mein Leben gekämpft.

Ich war eine Kämpferin.

3

WIE EIN VERBRANNTER SCHINKEN

März 2016

Anfangs schlief ich noch viel. Als ich eines Morgens auf Zimmer 4 wach wurde, war mein erster Gedanke: Mag mein Gesicht noch so unansehnlich sein, ich will mich nicht verstecken, das kommt überhaupt nicht in Frage. Wenn die Krankenschwestern meinen Anblick ertragen können, dann werden auch andere Menschen dazu in der Lage sein. Doch um wieder ganz ins Leben einzutauchen, musste ich unbedingt die nächsten Schritte bewältigen.

«Wie lange muss ich denn noch an die Schläuche angeschlossen bleiben?», fragte ich Schwester Clara. «Ich kann doch wieder selbständig essen.»

«Das hängt von Ihnen ab», erklärte sie unbestimmt.

Na, wenn es nach mir geht, überlegte ich, dann will ich sie so schnell wie möglich loswerden.

«Ich möchte heute einmal komplett um mein Bett herummarschieren, und das kann ich nicht, wenn die ganzen Schläuche an mir dranhängen», verkündete ich mit Nachdruck. «Solange ich immer nur einen Schritt gemacht habe, mochte das so gehen. Aber jetzt ich will mehr.»

«Gut, wenn Sie sich einige Schritte zutrauen, können wir die Schläuche entfernen», erwiderte die Schwester.

Sie hatte meine vollmundige Ankündigung, einen Marsch ums eigene Bett, zwar auf «einige Schritte» reduziert, aber ich hatte ja auch in erster Linie einen zwingenden Grund vorbringen wollen, um von diesen schrecklichen Dingern, den Schläuchen, befreit zu werden. Diese ganze Hilflosigkeit, diese Abhängigkeit musste irgendwann ein Ende haben. Schon deshalb, weil mir meine Schwester während eines ihrer Besuche erzählt hatte, dass Menschen, die ich überhaupt nicht kannte, unter der Webadresse www.welovevanessa.de eine Spendenseite für mich eingerichtet hatten. Sie hatte mir die Seite ausgedruckt, auf der erläutert wurde, dass ich starke Verätzungen im Gesicht, am linken Auge, am linken Ohr, am Hals, am Dekolleté sowie an der Hand erlitten hätte und dass mir in den nächsten Jahren unzählige Operationen bevorstünden. «Um Vanessa die bestmögliche Hilfe zukommen zu lassen, sammeln wir Spenden.» Auf dieser Website hatten alle möglichen Leute unglaublich liebevolle Worte hinterlassen, allein aus diesem Grund musste ich weiterkämpfen. Denn wollte ich all diese Menschen, die an mich glaubten, enttäuschen? Auf keinen Fall!

«Nun, was ist, soll ich Ihnen auch noch die Magensonde entfernen?», fragte Schwester Clara. Das Gerät, das meine Atmung unterstützte, hatte sie schon abgenommen.

«Schon», sagte ich kleinlaut. «Aber ich habe ein bisschen Angst davor. Es könnte doch sein, dass das meinen Brechreiz auslöst und ich Sie dann im wahrsten Sinne des Wortes ankotze.»

«Da machen Sie sich mal keine Gedanken, wir haben

schließlich einigermaßen Übung darin. Atmen Sie einfach bei offenem Mund tief ein und aus.»

Ich tat wie geheißen, und als ich ausatmete, zog sie die Sonde mit einer kurzen geschickten Bewegung heraus, so schnell, dass es nur ein wenig gekitzelt hatte.

Schwester Clara grinste. «Und, war es schlimm?»

Ich schüttelte den Kopf. Sie war wirklich eine ganz besondere Krankenschwester, da gab es für mich überhaupt keinen Zweifel.

Sie zog mir wieder die Antirutschsocken über die Füße, doch anstelle von Schwester Miriam, der Hantel-Schwester, half dieses Mal meine Mutter, damit ich den angekündigten Marsch um mein Bett antreten konnte. Na ja, Marsch – da hatte ich wirklich den Mund ein wenig zu voll genommen. Nach zwei, drei Minischritten hing ich wie ein nasser Sack in den Armen von Schwester Clara und meiner Mutter. Sie hatte ganz offensichtlich weit größere Angst, dass ich fallen könnte, als ich selbst, was sich darin äußerte, dass sie meinen rechten Arm so fest umklammerte, dass die Blutzufuhr nahezu unterbrochen war. (Ich liebe dich, Mama!)

Nachdem ich von Tag zu Tag immer sicherer auf den Beinen wurde, stellte ich die nächste Forderung, sie hatte mit einem weitaus unangenehmeren Umstand zu tun, der aber nun mal zu meinem Klinikaufenthalt dazugehörte: «Schwester Clara, ich möchte nicht mehr, dass mir jemand eine Bettpfanne unter den Hintern schiebt.»

«Sie können aber noch nicht allein auf die Toilette gehen, das ist unmöglich», widersprach sie.

«Gibt es nicht einen Kompromiss?», hakte ich nach.

Er fand sich in Gestalt eines Toilettenrollstuhls, in den, wie der Name andeutet, ein Topf integriert war. Doch es tat sich ein peinliches Problem auf: Durch die Sonde war mein Magen-Darm-Trakt stillgelegt worden, und somit hatte ich überhaupt kein Bedürfnis, zur Toilette zu gehen. Über den Spritzenzugang waren mir Abführmittel verabreicht worden, doch damit war es nun vorbei, ich aß ja wieder selbständig. Wie aber sollte das mit dem Toilettengang nun funktionieren? Einerseits konnte ich schlecht andauernd nach einer Schwester klingeln und mich von ihr in den Rollstuhl hieven lassen, nur um dann nach erfolgloser Mission wieder ins Bett gelegt zu werden. Andererseits konnte ich aber auch nicht stundenlang auf dem Stuhl herumsitzen. Also schaute die jeweilige Schwester, die mir vorher in den Rollstuhl geholfen hatte, im Fünf-Minuten-Takt ins Zimmer und wollte wissen, ob es denn «geklappt» habe. Jedes Mal musste ich sie vertrösten, denn es hatte sich immer nur Luft im Bauch angesammelt, und es fiel mir schwer einzuschätzen, ob die Blähungen auch nur solche waren oder ob da womöglich doch etwas im Bett landen würde. In solchen Momenten fühlte ich mich wie ein Häufchen Elend. Ich konnte noch nicht mal mehr alleine scheißen. Tiefer konnte man nicht sinken. Alles musste ich wieder lernen wie ein neugeborenes Baby.

Es dauerte fast einen ganzen Tag, bis sich schließlich ein Erfolgserlebnis einstellte, und zwar mitten in der Nacht. Vorsichtshalber hatte man mir eine Bettpfanne überlassen, damit ich nicht auf den Rollstuhl musste. Lustigerweise sah das Ausgeschiedene genauso aus wie das, was ich zu essen bekommen hatte, und mein gesamtes Zimmer roch nach Erdbeeren.

Bei einem ihrer zahllosen Besuche fragte meine Mutter mich: «Hast du im Koma eigentlich irgendetwas mitbekommen? Manche erinnern offenbar rein gar nichts, während andere schon das ein oder andere wahrnehmen.»

«Zu viel», antwortete ich. «Viel zu viel. Natürlich vermischen sich da Erinnerungen, Realität und Phantasie, aber einiges weiß ich mit großer Sicherheit. Ich hatte in der Zeit einen Krampfanfall, es hat sich angefühlt wie ein epileptischer Anfall – soweit ich das beurteilen kann, denn ich hatte ja noch nie einen. Häufig hat mein Körper das getan, was er wollte, so ging immer wieder meine Hand von allein nach oben. Dann kam eine von den Schwestern ins Zimmer und versicherte mir, dass alles gut sei. Mehrmals überkam mich auch ein so starker Würgereiz, dass ich glaubte, mich übergeben zu müssen. Mein Oberkörper bebte, als sei gerade ein Erdbeben ausgebrochen.»

«Wahrscheinlich hast du je nach Medikamentengabe phantasiert», schlussfolgerte meine Mutter, die beim Zuhören ganz bleich im Gesicht geworden war. «Vielleicht passierte das alles in der Zeit, als man die Medikamente allmählich absetzte und du wieder wach werden solltest.»

«Das ist gut möglich», stimmte ich meiner Mutter zu. Ich fand ihre Erklärung sehr einleuchtend. «Manchmal sah ich ganz viele kleine grauschwarze Würmer vor meinen Augen wimmeln, die im nächsten Augenblick erstarrten wie bei einem Standbild», erzählte ich weiter. «Da muss ich wohl komplett das Bewusstsein verloren haben. Aber ich hatte nicht das geringste Zeitgefühl. Tage können Minuten gewesen sein, denn manchmal ist es mir vorgekommen, als hörte ich ständig Schwester Claras Stimme, wobei ich ihre Stimme damals keiner Person zuordnen konnte.»

«Und sie hat nonstop mit dir gesprochen?», fragte meine Mutter.

«Bestimmt nicht. Aber ich hörte, wie sie mehrmals sagte: ‹Ich kümmere mich um Sie.› Einmal antwortete ich ihr sogar: ‹Sind Sie völlig gaga, das haben Sie mir doch schon vor fünf Minuten erzählt?›» Seltsamerweise meinte ich mich daran zu erinnern, dass wir uns nicht gesiezt, sondern geduzt hatten. Später erfuhr ich von einem Therapeuten, dass das Unterbewusstsein kein Sie kennt, sondern nur das Du, was offensichtlich berücksichtigt worden war. Also hatte ich mich nicht getäuscht und es meiner Mutter bloß in der Sie-Form erzählt, um nicht anmaßend zu wirken.

Einmal hatte ich im Koma vernommen, wie eine freundliche Stimme, aber eine andere als die von Schwester Clara, zu mir sagte: «Wenn du mich hörst, dann drücke meine Hand, so fest du kannst.» Erst bekam ich das nicht hin, aber irgendwann musste es mir doch gelungen sein, denn es gab einen jubelnden Aufschrei: «Ja, ganz super gemacht!» Die Stimme bat mich anschließend, meine Füße zu bewegen, doch das gelang mir erst bei einem späteren Versuch. Bei dem waren dann auch meine Eltern dabei, ich weiß noch, wie mein Vater zu meiner Mutter sagte: «Guck mal, Silvie, sie bewegt ihre Füße.» Nachdem ich das gehört hatte, klopfte ich mit den Füßen fest auf mein Bett. Ich kam mir vor wie der kleine graue Hase Klopfer aus dem Walt-Disney-Film *Bambi*, der seinen Namen erhalten hatte, weil er bei jeder sich bietenden Gelegenheit mit den Hinterbeinen auf den Boden klopfte. Es war die einzige Möglichkeit für mich, meine Eltern wissen zu lassen, dass ich sie wahrgenommen hatte, auch wenn ich ansonsten völlig bewegungslos dalag. Meine Mutter sagte nur ein einziges Wort: «Toll!» In ihrer Stimme schwang große Erleichterung mit.

«Ich war so froh, als du mit deinen Füßen auf die Matratze getrommelt hast», erinnerte meine Mutter sich laut, als hätte sie meine Gedanken erraten. Wir hatten schon immer eine enge Verbindung.

«Ihr habt nie an meinem Bett geweint – jedenfalls habe ich euch nie weinen gehört», sagte ich und schaute meine Mutter an, immer noch in dem Glauben, auf beiden Augen gut sehen zu können.

«Wir wollten stark sein – für dich.» Meine Mutter flüsterte beinahe.

«Hattet ihr Angst, ich würde mit der Situation nicht klarkommen?»

Sie nickte. «Unsere größte Angst war, dass du uns nach dem Aufwachen vorhalten würdest: ‹Warum habt ihr mich nicht sterben lassen?›»

«Solche Gedanken habt ihr gehabt?», rief ich aus. Ich konnte es kaum fassen, denn so schlimm auch alles war, meinen Lebensmut hatte ich nicht verloren. Nein, er wuchs sogar mit jedem Tag, an dem ich mehr allein bewältigen konnte als zuvor.

Als meine Mutter gegangen war, fiel mir noch ein Traum aus meiner Koma-Zeit ein – oder hatte meine Phantasie mir einen bösen Streich gespielt? Ich befand mich in einer Firma, der Empfangsbereich kam mir irgendwie bekannt vor. Das Gebäude war ganz aus Glas, und zum Empfangsbereich gehörte ein hochglänzender Tresen in Schwarz. Dahinter befanden sich viele Türen, die zu verschiedenen Räumen führten, in einem davon lag ich ausgestreckt auf einer Liege. Zwischendurch wurde es immer wieder sehr hell, das Licht kam von einer grellen Lampe, die über mir von der Decke hing. Eine dunkelhaarige Ärztin, die eine Brille trug, beugte sich zu mir herunter. Und jedes Mal, wenn sie mich bewegte, bekam ich einen Hustenanfall mit Brechreiz.

Dann wurde es wieder finster, jemand hatte das Licht ausgemacht, und die Ärztin verließ den Raum durch die Tür. Regungslos lag ich da. Durch die offene Tür konnte ich in den Empfangsbereich sehen, der nun einem Wartezimmer ähnelte. Und in diesem Wartezimmer starben Menschen. Ein Mann stürzte aus dem Fenster in die Tiefe, ein anderer wurde von drei schwarz gekleideten Männern erschossen.

Nach einiger Zeit änderte sich die Kulisse. Ich lag immer noch auf einer Liege, jetzt bestand sie jedoch aus Glas, und dieses Mal befand ich mich in einer Art Praxis, in einem Zimmer, über dem sich eine Glaskuppel wölbte. Meine Eltern waren bei mir, auch meine Schwester, mein Schwager sowie die gemeinsame Tochter. Meine Schwester war permanent an meiner Seite, meine Eltern wechselten sich ab. Ich hatte das Gefühl, als fahre man mich in Richtung der Glaskuppel hoch, und zwar immer im Kreis. Wieder wurde ich bewegt, doch jetzt, um einen Verband zu wechseln. Ich spürte, wie mich jemand wusch, es wurde auf einmal nass und kalt. Währenddessen hörte ich, wie sich zwei Schwestern über ihre Arbeit unterhielten, wo sie ihren Beruf gelernt hatten und wo sie zur Schule gegangen waren. Ich hatte heftige Rückenschmerzen, daher tat mir das Nasskalte richtig gut. Von oben aus der Glaskuppel sah ich auf meine Schwester herab, sie saß in einem Bistro, neben ihr stand der Kinderwagen mit meiner Nichte. Sie warteten darauf, dass ich wieder herunterkam.

Nicht weit von meiner Schwester entfernt entdeckte ich eine Reisegruppe in Ballermann-T-Shirts, die im nächsten Moment am Strand saß, wild feierte und Unmengen von

Alkohol trank. Ich verspürte enormen Durst und dachte, dass ich dort unten bestimmt stilles Wasser bekommen würde. Manchmal fühlte es sich so an, als befände sich auf meinen Lippen ein Wassertropfen. Von oben sah ich auch ein Restaurant mit einem Häuschen in der Mitte, wo eine Kellnerin Wasserflaschen herausholte und Leergut wieder hineinstellte.

Mein Kopf wurde immer klarer, ich glaubte, jeden Moment aufzuwachen, doch kurz bevor ich die Augen öffnete, packte mir jemand eine Maske aufs Gesicht. Ich bekam keine Luft mehr und riss mir die Maske herunter. Dann sah ich, dass auch meine Eltern eine solche Maske aufgesetzt bekommen hatten. Eine Krankenschwester betrat das Zimmer und setzte mir die Maske wieder auf, ich wollte sie mir abermals vom Gesicht reißen, doch ich war zu schwach. Kurz danach schlug ich die Augen auf. Ich wusste nicht, wo ich war, aber das spielte auch keine Rolle. Als ich mich im Zimmer umsah, konnte ich mich daran erinnern, dass ich diese Situation schon einmal erlebt hatte. Damals hielten sich jedoch zwei Ärzte in dem vollkommen weißen Raum auf, der eine deutlich jünger als der andere. Sie besprachen meine Operation. Ich konnte ihnen nur zuhören, aber nicht selbst mit ihnen sprechen.

Realität oder Traum? Ich weiß es bis heute nicht.

Immer wieder trainierte ich, mich im Bett aufzusetzen, um meinen Kreislauf zu stabilisieren. Durch das Sitzen bekam ich das Gefühl, endlich wieder meinen gesamten Körper zu spüren. Im ersten Moment schien es mir, als wöge ich tausend Kilo. Nachdem ich dann gedanklich einigen Ballast abgeworfen hatte und um einiges leichter geworden war, bewegte ich meine Füße nach den Melodien, die ich im Radio hörte. Ein Lied, das damals oft gespielt wurde, bringt mich noch heute zum Weinen, denn ich verbinde es mit meinem Leid und meiner Hilflosigkeit, die ich in der Zeit auf der Intensivstation spürte, mit der Einsamkeit in den langen Nächten, in denen ich wach dalag und über alles nachdachte. Der Song ist von EFF, ein Musikprojekt des Sängers Mark Forster, der Titel lautet «Die Stimme»:

Hör auf die Stimme
Auf deinen Wegen durch das Leben
Da kommen Kreuzungen und du stehst
Du musst abwägen und überlegen, was du wählst und
*   wofür du gehst*
Die bösen Geister und all die Quäler
Immer wieder kommen sie zurück
Es wird nicht leichter, nein, es wird schwerer
Du musst ihn meistern den nächsten Schritt

In diesen Augenblicken dachte ich: Du musst es schaffen – und du wirst es schaffen. Es wird nicht einfach werden, aber du wirst diese schreckliche Zeit hinter dich bringen, und dann kann es nur vorwärtsgehen. Ich dachte auch an meine Mutter, die mich zwar nie vor Daniel gewarnt, die aber häufig gemeint hatte: «Pass auf! Hör genau hin! Und lern ihn besser kennen.» Hätte ich mir ihren Rat nur zu Herzen genommen, hätte ich nur genauer auf Daniels Worte geachtet, auf sein Verhalten, und hätte ich nur Konsequenzen daraus gezogen, dann wäre mir das alles erspart geblieben. Mir kamen dann immer die Tränen, aber nicht vor lauter Selbstmitleid, nein, weil es mir so unendlich leidtat, dass ich meinen Eltern so viele schlaflose Nächte bereitet hatte, weil meine Schwester beinahe ihre kleine Schwester verloren hätte. Immer wieder schaute ich dabei auf die Uhr, in der Hoffnung, dass bald der Morgen nahte und sich in meinem Zimmer etwas tat, bald die Schwestern eintraten und ich nicht mehr allein war, sie mir eine Schale mit Wasser und einen Waschlappen gaben, um mich selbst zu waschen. Sie mussten mich nicht mehr waschen.

Die Finsternis und die Stille in der Nacht waren kaum auszuhalten, weshalb ich das Radio nie ausstellte, es lief unentwegt. Die Stille, so glaubte ich, würde mich umbringen. Kam dann endlich die Morgendämmerung, sah ich oft nach draußen, auf dem gegenüberliegenden Gebäude konnte ich Drosseln und Spatzen beim Starten und Landen zusehen. Ich sehnte mich danach, genauso frei zu sein wie sie, nicht gefangen zu sein im eigenen Körper, sondern tun und lassen zu können, wonach mir der Sinn stand. Hier im Krankenhaus ging alles seinen geregelten Gang. Jeden zweiten Tag wurde mein Bett neu bezogen, wofür ich mich erst nach links und dann nach rechts drehen musste, was sich zu Anfang aber ziemlich schwierig gestaltete. Nach dem Waschen ging es ans Zähneputzen, eine schmerzhafte Angelegenheit, da sich die Papillen auf der Oberfläche meiner Zunge entzündet hatten und weh taten. Als ich mich nach dem Grund dafür erkundigte, erklärte man mir: «Sie haben lange Zeit nicht richtig gegessen, außerdem hat auch Ihre Zunge etwas von der Säure abbekommen.» Richtig, ich erinnerte mich daran, Flüssigkeit ausgespuckt zu haben.

Die Schwestern benutzten eine Art großes Wattestäbchen mit einem blauen Schwamm daran, um die Beläge auf meiner Zunge zu entfernen; zwei, drei Tage dauerte das.

Gegen sieben bekam ich mein Frühstück und meine Tabletten, die ich täglich schlucken musste, gefühlt hundert Stück, die allesamt ekelhaft schmeckten und von denen ich bis heute nicht weiß, warum ich sie einnehmen musste, was sie bewirken sollten. Meine ersten Trinkversuche scheiterten kläglich, durch einen Strohhalm sollte ich einen Früchtetee zu mir nehmen und nebenbei noch meine Tabletten nach und nach vertilgen. Das Saugen gestaltete sich jedoch so schwierig, dass ich eine geschlagene halbe Stunde brauchte, bis ich den Inhalt meines Bechers erkennbar minimiert hatte. Ähnlich lang brauchten die Schwestern oder meine Mutter, die mir Löffel für Löffel Joghurt in den Mund schoben. Einen Trinkbecher selbst zu halten, daran war in den ersten Tagen nicht zu denken, und daran, ihn in Richtung Mund zu heben, schon gar nicht. Nicht, dass ich es nicht versucht hätte, aber dann kippte er zur Seite, und augenblicklich ergoss sich die Flüssigkeit in mein Bett. Wie verfluchte ich diese Momente, diese Tollpatschigkeit.

Nach dem Frühstück war ich meist so erschöpft, dass ich eine Weile schlief. Zum Abend hin wurde ich dann aktiv, und mein Mut wuchs von Stunde zu Stunde. Neben meinem Bett stand besagter Rollstuhl, und mir war gesagt worden, dass ich klingeln sollte, wenn ich musste. Konnte ich das denn nicht auch selbst erledigen? So überlegte ich kurz, als es so weit war, und hatte auch gleich eine Antwort parat. Ich knipste also kurzerhand die Sensoren ab, die noch an meinem Körper klebten, sodass ich mich ganz allein in den Rolli wuchten konnte.

Augenblicklich ging ein Alarm los, und alle möglichen Pflegekräfte und Ärzte stürmten in mein Zimmer. Erst begriff ich nicht so recht, was los war, bis mir klar wurde: Die

Sensoren hatten meine Herztöne gemessen, und auf einmal waren bei mir keine mehr feststellbar gewesen. Dumm gelaufen.

Immerhin durfte ich einmal im Beisein der Schwestern ins Bad rollen. Draußen war es schon fast dunkel, und als ich an den Fenstern meines Zimmers vorbeikam, nahm ich wahr, wie ich mich in ihnen spiegelte. Ich versuchte, einen Blick auf mein Gesicht zu erhaschen, wollte wenigstens eine Ahnung davon bekommen, was mit mir passiert war, aber ich wurde zu schnell vorbeigeschoben, als dass ich wirklich etwas hätte erkennen können. Wie sah ich aus? Bislang hatte ich niemanden danach gefragt, ich hatte auch nicht mehr um einen Spiegel gebeten, und in meinem Beisein fiel nie auch nur ein Wort über mein Äußeres. Die Säure musste in meinem Gesicht Spuren hinterlassen haben, davon konnte ich ausgehen. Doch wie weit ging die Entstellung? Sosehr ich mir auch auszumalen versuchte, wie ich nun wohl ausschaute, es gelang mir nicht. Ich kannte bislang nur die eine Vanessa Münstermann, von der es eine Menge Fotos gab, mit denen ich mehr oder weniger zufrieden war. Es gab gute und schlechte Aufnahmen, jede junge Frau wird wissen, was ich meine. In der Fensterspiegelung gut zu erkennen war aber auch, wie mühselig das alles war. Wie mussten sich, so überlegte ich, ältere Damen im Rollstuhl fühlen, wenn sie zu schwach waren, ihn selbst in Bewegung zu setzen? Oder wenn sie nicht mehr die nötige Kraft hatten, bei Harndrang an sich zu halten?

Würde ich je wieder allein gehen können? Würde ich mich auf der Toilette überhaupt allein zum Waschbecken hangeln können und von dort wieder zurück zum Rollstuhl? Würde ich dabei womöglich auf den Fußboden fallen, auf die kalten Fliesen? Schweißperlen bildeten sich auf meiner Stirn, mir war, als könnte ich jede einzelne deutlich spüren.

Die Spiegelung von mir im Fenster beschäftigte mich anhaltend. Eines Abends, als mein Vater wieder da war, fragte ich ihn: «Papa, wie sehe ich aus? Ganz ehrlich.»

Er schluckte schwer, seinen Augen nach zu urteilen, hatte ihn die Frage aber auch nicht wirklich überrascht, er schien damit gerechnet zu haben. Vorsichtig nahm er meine verätzte Hand in seine. An vielen Stellen war sie aufgrund einer Hauttransplantation noch ziemlich schwarz, sie sah aus wie ein verbrannter Schinken.

«Deine Hand ...», fing er an.

Ich unterbrach ihn augenblicklich, auch um ihn zu beruhigen: «Meine Hand ist mir egal. Das Wichtigste ist doch, dass ich lebe.»

«Ja, das ist wirklich das Wichtigste», versicherte er aufatmend.

«Meine Hand kann ich selbst sehen, was ich wissen möchte, ist, wie es um mein Gesicht steht.»

«Dein Gesicht ...»

Wieder ließ ich ihn nicht zu Ende sprechen. «Die Haut in meinem Gesicht schaut bestimmt so aus wie die auf meinem Handrücken. Schwarz und verbrannt.» Ich konnte das so locker sagen, weil es mir einfach nicht gelingen wollte, mir die Verätzungen in meinem Gesicht auszumalen. Es ging schlicht und ergreifend über meine Vorstellungskraft hinaus. Man hätte mir jede einzelne durch Säure zerstörte Pore beschreiben können, ich hätte sie nicht als zu meinem Gesicht gehörig erkannt. Tief in mir drin wusste ich aber, dass ich nicht mit einigen kleinen Narben davongekommen war, die irgendwann nicht mehr sichtbar sein würden.

Er nickte bedächtig. «Du wirst es schaffen», sagte er mit fester Stimme. «Du musst nur Geduld haben.»

Geduld, das war so eine Sache. Allerdings nicht unbedingt meine.

4

KOMMISSARE AUF
STATION 37

März 2016

Der Rollstuhl war mein Fluchtwagen auf dem Weg aus der Intensivstation. Durch ihn konnte ich die Anzeigen auf dem Bildschirm hinter mir lassen, all die Apparaturen, die aussahen, als gehörten sie in die Bordkommandozentrale des Raumschiffs Enterprise, überall Zahlen, Striche, Lichter in verschiedenen Farben, dazu unterschiedlichste Töne – es war mir ein Rätsel, wie jemand all das auseinanderhalten konnte.

Die Entscheidung, mich auf eine normale Krankenstation zu verlegen, wurde eines späten Nachmittags getroffen, die Dunkelheit hatte sich schon über die Stadt gelegt. Ich beobachtete gerade von meinem Rolli aus die Lichter des Fernsehturms und machte mir bewusst, dass ich fortan ein neues Leben beginnen musste, das alte konnte ich vergessen. An dieser Tatsache gab es nichts zu rütteln, mir blieb nichts, als sie zu akzeptieren und anzunehmen.

Eigentlich hätte ich klingeln sollen, um wieder ins Bett gelegt zu werden, aber ich fühlte mich viel zu fit dafür. Dieses ewige Liegen ging mir langsam auf die Nerven, es musste hier doch noch andere Patienten geben, in anderen

Zimmern. Kaum war der Gedanke zu Ende gedacht, wagte ich mich auf eine kleine Spritztour. Was mir vorschwebte, war ein Ausflug auf den Flur der Intensivstation, wo ich ja vielleicht anderen Menschen ein wenig helfen konnte. Immerhin vermochte ich mich schon fortzubewegen, wozu genug andere Patienten bestimmt nicht in der Lage waren. Vor wenigen Tagen hatte ich das selbst nicht auf die Reihe bekommen, und weil ich so einiges durchgemacht hatte, dachte ich: Bin ich nicht der beste Beweis dafür, dass es auch anders geht, dass man nicht aufgeben darf, selbst wenn einem danach zumute ist? Inzwischen durfte ich mich am Waschbecken waschen, inklusive eigenhändigen Zähneputzens, ich konnte auf einem Stuhl an einem Tisch sitzen und Gulasch mit Nudeln essen, auch wenn meine Rückenmuskulatur nicht immer mitspielte und ich nicht ewig gerade sitzen konnte. Alles in allem klang das doch nach einer Eins-a-Genesung. Ich durfte sogar ein Deo benutzen, mein erster eigener Hygieneartikel, den mir meine Eltern von zu Hause mitgebracht hatten.

Das Erste, was mir auf dem Flur von Station 71 auffiel, war der Geruch, eine Mischung aus Desinfektionsmitteln sowie einem leicht süßlichen Unterton, nicht besonders dominant, schwer zu beschreiben. Links von mir sah ich sechs gläserne Kästen, in denen sich Verbrennungsopfer befanden – in so einem hatte ich wohl auch gelegen, als ich im Koma war. Schwestern liefen geschäftig umher, einige hielten Tupfer und Spritzen in der Hand, bei einem Patienten ging ein Signal los, ein schriller, hoher Ton. TÜTÜTÜTÜTÜÜÜÜ, TÜTÜTÜTÜTÜÜÜÜ. Ich konnte mir einen schöneren Klang vorstellen.

Was hatte ich mir in meiner Naivität bloß gedacht? Helfen konnte ich hier ganz sicher nicht. Es war höchste Professionalität gefragt, und anscheinend war ich auch die einzige Patientin auf dieser Station, die in der Lage war, sich einigermaßen frei zu bewegen.

Als die Schwestern mich auf dem Flur entdeckten, gab es ein großes Hallo. «Was machen Sie denn hier?», wollten sie wissen. «Das hier ist die Intensivstation unseres Brandverletztenzentrums, da können Sie nicht einfach mit Ihrem Rollstuhl herumfahren.» Lachend schüttelten sie den Kopf. «Es wird Zeit, Sie auf eine normale Station zu verlegen.»

Gesagt, getan. So kam ich auf die Station 37. Ich war fast ein wenig traurig, als ich mich von den Intensivpflegekräften verabschiedete. Besonders schwer fiel es mir, mich von Schwester Clara zu trennen, mit ihrem Humor und ihrer Freundlichkeit hatte sie mich durch so manche Krise hindurchmanövriert.

Mit meinem Umzug, mit der schrittweisen Rückkehr ins «normale» Leben, bekam ich auch Besuch, mit dem ich nicht unbedingt gerechnet hatte, der aber nur zu verständlich war, immerhin war ich das Opfer einer Gewalttat geworden. Die Kriminalpolizei ließ anfragen, ob ich mich in der Lage sähe, ihr behilflich zu sein. Nach kurzem Nachdenken stimmte ich zu, ich fand es in Ordnung, bat aber darum, dass mein Vater bei der Befragung dabei wäre. Und so betraten Herr Burmeister und Herr Hoffmann, wie sie sich namentlich vorstellten, mein Zimmer. Kommissar Burmeister war ziemlich groß, mit seinen breiten Schultern wirkte er fast einschüchternd, er war aber keinesfalls unsympathisch. Seine Augen und sein Lächeln holten mich ab, ich vertraute ihm von Anfang an. Begleitet wurde er von seinem recht attraktiven jüngeren Kollegen, Kommissar Hoffmann.

Ich hatte das Gefühl, dass sie beide tief betroffen waren, als sie mich das erste Mal sahen. Mein Hals war von den vielen Schläuchen noch geschwollen, meine Stimme hatte unter dem Morphin, das ich gegen die Schmerzen bekam, hörbar gelitten. Die schwarze Kruste am Kopf und mein linkes Auge, das verätzte, taten ihr Übriges. Noch immer hatte ich mich nicht im Spiegel gesehen, doch ich hatte es nicht lassen können, mich mit meiner gesunden Hand zu betasten.

Klapperdürr hockte ich im Schneidersitz auf meinem Bett in einem «We Love Vanessa»-T-Shirt und einer schwarzen kurzen Hose. Die beiden Beamten schoben den Esstisch ans Bett heran, platzierten ein Diktiergerät darauf und schalteten es an. «Wenn es für Sie zu belastend wird», sagte Kommissar Burmeister, «dann können wir jederzeit eine Pause einlegen.»

Ich wusste, dass ich nichts falsch gemacht hatte, und mir war sehr daran gelegen, dass die Wahrheit ans Tageslicht kam. Vor allem, weil mir klar war, dass sie Daniel schon vernommen hatten, sicherlich sogar mehrmals, dass er aber ganz bestimmt eine völlig andere Sicht auf die Dinge hatte als ich. Ich begann also, meine Version darzulegen, malte mit meiner gesunden Hand alles auf ein Blatt Papier. Keine der Fragen, die mir die beiden Polizisten stellten, empfand ich als besonders unangenehm.

«Hatten Sie zwei Nächte vor der Tat Sex mit Daniel F.?», wollten sie dann von mir wissen.

«Hat er das behauptet?», fragte ich.

Kommissar Burmeister und Kommissar Hoffmann nickten bejahend.

«Das war nicht der Fall», antwortete ich. «Da bin ich mir ganz sicher.»

«Weshalb sind Sie sich da so sicher?», hakten sie nach.

«An diesem Freitag war mein Geburtstag, Daniel hatte mir noch ein Geschenk vorbeigebracht. Als er ging, schloss ich die Haustür ab und riegelte sie noch zusätzlich mit einer Kette ab. Am Tag darauf terrorisierte er dann meine Familie und mich mit Anrufen und Nachrichten. Daraufhin ging ich am Sonntag mit meiner Mutter zur Polizei. Ich hatte Angst vor ihm.»

«Wieso Angst?»

«Immer wieder gab es Reibereien. Wir hatten uns zwar im Guten getrennt, und er half mir sogar, einige Sachen aus seinem Haus in meine Wohnung zu transportieren. Doch dabei kam es zu einem Zwischenfall. In Daniels Haus existiert ein Durchgang von der Küche zur Garage, an dessen Ende man zwei Stufen hinaufsteigen muss. Zusammen trugen wir ein Seitenteil von meinem Bett diesen Durchgang entlang, er hatte hinten angefasst, ich vorne. Kurz bevor ich zu den beiden Stufen kam, versetzte er mir dann einen Tritt und stieß mich die Treppen hoch. Schockiert drehte ich mich um, doch er lachte nur und meinte, ich solle mich nicht so anstellen, es sei doch nur Spaß gewesen. Für mich war das aber überhaupt nicht spaßig gewesen.»

Die beiden Beamten nickten, dann fuhren sie fort. «Er hat nicht nur behauptet, dass er Sex mit Ihnen hatte, er gab auch an, die ganze Nacht bei Ihnen verbracht zu haben.»

«Nein … nein.» Ich geriet langsam ins Stottern, und mein Gesicht fühlte sich an, als würde es knallrot anlaufen. Auf keinen Fall sollte mein Vater, der etwas abseits auf einem Stuhl saß, denken, dass ich zwei Nächte vor der Tat mit einem Mann geschlafen hatte, der unsere Familie bedrohte. Wie konnte Daniel nur so dreist lügen? Was hatte er damit bezwecken wollen? Zum Glück hatte ich die SMS-Nachrichten, die er mir in besagter Nacht geschickt hatte, noch nicht gelöscht. Ich suchte sie auf meinem Handy und gab sie den Kommissaren zu lesen. Darunter auch die SMS, in der es hieß, dass er gern bei mir geblieben wäre, dass ich seine Traumfrau sei, dass er Kinder mit mir haben wolle.

Damit war die Befragung beendet.

Aber ich hatte noch eine Frage. Ich wollte wissen, wie man Daniel zu fassen bekommen hatte, wie es gelungen war, ihn zu verhaften. Die Polizisten erzählten mir, man habe ihn zwei Stunden nach dem Attentat festsetzen können. Auf der Autobahn A 7 von Hannover nach Hildesheim sei er mit leerem Tank liegen geblieben. Und als er daraufhin den ADAC rief, meldete man ihn gleich der Polizei. Denn die Fahndung nach ihm lief schon, und zwar dank der Polizistin, die meine Anzeige aufgenommen und mich noch im Krankenwagen zum Tathergang befragt hatte. In den Gerichtsakten las ich dann, dass die schwarze Jacke und die beigefarbene Mütze, die sowohl ich als auch meine Nachbarin, die mir damals zu Hilfe geeilt war, ihr gegenüber erwähnt hatten, nie gefunden worden waren. Wahrscheinlich hatte er die Sachen irgendwo unterwegs weggeworfen. Er ahnte wohl, dass ich ihn bei einer polizeilichen Befragung mit Hilfe dieser Kleidungsstücke beschreiben würde.

Als die beiden Beamten sich verabschiedeten, sagte Kommissar Burmeister noch: «Wenn es zur Verhandlung kommt, werde ich bei Gericht erscheinen. Als Zuschauer.»

Nachdem sie gegangen waren, rückte mein Vater mit dem Stuhl näher an mein Bett heran und nahm meine Hand. «Wir glauben dir», sagte er mit ernstem Gesicht. «Darüber musst du dir nicht den Kopf zerbrechen. Wirklich nicht.»

Der Besuch der beiden Kommissare führte dazu, dass ich begann, mich intensiver mit Daniel auseinanderzusetzen – was blieb mir auch anderes übrig? Das hieß aber auch, meine vorherigen Beziehungen unter die Lupe zu nehmen, letztlich war die Beziehung zu Daniel nur eine Folge davon. Mir das einzugestehen fiel mir nicht leicht. Doch ich durfte nicht die Augen davor verschließen. Mein Griff in die Männerkiste folgte keinem Prinzip oder Beuteschema, was meinen Launen und meinem Temperament geschuldet war. Entsprechend bunt war das Ergebnis. Meine Schwester war da viel gradliniger, viel vernünftiger.

Was war ich eigentlich für eine Frau? Das musste ich mir selbst erst einmal klarmachen. Ich gehörte zu den Frauen, so brachte ich es für mich auf einen Nenner, die nie wirklich allein waren. War ich gerade in keiner längerfristigen Beziehung, bedeutete das nicht, dass nicht trotzdem irgendein Typ an meiner Seite war. Richtig ausgetobt hatte ich mich, anders konnte ich das nicht bezeichnen. Mit meinem ersten Freund war ich zwei Jahre zusammen, da war ich ungefähr vierzehn, fünfzehn gewesen. Als es vorbei war, heulte ich mir die Augen aus dem Kopf. Auf eine längere Beziehung hatte ich danach erst einmal keine Lust mehr – bis ich dann Luong traf. Luong war Vietnamese, und ich liebte ihn über alles, für mich war er der Mann, bei dem ich mir gut vorstellen konnte, mein Leben mit ihm zu teilen. Es hatte einfach alles gepasst, alles war so unkompliziert und harmonisch gewesen. Klar, wir hatten auch hin und wieder Meinungsverschiedenheiten, aber in welcher Beziehung gab es die nicht? Für mich war es die große Liebe, leider hielt sie nur wenig länger als vier Jahre. Dass wir auseinandergingen, lag nicht an mir. Meine Liebe zu ihm war noch längst nicht beendet, genauso wenig wie seine zu mir, doch er fühlte sich zu jung, um sich langfristig zu binden.

«Ich möchte noch andere Frauen kennenlernen», gestand er mir.

«Okay», sagte ich. «Wenn das so ist, dann kann ich dich nicht daran hindern.» Der Schmerz zerriss mich fast, aber mir war sofort klar, dass ich keine Chance hatte, ihn davon abzuhalten, egal welches Argument auch immer ich vorbrachte. Es blieb mir nichts weiter übrig, als ihn ziehen zu lassen.

Jahre habe ich gebraucht, um über Luong hinwegzukommen. Was allerdings nicht heißen soll, dass ich keinen anderen Mann mehr ansah. Genau das Gegenteil war der Fall. Natürlich verhütete ich gewissenhaft, unter keinen Umständen wollte ich von einem der diversen Typen, die ich kennenlernte, schwanger werden. Ich hatte Luong als den Vater meiner Kinder auserkoren, und daran hielt ich eisern fest.

Erst als Ahmed in mein Leben trat, war ich wieder bereit, eine ernsthafte Beziehung einzugehen. Auch ihn hätte ich geheiratet, ich fand, dass er ein ganz toller Mann war. Zwischenmenschlich passte es einfach, wir verstanden uns prima – bis ich eines Tages ins Grübeln geriet. Und nach und nach dahinterkam, dass er sein Leben auf einem gigantischen Lügengebäude errichtet hatte, angefangen bei unserer ersten Begegnung. Er hatte mir damals erzählt, er käme gerade aus der Türkei zurück, er hätte Urlaub in seinem Heimatland gemacht. Ich glaubte ihm, was für einen Grund hätte ich auch haben sollen, daran zu zweifeln? Tatsache war: Er hatte als professioneller Kreditkartenbetrüger in Haft gesessen. Auch eine Form von Urlaub, nur nicht die, von der ich ausgegangen war.

Ahmed behauptete darüber hinaus, in Hannover bei einer Versicherung zu arbeiten. Da er mir gerade zu Beginn unserer Beziehung viele Geschenke machte, wir auch häufig aus- und nicht gerade sparsam mit dem Geld umgingen, kam dann doch eines Tages der Gedanke in mir auf: Woher hatte er nur so viel Geld? In seinem Versicherungsjob konnte er unmöglich ein so hohes Gehalt bekommen. Da stimmte etwas nicht. Ich stellte ihn zur Rede, zu der Zeit waren wir ungefähr drei oder vier Monate zusammen.

«Du kannst bei der Versicherung unmöglich so viel Geld verdienen», begann ich das heikle Gespräch.

Er winkte ab. «Ach, worüber du dir so Gedanken machst, es ist alles in bester Ordnung.»

«Nichts ist in Ordnung», widersprach ich. «Sag mir, woher das ganze Geld kommt.»

Ahmed seufzte. «Wenn du es unbedingt wissen willst – ich habe Leute betrogen. Aber ich habe immer nur große Firmen abgezockt», versicherte er, «niemals Menschen, die nur wenig oder gar nichts haben.»

Ich war geschockt – ich hatte mich mit einem Betrüger eingelassen? «Und machst du das immer noch?», bohrte ich nach.

«Nein», sagte er. «Ganz ehrlich. Ich hab die Finger davon gelassen.»

«Und das Geld, das wir gemeinsam ausgegeben haben, ist das noch von deinen dummen Deals?» Ich blieb hartnäckig.

«Quatsch. Ich sagte doch, das ist vorbei. Das Geld hab ich von meiner Oma. Sie ist gestorben und hat mir etwas vermacht. Deshalb sieht es noch ganz gut auf meinem Konto aus.»

Was sollte ich von seinen Bekenntnissen halten? Immerhin war er ehrlich gewesen, jedenfalls, was seine Trickbetrügereien anging. Und warum sollte das mit der Oma nicht stimmen? Es war ja auch nachvollziehbar, dass er mit der ganzen Geschichte nicht gleich bei unserem ersten Treffen hatte herausrücken wollen. Bei unserem Kennenlernen hatte er es vorgezogen, sich von seiner allerbesten Seite zu präsentieren. Wen wundert's? Ich erzählte ja nun mal auch nicht jedem bei der erstbesten Gelegenheit, dass meine Erzeugerin eine Prostituierte war und mein Erzeuger seinerzeit ihr Freier. Für solche Geständnisse braucht es Vertrauen.

«Wenn du so viel Geld auf dem Konto hast, dann zeig es mir doch», sagte ich, immer noch ein wenig misstrauisch.

«Klar, mache ich. Komm morgen nach der Arbeit zu mir.»

Damals arbeitete ich in Hannover in der Podbielskistraße im Callcenter einer international tätigen Direktbank, die viele Dienstleistungen über Internet oder Telefon anbot, und zwar rund um die Uhr. Als ich am späten Nachmittag Feierabend hatte, machte ich mich auf zu Ahmeds Wohnung.

«Da, schau», sagte er, nachdem er mir die Tür geöffnet und mich in sein Wohnzimmer begleitet hatte. Aus einem Schrank holte er ein paar Unterlagen, darunter Kontoauszüge. Sie sahen genauso aus wie meine, außer dass sie von einer anderen Bank waren – und ein anderer Betrag darauf ausgewiesen war.

«500 000 Euro?», staunte ich und konnte kaum glauben, was ich da als letzten Kontostand las. «Hat deine Großmutter dir so viel Geld vererbt? War sie so reich?»

«Stinkreich», erwiderte Ahmed.

«Respekt.» Mehr brachte ich nicht hervor. So ganz hatte ich meine Fassung und damit auch meine Sprache noch nicht wiedergewonnen. So viel Geld lag außerhalb meines Vorstellungsvermögens. Eine Zeitlang hatten meine Eltern große finanzielle Schwierigkeiten gehabt, sodass sie Pflegekinder aufnahmen, um über die Runden zu kommen. Geld war bei uns immer knapp gewesen. Und wenn ich mir Ahmeds Wohnung und auch seine Kleidung so ansah – dann kam mir der Verdacht, dass er nicht unbedingt aus einer besonders wohlhabenden Familie stammte. Aber ich konnte mich natürlich auch täuschen.

Irgendwie war mir das alles dennoch nicht geheuer, also suchte ich fieberhaft nach einem Beweis für mein Bauchgefühl: Ahmed war mit seinen noch nicht mal fünfundzwanzig Jahren einfach zu jung für solch einen Batzen Geld. Plötzlich kam mir eine Idee. «Könntest du mir mal 10 000 Euro online überweisen?», fragte ich. «Sobald es auf meinem Konto ist, kriegst du es natürlich augenblicklich zurück.»

«Sicher, das können wir sofort machen.» Ahmed ließ sich auf meinen Vorschlag ein, klang aber längst nicht mehr so siegessicher wie zuvor. Aber was hätte er auch sagen sollen, wollte er nicht als Lügner dastehen? Ahmed ging also zu seinem Computer, der auf einem Schreibtisch stand, neben dem er schmutzige Wäsche hortete sowie etliche Becher, in denen unten Kaffeereste angetrocknet waren. Diverse Cola-Dosen hatten klebrige Ringe auf dem weißen Untergrund hinterlassen.

«'tschuldigung, aber irgendwie scheint es heute nicht zu funktionieren», sagte er, als er die Website seiner Bank aufrief und auf der Tastatur herumtippte. In seinem Gesicht machte sich Verzweiflung breit. Er versuchte es noch einige Male, wurde immer hektischer, doch es klappte nicht. Was kein Wunder war, denn sein Konto war im Minus, und die Kontoausdrucke hatte er gefälscht. Perfekt gefälscht. Offenbar verstand er sein Handwerk, denn obwohl ich bei einer Bank arbeitete, war das für mich nicht erkennbar gewesen. Nicht umsonst war er dafür in den Knast gegangen.

«Tut mir leid», sagte Ahmed. «Da ist heute der Wurm drin. Wir können es ja ein anderes Mal versuchen.»

Ich erwiderte nichts darauf. Seine Fassade hatte zu bröckeln begonnen, doch so wirklich wahrhaben wollte ich das nicht, dafür lag mir zu viel an ihm. Vielleicht gab es ja tatsächlich gerade ein technisches Problem bei seiner Bank, so etwas kam immer wieder vor. Selbstredend gab es keinen nächsten Versuch, und wohlweislich hakte ich auch nicht weiter nach. Instinktiv wusste ich, dass diese 500 000 Euro auf seinem Konto nicht existent waren. Da konnte seine Oma fünfmal gestorben sein.

Irgendwann tischte Ahmed mir dann eine Geschichte von seinem Steuerberater auf, die er – absichtlich – so verwirrend darstellte, dass ich sie nicht nachvollziehen und damit auch keine konkreten Nachfragen stellen konnte. Jedenfalls war seitdem sein Konto gesperrt.

«Und was ist mit deinem Gehalt von der Versicherung?», wollte ich wissen.

«Das wird gleich einkassiert.»

«Aber du musst doch deine Miete bezahlen, sonst fliegst du aus der Wohnung.»

«Nur zu wahr», gab er kleinlaut zu.

«Mit anderen Worten: Ich soll dir Geld leihen?»

«Wäre das möglich?»

Ich lieh ihm Geld. Ich war tatsächlich blauäugig genug, das zu tun. Und nicht nur einmal, sondern mehrmals. Im

Endeffekt überließ ich ihm 6000 Euro – ich machte für ihn Schulden, die ich noch lange abbezahlen musste, denn so viel Geld hatte ich nicht auf meinem Konto, ich hatte es im Rahmen meines Dispo-Kredits abgehoben. Seine Betrügereien hatte er natürlich nicht eingestellt, sie gingen sogar dann noch weiter, als wir uns längst getrennt hatten. Und er zog mich sogar mit hinein, indem er etwa unerlaubt meinen Nachnamen annahm und alle möglichen Dinge bestellte, zum Beispiel Bahntickets. Später flatterten mir dann die Rechnungen in den Briefkasten. Und als Krönung des Ganzen hatte er sogar versucht, mein Spendenkonto zu hacken, um sich das dort angesammelte Geld unter den Nagel zu reißen – zum Glück war ihm das nicht gelungen. Nach wie vor ruft er in regelmäßigen Abständen an, es sieht nicht so aus, als würde ich ihn in absehbarer Zeit loswerden.

Man mag es kaum glauben, aber es waren nicht die Geldgeschichten, die mich dazu brachten, mich von Ahmed zu trennen. Es war eine andere Lügengeschichte, die mich diesen Entschluss fassen ließ. Ahmed hatte mir erzählt, er sei herzkrank, was aber nicht stimmte, krank war er höchstens im Kopf. Aber am Anfang unserer Beziehung glaubte ich ihm noch, denn mehrmals war er einer Ohnmacht nahe, verlor einmal sogar tatsächlich das Bewusstsein, sodass ich mir wirklich große Sorgen um ihn machte.

Und weil Ahmed so ernste Herzprobleme hatte, so schrecklich krank war, musste ich ihn fast jeden Tag von seinem Arbeitsplatz abholen. Sein Arbeitgeber war – angeblich – eine Versicherung, die ihren Sitz in einem nüchternen, modernen Gebäude in der Rathenaustraße in Hannover hat.

«Soll ich nicht reinkommen, um dich drinnen abzuholen,

wenn es dir so schlecht geht?», fragte ich jedes Mal, wenn er mich anrief und um Hilfe bat.

«Nein, nein, das musst du nicht», wehrte er genauso oft ab. «Ich warte draußen auf dich, vor dem Gebäude.»

«Ich möchte aber mal sehen, wo du arbeitest. Du kennst doch auch unser Callcenter.»

«Nicht heute, Liebling, mir geht es gerade gar nicht gut.»

Was hatte ich ihm nicht alles geglaubt.

Auf Dauer konnte er seinen imaginierten Arbeitsplatz jedoch nicht aufrechterhalten, deshalb verkündete er mir eines Tages, er höre dort auf, wobei ihm eine ordentliche Abfindung sicher sei. Auch diese Geschichte ließ mich nicht wirklich aufhorchen. Heute frage ich mich, wie ich nur so gutgläubig sein konnte.

Um die Glaubwürdigkeit seiner Herzerkrankung zu untermauern, schluckte er unentwegt irgendwelche Tabletten, darunter Medikamente zur Blutverdünnung. Manchmal nahm er davon so viele, dass ich dachte: Da kann doch etwas nicht stimmen. Als Diabetikerin wusste ich, dass bei derartigen Medikamenten die Dosis individuell angepasst wird, die man dann auf keinen Fall variieren sollte. Vielmehr gilt es, eine genau bemessene Menge einzunehmen, möglichst regelmäßig und oft sogar zu einer bestimmten Uhrzeit, um Komplikationen zu vermeiden. So war es dann auch nicht weiter verwunderlich, dass er mehrmals umkippte und ich einen Krankenwagen rufen musste.

Ich fand das, was er tat, unverantwortlich, und so blieb es nicht aus, dass es eines Tages eskalierte. Wir hatten uns gestritten, in der letzten Zeit war es immer häufiger zu Auseinandersetzungen gekommen. Stets ging es um dieselben Dinge, dass ich ihm nicht mehr glauben konnte, dass ich

Vorbehalte ihm gegenüber hatte, dass ich der Überzeugung war, er sage mir nicht die Wahrheit. Dieses Mal war es ein besonders heftiger Streit, und wutentbrannt schlug Ahmed die Haustür zu. Nach kurzer Zeit hörte ich, wie er sein Auto startete und wegfuhr. Von den unschönen Worten, die zwischen uns hin- und hergeflogen waren, noch zu mitgenommen, um gleich die notwendigen Konsequenzen zu ziehen, wusste ich nur, dass es so nicht weitergehen konnte. Ich musste endlich einen Schlussstrich unter diese Beziehung ziehen. Doch das fällt einem schwer, wenn die ersten Monate wie der Himmel auf Erden waren, Honeymoon pur. Wenn man so viele Gemeinsamkeiten festgestellt hat, auch wenn sie sich im Nachhinein als Trugschluss offenbaren. Ahmed hatte ganze Arbeit geleistet, und so etwas lässt sich nicht so leicht beiseiteschieben, immer schwelt da die Hoffnung, es könnte wieder so wunderbar werden wie am Anfang. Wurde es aber nicht.

Wenig später klingelte mein Handy. Auf dem Display sah ich, dass es Ahmeds Nummer war. Ich nahm den Anruf an, ständig war da die Angst, es könnte etwas mit seinem Herzen sein.

«Hallo», sagte ich. «Geht es dir gut?»

«Nein», röchelte er. «Ganz und gar nicht.»

Er hörte sich an, als würde er gleich sterben.

«Wo bist du denn?» Ganz die besorgte Vanessa.

«Ich weiß es nicht. Auf einem Feldweg.»

Dann war plötzlich das Gespräch unterbrochen. Was war passiert? War Ahmed nicht mehr in der Lage zu telefonieren? War ihm das Handy aus der Hand gefallen? Lag er bewusstlos im Auto? Unruhig tigerte ich in meiner Wohnung auf und ab. «Konzentrier dich», befahl ich mir selbst. Ich überlegte. Von dem Moment, als Ahmed weggefahren war, bis zu seinem Anruf war nicht viel Zeit vergangen, drei, vier Minuten vielleicht, er konnte nicht weit gekommen sein. Immer wieder wählte ich seine Nummer, doch jedes Mal landete ich auf der Mailbox.

Ahmed war in der Zwischenzeit auch aktiv gewesen, was ich aber erst erfuhr, als er sich wieder bei mir meldete.

«Wieso war dein Handy nicht an?», rief ich panisch. «Ich wollte schon die Polizei alarmieren.»

«Es ist eben ein Krankenwagen angekommen», erklärte er mit brechender Stimme.

«Wie geht das denn? Wie hast du einen Rettungswagen rufen können, wenn dein Handy aus war?» Noch hatte ich meinen Kopf nicht ganz abgeschaltet und sofort Schluss-folgerungen gezogen.

«Sie haben mich geortet.»

Und wieder hielt sich mein Misstrauen in Grenzen, ich lebte schließlich in meiner Welt, einer Welt, die durch Ahmeds Sichtweise geprägt war. In diese Welt war ich voll mit eingestiegen.

«Kannst du mir denn jetzt sagen, wo du bist?», fragte ich ihn atemlos.

Er konnte. In meiner Angst rannte ich aus dem Haus, ich hatte mir nicht einmal die Zeit genommen, mir Schuhe an-zuziehen. So schnell wie möglich wollte ich bei ihm sein. Als ich in meinem Auto saß und in der Ferne den Kranken-wagen sah, schlug mir das Herz bis zum Hals. Ahmed durfte nicht sterben, nein. «Bitte, lieber Gott, lass ihn leben», be-tete ich.

Ahmed lag im Rettungswagen auf einer Trage, ich stand barfuß davor. Von einem der Sanitäter wollte ich wissen, was meinem Freund denn fehlte. Aber er konnte mir keine Auskunft geben, besser gesagt, er durfte es nicht. Und mit einem Mal, wie ich Ahmed da so liegen sah, fiel es mir wie Schuppen von den Augen: Selbst wenn er wollte, könnte er dir nichts sagen, denn Ahmed fehlt nichts. Nicht das Geringste. Eine erhellende Erkenntnis, die mich so zornig werden ließ, dass ich meinerseits das Handy ausmachte. Ich wollte für Ahmed nicht mehr erreichbar sein. Ich hatte genug von ihm. Ich drehte mich um und fuhr nach Hause.

Weil Ahmed mich nicht anrufen konnte, aber mitteilungsbedürftig war, rief er eine Freundin von mir an, der er erzählte, er habe gerade einen Herzinfarkt erlitten.

«Wo bist du denn?», wollte sie wissen.

«Im Krankenhaus», erklärte er.

«Das dachte ich mir eigentlich schon, aber bei einem Herzinfarkt liegt man doch auf der Intensivstation. Ich höre jedoch Geräusche im Hintergrund, als würdest du draußen an einer Straße stehen.»

Letztlich war es genau so, er stand während des Telefonats vor dem Klinikeingang und rauchte, wie er ihr im Verlauf des Gesprächs noch gestand. Später am Abend klingelte er an meiner Haustür, mit aufgeklebten EKG-Elektroden am Oberkörper, die seine Herzinfarkt-Story und die Stippvisite im Krankenhaus beweisen sollten. Dass er in der Klinik gewesen war, stand außer Zweifel, denn nachdem mir meine Freundin von Ahmeds Anruf erzählt hatte, rief ich dort an, woraufhin man mir erklärte, der Patient habe sich selbst entlassen.

«Was willst du hier?», fragte ich ihn in scharfem Tonfall, endlich zur Vernunft gekommen. «Ich will dich nicht mehr sehen.» Mit diesen Worten schlug ich ihm die Tür vor der

Nase zu. Fünf Minuten später erhielt ich eine SMS: «Ich stehe auf einer Brücke. Ich werde mich umbringen.» Was für eine Scheiße war das denn schon wieder? Es gab Zeiten, da hätte ich zurückgeschrieben: «Bitte, tue es nicht. Ich liebe dich.» Doch dafür war es nun zu spät. Stattdessen tippte ich vier Worte ein: «Du nervst. Spring endlich.» Nicht einen Moment glaubte ich daran, dass er sich das Leben nehmen wollte. Ich hatte im Rettungswagen hinter seine Fassade schauen können und sein wahres Ich gesehen.

Nicht zum ersten Mal überlegte ich in meinem Bett auf Station 37 liegend, warum ich immer wieder an dieselben Typen geriet. Typen, die, so hart es klingt, gestört waren. Meine Eltern traf keine Schuld, die konnte ich ausschließen. Es musste vielmehr etwas damit zu tun haben, wie ich selbst war. So weit, so gut – wie war ich denn? Ich wollte und musste ehrlich zu mir sein, alles andere brachte mich nicht weiter. Nicht noch einmal wollte ich einen solchen Mist erleben. Und weil ich die Augen nicht verschließen wollte vor mir selbst, musste ich zugeben, dass ich eine gewisse Langeweile empfunden hatte, bevor ich Daniel traf. Nach der gescheiterten Beziehung zu Ahmed war ich eine Zeitlang sogar depressiv gewesen. Ich hatte weder Träume noch ein Ziel; und einen Sinn in dem, was ich beruflich tat, sah ich schon gar nicht. Stattdessen war ich auf der Suche nach einer Beziehung, wollte mein Glück bei einem anderen Menschen finden. Ich suchte das Glück nicht bei mir selbst, sondern bei einem Partner. Weil ich offenbar davon ausging, dass ich nur glücklich sein konnte, wenn ich in einer Beziehung war. Nur vor diesem Hintergrund, so meine Vermutung, konnte es geschehen, dass ich mich jedes Mal wieder Hals über Kopf in eine neue Partnerschaft stürzte, sobald eine andere gerade beendet war, auch wenn der Mann überhaupt nicht zu mir passte. Und weil ich mich nur glücklich fühlte, wenn ich einen Kerl an meiner Seite hatte, war es mir offenbar auch egal, ob er arbeitslos war, keinen Führerschein hatte oder nach einer Weile eine Vorstrafe ans Licht kam. Jeder konnte sich ändern, so meine Meinung. Gut, so eine Vorstrafe ließ sich nicht komplett ignorieren, aber hieß es in unserer Gesellschaft nicht, dass jeder eine zweite Chance verdient? Unser ganzes Rechtssystem ging davon aus, dass ein Mensch sich ändern konnte. Das war auch meine Überzeugung, uneingeschränkt, doch in Beziehungen funktionierte dies eben nur bedingt. Genauso wenig funktionierte es, ein ganz bestimmter Mensch zu sein. Man konnte sich das nicht einfach vornehmen.

Mit einem Mal wurde mir eines bewusst: Ich war nicht in der Lage gewesen, mich selbst glücklich zu machen. Ich liebe Märchen und Walt-Disney-Filme, die davon handeln, dass eine Prinzessin einen Prinzen heiratet und dann glücklich ist bis ans Ende ihrer Tage. In all diesen Geschichten geht es nicht darum, dass eine Frau ihr Lebensglück darin findet, beruflich erfolgreich zu sein und als Single die Welt zu erobern. Sie ist nur glücklich mit einem Prinzen an ihrer Seite.

Von meinem Elternhaus kannte ich das auch nicht anders. Meine Eltern hatten sich zwar nach meinem Auszug getrennt, doch vorher war ich mit einer Mutter aufgewachsen, die nicht zur Arbeit ging, sondern für alle kochte. Zur Zufriedenheit aller. Sie blieb zu Hause, insbesondere als meine Eltern die Pflegekinder aufnahmen, die eine große Mehrarbeit für sie bedeuteten. Die Rollenverteilung war klar, einschließlich der damit verbundenen Klischees. Partnerschaft, Heirat, Kinder kriegen, zusammenbleiben, bis dass der Tod uns scheidet – das wurde mir von meiner Umgebung als heile Welt propagiert. Und diese Welt klopfte jeden Tag an meine Tür, unermüdlich und nachdrücklich. Als Frau daraus auszubrechen oder beruflich voranzukommen, dass das nichts mit Einsamkeit zu tun hat, das hatte mir in meinem Kinderzimmer niemand erklärt. «Papa kommt gleich nach Hause!» Darum ging es, dann war die Freude groß.

Ich wollte auch einen Mann, der nach Hause kam.

5

DANIEL – DER TRAUMMANN OHNE GEFÜHLE

Okay, ich brauchte jetzt einen Mann mit Geld. Das war die Konsequenz, die ich aus der Trennung von Ahmed zog. Das war naiv und von begrenztem Weitblick, aber letztlich nicht zu leugnen. Ich hatte ordentlich Miese auf dem Konto, nachdem ich meinen Dispo ausgereizt hatte, in der Annahme, Ahmed würde mir das Geld bald zurückzahlen. Stattdessen war ich nach der Beziehung mit ihm damit beschäftigt, Schulden zu tilgen. Trotzdem hatte ich es geschafft, mir meine erste eigene Wohnung, ein kleines Zweizimmerappartement in Hannover-Leinhausen, gemütlich einzurichten. Ich liebe den Shabby Chic, Möbel in hellen, gedeckten Farben, vom Flohmarkt oder neu gekauft, auf jeden Fall mit Gebrauchsspuren. Eines Abends lag ich erschöpft von der Arbeit auf meinem weißen Sofa. Die letzte Runde mit Kylie war ich schon gegangen, jetzt konnte ich mich meiner Lieblingsfernsehserie widmen: *Dr. House*. Ich mochte den Sarkasmus von Dr. Gregory House, seine schroffen und oft auch zynischen Bemerkungen, den krassen Gegensatz zwischen seinen menschlichen und seinen diagnostischen Fähigkeiten. Der Mann war fachlich genial, ansonsten ein arrogantes Arschloch. Aber das war immerhin von weitem erkennbar, was ich bei meinen Kerlen nicht unbedingt sagen konnte.

In den Werbepausen chattete ich mit Männern, um mich nicht so alleine zu fühlen. Zu diesem Zweck hatte ich mir eine Online-Dating-App heruntergeladen, mit deren Hilfe man schnell und leicht Männer aus der Umgebung kennenlernen konnte. Das soziale Netzwerk funktionierte im Grunde wie ein Katalog, man wischte nach links (um gewissermaßen die Seite umzuschlagen) und konnte sich dann Fotos etlicher Typen in einer bestimmten Reihenfolge ansehen. Wischte man anschließend bei einem Bild nach rechts, erhielt die betreffende Person eine Nachricht, eine Rückmeldung, dass man interessiert war. Neben solchen Likes gab es aber auch noch die Möglichkeit, als «Follower» mit einem Typ zu chatten.

Ich wischte nach links, ich wischte nach rechts. Da, plötzlich, sah ich ihn, Daniel, ein athletisch gebauter, gut aussehender junger Mann mit dunkler Hautfarbe. Wir hatten uns zwar gegenseitig gelikt, aber schreiben wollte ich ihm nicht. Nach meinen frisch zurückliegenden Erfahrungen mit Ahmed war ich vorsichtiger geworden, ich hatte das Bedürfnis, selbst kontaktiert zu werden. Gegen Mitternacht ging ich ins Schlafzimmer, da ich am nächsten Morgen früh aufstehen musste. Kylie kuschelte sich unter der Bettdecke an mich. Ich sah mich vorm Zubettgehen noch einmal in meinem Zimmer um und stellte zufrieden fest, dass ich mich bei mir zu Hause wohlfühlte. Meine Wohnung war noch lange nicht perfekt eingerichtet, so hatten meine beiden Kleiderschränke keine Türen, die waren mir bislang einfach zu teuer gewesen, doch so konnte ich mit einem Blick alles sehen, was ich besaß. Auch ein Vorteil.

Draußen vor dem großen Fenster, gegenüber von meinem Bett, stand ein Baum, in dem im Frühjahr Vögel nisteten und den ganzen Sommer über ihre Stimmlagen ausprobierten, jubilierten und zeterten. Im Winter versorgte ich sie mit Vogelfutter. An dieses Fenster grenzte ein kleiner Balkon, den ich vom Wohnzimmer aus betreten konnte. Wurde es draußen dunkel, leuchteten dort Laternen in bunten Farben, die ich vom Bett aus beobachten konnte. Auf jeder Seite des Betts stand ein Nachttisch, von oben beleuchtet von zwei hübschen alten Hängeleuchten mit Schirmen, die meine Mutter mir geschenkt hatte. Es war wirklich gemütlich, und dank Kylie, die als Beagle ja eigentlich ein Wachhund war, auch wenn sie nur reagierte, wenn ich mich dem Kühlschrank näherte, fühlte ich mich sicher – sicher und nicht allein.

Kylie war die perfekte Wärmflasche, und während ich so behaglich dalag, schaute ich noch einmal in der Dating-App nach, ob mir womöglich jemand geantwortet hatte. Tatsächlich, ich hatte eine Nachricht. Eine Nachricht von Daniel. Von jenem Typ, den ich so attraktiv fand. Er fragte, wie es mir ginge, und meinte, dass ihm das Foto von mir gefallen hätte, er mich klasse fände. Ich war erstaunt, dass ein Mann, der so sensationell gut aussah, ausgerechnet bei meinem Foto hängengeblieben war. Nachdem wir unsere gegenseitigen Freundschaftsanfragen akzeptiert hatten, betrachtete ich mir die weiteren Aufnahmen von ihm, die für mich zuvor gesperrt gewesen waren – eine Enttäuschung auf ganzer Linie. Nichts als Poser-Fotos. Auf einem war er mit freiem Oberkörper abgelichtet, auf einem anderen hatte er sich vor seinem Auto, einem Sportwagen, in Szene gesetzt, immerhin mit einem Hund an seiner Seite, der wirklich nett aussah, ein Mischling, keine Society-Töle. Auf dem ersten Foto hatte ich ihn ziemlich sympathisch gefunden, das sah ich auf den Bildern, die sich mir nun auftaten, nicht gerade bestätigt.

Daher ließ ich ihn wissen: «Habe weder Interesse an Playboy noch an einer Begegnung, in der es nur um Sex geht. Dafür bin ich zu alt.»

«Wie kommst du denn darauf, dass ich ein Playboy bin und nur Sex im Kopf habe? Wieso verurteilst du mich gleich so? Ich such auch was Festes, ich bin gar nicht so, wie du denkst.» Aus seiner Antwort, die postwendend bei mir ankam, war abzulesen, dass er ziemlich wütend war.

«Die Begründung liegt doch auf der Hand», chattete ich. «Wenn man von sich solche Bilder ins Netz stellt, in halbnackten Posen wie ein Unterwäschemodel, dann lässt man doch gar keine andere Vermutung zu.»

«Ich finde, du bist ziemlich oberflächlich», gab er zurück.

War ich oberflächlich, oder wollte da jemand den Spieß umdrehen? «Gut, es war womöglich falsch, was ich gedacht habe, ich entschuldige mich dafür», lenkte ich ein. «Aber jetzt müssen wir aufhören, es ist Zeit für mich zu schlafen. Ich wünsche dir eine gute Nacht.»

«Halt!», schrieb er sofort zurück. «Können wir morgen wieder chatten? Dann kannst du dir selbst ein Bild davon machen, ob ich nur Sex im Kopf habe.»

«Okay. Können wir machen», willigte ich ein, bevor ich die App ausschaltete.

Ausgeschlafen war ich am nächsten Morgen jedenfalls nicht. Aus dem offenen Schrank schnappte ich mir das Erstbeste, zog mich an und ging mit Kylie los. Sie war morgens nicht der schnellste Hund, letztlich war sie faul und ziemlich gefräßig. Zum Glück konnte ich sie ohne Leine laufen lassen, sodass ich ihr nur das Halsband umband und mir die Leine um die Schultern legte. Für einen Beagle hörte sie erstaunlich gut, weshalb ich von anderen Besitzern dieser Hunderasse immer wieder gefragt wurde, wie das sein könne, wie ich das geschafft hätte. Vielleicht lag es daran, dass ich Kylie nichts befahl, sondern sie bat, Dinge zu tun. Statt «Mach Platz» sagte ich: «Bitte, Kylie, setz dich.» Eine Herangehensweise, für die ich nur ausgelacht wurde, so spreche man doch nicht mit einem Hund. Vielleicht hatte ihre Folgsamkeit aber auch damit zu tun, dass ich immer viel Zeit mit ihr verbracht hatte. Na ja, obwohl sie mir zugegebenermaßen sicher schon dreimal abgehauen war. Ich hatte dann gewartet und gewartet, stundenlang um sie gebangt. Jedes Mal hatte ich mich nicht vom Fleck gerührt, Hunde, so versuchte ich mich in meiner Not selbst zu beruhigen, kommen definitiv wieder dorthin zurück, von wo sie ausgebüxt sind. Und so war es dann auch, irgendwann tauchte Kylie seelenruhig wieder auf, manchmal erst nach drei Stunden und jede Menge Schnüffelerlebnissen.

Zudem gab es natürlich Schwierigkeiten, wenn ich zur Arbeit und sie allein in der Wohnung zurücklassen musste. Es war manchmal die Hölle, und zwar für uns beide. Es hatte mich einen Türrahmen gekostet, den sie angekaut und zerbissen hatte, und die weißen Sofabezüge waren mehr als einmal in die Waschmaschine gewandert. Hinzu kam, dass sie ein Hund war, der als Alphatier gern ein Herrchen gehabt hätte. Nun war ich aber weiblicher Natur, und – was soll ich sagen? – anfangs fand sie mich zum Kotzen. Wäre sie ein Mensch gewesen, hätte sie lange Zeit einfach nur genervt die Augen verdreht, wenn ich sie rief. Eins musste man ihr lassen, es wurde auf jeden Fall nie langweilig mit ihr.

Am Abend chattete ich dann wie verabredet mit Daniel

und bald schrieben wir uns in jeder freien Minute. Ich musste mein Urteil revidieren. Er erzählte mir, dass er ursprünglich Brasilianer und von deutschen Eltern adoptiert worden sei – neben dem Hund eine weitere nicht unwichtige Gemeinsamkeit – und dass diese unternehmerisch tätig seien, unter anderem im medizinischen Bereich. Er selbst besäße ein Haus und genügend Geld. War man gezwungen, einen Überziehungskredit abzustottern, hörte sich das schon mal recht gut an. Nach dem Ahmed-Desaster wollte ich um keinen Preis ein weiteres Mal auf einen Typen reinfallen, wegen dem ich in der Schuldenfalle landete.

«Sag mir doch mal die Namen deiner Eltern», bat ich, als wir nach einigen Tagen das erste Mal miteinander telefonierten. Seine Stimme hörte sich angenehm an, weich, lieb und sehr einfühlsam. Eindeutig ein weiterer Pluspunkt. Ich gebe es zu: Seine Stimme hatte eine faszinierende Wirkung. Dennoch wollte ich mich von ihr nicht in den Bann ziehen lassen, wenn nicht der Wahrheit entsprach, was er mir mit ihr zu verstehen gab. Als gebranntes Kind wollte ich es nicht wieder mit Lügen zu tun haben.

Daniel nannte mir die Namen, ohne zu zögern, und ich googelte sie augenblicklich. Alles, was er erzählt hatte, schien zu stimmen, seine Eltern hatten gerade ein Unternehmen verkauft, es war offensichtlich, dass sein Elternhaus über Millionen verfügte, er also ein Mann war, der Geld auf seinem Konto haben musste. Es war zumindest davon auszugehen, dass ihm der Vater oder die Mutter monatlich einen Scheck ausstellten, um das Haus, das ihm gehörte, den Sportwagen und wer weiß was noch zu finanzieren. Er hatte zwar erwähnt, dass er als Trainer in einem Fitnessstudio arbeitete, aber ich konnte mir wie schon bei

Ahmed nicht vorstellen, dass man in diesem Job so viel verdiente, um einen Lebensstil aufrechtzuerhalten, wie er von den Fotos ablesbar war. Die Sache mit dem Fitnesstrainer wiederum fand ich völlig plausibel, bei einem so durchtrainierten Körper wäre ich eher darüber gestolpert, wenn er mir etwas von einem Bürojob vorgeschwärmt hätte.

Was ich auf Google nicht gefunden hatte, waren seine siebenundzwanzig Vorstrafen – von denen erfuhr ich erst später vor Gericht. Ich war eben kein Sherlock Holmes, der schon im Vorwege auf die kleinsten Details achtete und dann nüchterne Schlussfolgerungen zog. Diese besondere Fähigkeit besaß ich nicht. Und vielleicht wäre ich wachsamer gewesen, wenn ich nicht eben erst in die ganzen Geld- und Lügengeschichten mit Ahmed verwickelt gewesen wäre. Ohne ihn hätte ich mich möglicherweise gar nicht erst in Daniel verliebt. Das eine ist ohne das andere nicht zu verstehen. So aber dachte ich, Daniel geht es finanziell gut, und bald habe auch ich keine Geldsorgen mehr. Was für ein netter Typ, endlich mal einer, der mich nicht abzockt, der eventuell sogar gut betucht ist. Da kann ich mich womöglich in ein gemachtes Nest setzen. Und längerfristig gedacht, er hat eigenes Geld, ich habe eigenes Geld, vielleicht kann man sich ja zusammen etwas aufbauen. Diese Vorstellung gefiel mir ungemein. Seit meinem dreizehnten Lebensjahr hatte ich gearbeitet, zusammen mit meiner Mutter hatte ich bei anderen Leuten geputzt, um Geld zu verdienen. Es hatte mir überhaupt nichts ausgemacht, sie zu begleiten, ganz im Gegenteil, ich hatte es gern gemacht, und es war für mich völlig normal gewesen, zu arbeiten, um etwas zu erreichen. Nicht etwa für mich selbst, wohlgemerkt, es ging mir damals schon um eine gemeinsame Zukunft mit dem Märchenprinzen.

Und nun war also eventuell der Zeitpunkt gekommen, dass sich etwas in meinem Leben änderte. Zum Positiven hin.

An dieser Stelle hätte ich allerdings bereits ins Grübeln kommen sollen. Ein solches Denken entsprach überhaupt nicht meiner Natur. Eigentlich hielt ich mich für selbstbestimmt und souverän, was in meinem Leben passierte, sollte allein von meinem Tun abhängen, niemals wollte ich mich auf dem ausruhen, was andere erreicht hatten. Doch all das war auf einmal vergessen. Ich nahm einfach alles hin, was auf mich einwirkte, ohne es zu hinterfragen – weil ich mich endlich angekommen fühlte. Welch ein Irrtum!

Nachdem wir ein, zwei Wochen miteinander telefoniert hatten, kam es unweigerlich zu einem ersten Treffen. Schon der Ort unserer Verabredung gefiel mir: eine Hundewiese. Und noch mehr gefiel er mir: Daniel. Genauer gesagt: Daniel und sein Hund Tyra. Ich war ganz schön aufgeregt, da stand er nun vor mir, sicher eins neunzig groß, schmal, aber doch gut gebaut, schwarz wie die Nacht und Augen so unschuldig wie ein Hund. Sein Lächeln war umwerfend, und noch heute höre ich ihn lauthals lachen. Er trug eine Cap, überhaupt war er sportlich gekleidet. Ich selbst hatte mich für ein schwarzes Oberteil entschieden, dazu eine Jeans. Möglichst «neutral» hatte ich rüberkommen, mit meinen Klamotten nicht irgendein Statement machen wollen. Vorsichtig näherten wir uns an, er wirkte fast schüchtern. In den ersten Minuten sprachen wir über unsere Hunde, ein unverfängliches Thema und bestens geeignet, die anfängliche Verlegenheit zu überwinden. Bevor uns hier der Gesprächsstoff ausging, klingelte mein Handy.

«Entschuldigung», sagte ich nach einem Blick aufs Display. «Das ist mein Vater, da muss ich rangehen.»

Daniel nickte verständnisvoll. «Klar, Eltern haben immer Priorität.»

«Vanessa, kannst du uns helfen?», bat mich mein Vater. «Meine Freundin und ich müssen zu einem Termin, aber unser Auto springt gerade nicht an. Könntest du uns fahren?» Zu diesem Zeitpunkt waren meine Eltern bereits getrennt.

Wenn jemand aus der Familie Hilfe braucht, sage ich nicht nein, die wenigsten würden das wohl tun. «Klar, ich komme vorbei. Ist doch selbstverständlich», sagte ich und legte auf.

Dann wandte ich mich an Daniel: «Tut mir leid, ich muss meinen Vater und seine Lebensgefährtin irgendwo hinfahren – vielleicht magst du ja mitkommen?»

«Warum nicht?», antwortete Daniel. «Aber würde ich nicht stören? Dein Vater und seine Freundin kennen mich doch gar nicht.»

«Dann lernen Sie dich gleich kennen. Und stören wird es nur die Hunde, in meinem kleinen Wagen wird es denen bestimmt zu eng. Wir sollten sie vorher kurz bei mir zu Hause einquartieren.»

«Gut, ich bin dabei. Anscheinend verstehen sich Kylie und Tyra auch schon gut. Ich glaube nicht, dass es Probleme geben wird, wenn wir sie allein lassen.»

Es gefiel mir, wie unkompliziert Daniel reagierte, dass er nichts dagegen hatte, schon nach so kurzer Zeit und so spontan meinem Vater und seiner Partnerin zu begegnen – ich hätte es auch verstanden, wenn er stattdessen vorgeschlagen hätte, dass wir uns zu einem anderen Zeitpunkt noch einmal treffen.

Daniel folgte mir zu meiner Wohnung in seinem blauen

Sportwagen, einem Mazda, der mit Blumen beklebt war. Ich war darüber erstaunt. Kleben Männer Blumen auf ihre Autos?, überlegte ich. Ich kannte das bisher nicht, auf mich wirkte das sehr feminin.

Als wir bei meinem Vater und seiner Freundin ankamen, begrüßten die beiden Daniel herzlich, sie waren sehr nett und lieb zu ihm, so wie sie es immer zu allen Freundinnen und Freunden waren, die ich ihnen vorgestellt bzw. mit nach Hause gebracht hatte.

Abends gingen Daniel und ich dann noch in ein griechisches Restaurant. Beim Essen sah er mich mit seinen großen Hundeaugen an, und er war die ganze Zeit so tollpatschig wie ein junger Welpe, ganze drei Mal stieß er vor Aufregung sein Glas um. Er kam mir überdreht, richtiggehend aufgekratzt vor. Doch wie schon bei den Telefonaten konnte ich auch unter vier Augen über alles mit ihm reden. Außerdem hatte ich an seiner Seite das Gefühl, selbst wieder zum Kind zu werden. Was mich umgetrieben, was mich belastet hatte, war wie weggeblasen. Alles, was so wichtig schien, wurde von einem Moment auf den anderen total unwichtig. Konnte so ein Mensch so krank im Hirn sein wie Ahmed? Konnte so ein Mann böse sein? So schnell, wie diese Gedanken aufkamen, schob ich sie wieder beiseite. Nicht eine einzige merkwürdige Äußerung war gefallen, und ich hatte auch nicht den Eindruck gehabt, auf die Probe gestellt zu werden, wie es mir oft passiert war, wenn ich mit jemandem aus dem Dating-Portal gechattet hatte. Genauso wenig hatte er während des Essens Ausschau nach anderen Frauen gehalten oder beobachtet, ob ich mich nach anderen männlichen Restaurantbesuchern umsah. Offenbar war er nicht darauf aus, Eifersuchtsdramen zu provozieren. Und als ich dann heimkam und überglücklich und bis über beide Ohren verliebt ins Bett fiel, rief er mich an, und wir sprachen wieder miteinander, flüsterten uns zärtliche Worte zu, bis uns vor Müdigkeit die Augen zufielen. Was für ein Mann!

Vor lauter Schreck richtete ich mich bei diesen Erinnerungen in meinem Krankenbett auf. Warum war es mir so leicht gefallen, innerhalb kürzester Zeit so gut von ihm zu denken? Der Daniel, den ich im August 2015 kennengelernt hatte, war nicht der Daniel, der die Tat begangen hatte, versuchte ich mir zu sagen. Unmöglich. Es war, als wären es zwei verschiedene Männer. Doch das stimmte nicht, der Daniel der ersten drei Monate hatte einfach nur eine Rolle gespielt, war in sie hineingeschlüpft wie ein Schauspieler. Doch dann war es ihm nicht gelungen, permanent in dieser Rolle zu bleiben. Er versuchte, mich für sich zu gewinnen, indem er die Gestalt des lieben, fürsorglichen Partners annahm, der sogar meine Wäsche wusch und sich um beide Hunde kümmerte, wenn ich zur Arbeit ging. Wer wünschte sich nicht einen solchen Partner? Allerdings war ihm die Rolle eben nicht auf den Leib geschrieben, sodass er es irgendwann nicht mehr ertragen konnte, rund um die Uhr die Liebenswürdigkeit selbst zu sein. Seine mühsam aufgebaute Fassade bekam schnell erste Risse.

Später las ich in dem psychologischen Gutachten über Daniel, dass er ein Narzisst und ein Psychopath sei. Daraufhin fragte ich einen Psychologen, ob mit mir etwas nicht stimmen würde oder ob ich womöglich schlicht zu dumm sei, einen Psychopathen und Narzissten zu erkennen. Zumal ich mir zwar etwas unter einem Psychopathen, aber nichts unter einem Narzissten vorstellen konnte. Nein,

nein, versicherte er mir, es läge nicht an mir. Ein Narzisst sei jemand mit einer tiefgreifenden Persönlichkeitsstörung, die sich auszeichne durch ein mangelndes Selbstwertgefühl und eine stark verminderte Fähigkeit, Kritik anzunehmen. Nach außen zur Schau getragen würden hingegen eine auffällige Selbstbewunderung, eine maßlose Eitelkeit und ein übertriebenes Selbstbewusstsein. Narzissten fehle, bildlich gesprochen, der Faden vom einen Ohr zum anderen, der uns erst zu Menschen mache. Da dieser Faden nicht vorhanden sei, könnten diese Menschen nur schwer Gefühle entwickeln, sich kaum in andere einfühlen, sie empfänden wenig für ihre Mitmenschen, sie seien nicht bereit und auch nur bedingt fähig, die Bedürfnisse und Sichtweisen ihres Gegenübers zu erkennen und zu akzeptieren.

Wer aber nichts fühlt und nicht mitfühlen kann, dessen Leben ist von schierer Langeweile geprägt, es ist im Grunde ein trauriges Leben, denn von Gefühlen hängt alles ab. Mit Drama und Erklärungswut, mit Verunsicherung und Kontrollwahn wird gegengesteuert, alles nur, um der Langeweile zu entkommen und überhaupt Spannung ins eigene Dasein zu bringen. Die eigene Empfindungslosigkeit wird ausgeglichen, indem Gefühle und damit verbundene Verhaltensweisen kopiert werden. Konkret stelle ich mir das ungefähr so vor: Daniel und ich gucken zusammen einen Film, ich lache bei einer Stelle, und er beobachtet das. Würden wir uns den Film dann nochmals gemeinsam anschauen, könnte er nun an derselben Stelle lachen. Er hätte das in sich abgespeichert. Er hätte es gelernt.

Doch wenn zu viel abgespeichert und zu viel gelernt werden muss, tritt eine Überforderung ein. Bei Daniel resultierte sie darin, dass er nicht mehr in der Lage war, das großartige Bild von sich aufrechtzuerhalten, das er sich zurechtgebastelt hatte, vielleicht auch, weil er seine eigenen Fähigkeiten überschätzte. Er wollte sich besser darstellen, als er war, und scheiterte zwischendurch immer wieder mal kläglich. Hinzu kam, dass er überhaupt nicht stressresistent war. Traf eine Rechnung ein, die er bezahlen musste, so heulte er nur. Ich wusste irgendwann nicht mehr, was ich machen sollte. Und ähnlich wie bei Ahmed gehörte das Lügen zu Daniels Persönlichkeitsstörung, wenn er auch viel subtiler dabei vorging, nicht so dreist und leicht durchschaubar.

Es gab noch eine andere Gemeinsamkeit mit Ahmed. Daniel wollte sich ebenfalls umbringen, sogar mehrmals. Er setzte die Selbstmorddrohungen als Druckmittel ein, und er brauchte ein solches, weil er psychisch labil war. Würde heute jemand wieder so etwas zu mir sagen, wäre ich die Erste, die demjenigen ein Messer hinlegt. Ich bin inzwischen frei von allem. Daniel drohte während unserer Beziehung fünfmal, sich umzubringen. Doch warum konnte er das fünfmal machen? Weil ich viermal flehte: «Bitte nicht!» – aus panischer Angst, dass er sich tatsächlich etwas antun würde. Dabei hätte ich es besser wissen müssen. Ich kannte das Drama doch schon von Ahmed. Beim nächsten Mann wird eben nicht alles anders.

In den ersten drei Monaten war ich tatsächlich nur hin und weg von diesem charmanten, wunderbaren Mann, der nicht erkennen ließ, dass er andere nur zu gern manipulierte, der egozentrisch war, zu cholerischen Gefühlsausbrüchen neigte und sich weigerte, Verantwortung zu übernehmen.

6

LACHEND IN DIE ROTIERENDE KREISSÄGE

Daniel und ich sahen uns jeden Tag. Wir waren viel zu Hause, gingen aber auch mit den Hunden im Wald spazieren und unternahmen Ausflüge in die nähere Umgebung. Schließlich kam der Tag, an dem er mich bat, bei mir übernachten zu dürfen. Natürlich bezog auch das Duo Kylie und Tyra bei mir Quartier, und zwar auf meinem weißen Sofa im Wohnzimmer. Die Gelegenheit, um einige schön sichtbare Pfotenabdrücke zu hinterlassen.

Die Nacht war wunderschön, und das Gefühl, allein auf dieser Welt zu sein, löste sich in Luft auf. Am nächsten Morgen fragte Daniel beim Abschied mit sehnsuchtsvollem Unterton: «Wirst du mich auch mal in Hildesheim besuchen?» Ich versprach es – ich wollte doch sehen, wie er lebte.

Eines Tages packte ich also meinen Hund in den Wagen und fuhr los, um mir Daniels Haus anzusehen. Besaß er wirklich eins? Ich hatte mit Ahmed so viele Enttäuschungen erlebt, dass ich nur hoffen konnte, dass Daniel es ehrlicher mit mir meinte. Auf dem Weg zu ihm hatte ich Yağmur angerufen, meine beste Freundin. Als alleinerziehende Mutter musste sie viel arbeiten, um sich und ihren Sohn über die Runden zu bringen, und die Gesundheit war auch nicht immer auf ihrer Seite gewesen. Ich hatte ihr nach Kräften beigestanden, das hatte uns zusammengeschweißt. Und so wie ich an ihrem Krankenbett gesessen hatte, so schaute sie jeden Tag vorbei, während ich auf der Station 37 lag. Manchmal blieb sie sogar über Nacht, wenn ich nicht allein sein konnte, die Stille der Nacht nicht ertrug. Dann schlief sie auf dem Stuhl, die langen schwarzen Haare bedeckten ihr Gesicht. Ihr hatte ich auf der Fahrt nach Hildesheim all meine Bedenken offenbart und ihr auch erklärt, warum ich Daniel mit einem Überraschungsbesuch konfrontieren wollte. Die alten Lügen saßen tief, sehr tief.

Daniel schloss gerade die Tür ab, als ich das Haus endlich gefunden hatte. Es lag in einer ruhigen Seitenstraße neben einer Kirche, einer alten Feuerwehr und einem Bauernhof. Er hatte sich seine Trainingstasche über die Schulter geworfen, vermutlich wollte er ins Fitnesscenter.

«Toll, dass du da bist!» Daniel freute sich ungemein, als er mich sah.

«Schön», stammelte ich. Mehr brachte ich vor lauter Aufregung nicht hervor. «Ich meine, dein Haus ist superschön», schob ich hinterher. Das stimmte auch wirklich. Fast zu schön, um wahr zu sein. Ein altes Fachwerkhaus mit einem roten Tor, wahrscheinlich die Einfahrt zur Garage, daneben zwei Fenster, die von blühenden Rosen umrankt waren.

«Lass uns ums Haus gehen, dann zeig ich dir den Garten», sagte Daniel und nahm meine Hand. Er führte mich an einem Holzzaun entlang, bis wir im Garten standen. Nah am Haus gab es eine hübsche Sitzecke, im Garten selbst viele Bäume und Beete mit bunt blühenden Blumen, dazu ein kleiner Schuppen für Gartenmöbel und -geräte. Während Kylie und Tyra über den Rasen tobten, zog Daniel mich eine Treppe hinauf ins Haus. Unten befand sich eine offene Küche mit einer Essecke, rechts daneben ein großes Bad mit Wanne. Über eine Holztreppe gelangte man in zwei weitere Etagen. In der ersten Etage lagen Wohn- und Schlafzimmer, beide mit großen Fensterfronten und Balkendecken. Im Stockwerk drüber gab es einen Ankleideraum mit Einbauschränken. Möbel gab es nur sehr wenige, ein Sofa, ein Fernseher, eine Bank in der Küche sowie Tisch und Stühle. Für ein Fachwerkhaus von schätzungsweise 160 Quadratmetern Wohnfläche wirkte es geradezu leer. Daniel meinte, seine Ex habe ihm alles weggenommen, er müsse sich jetzt neu einrichten. Das klang nachvollziehbar. Ich zog daraus jedenfalls die Schlussfolgerung: Nicht nur der Mann ist ein Traum, sondern auch das Haus.

Von diesem Moment an spielte sich mein Leben fast nur noch in Hildesheim ab. Ich pendelte zu meiner Arbeit nach Hannover, meine eigene Wohnung suchte ich nur auf, um dort Klamotten zu holen. Daniel passte auf Kylie auf und schickte mir Fotos, wenn sie tagsüber etwas unternahmen. Er sorgte sich um meinen Hund und um mich, und wenn ich Schichtdienst hatte, konnten wir sogar zusammen ausschlafen und frühstücken. Völlig verschlafen alberten wir dann herum, backten Brötchen auf und tranken frische Milch vom Bauern. Natürlich immer beobachtet von unseren beiden Hunden, schließlich war nicht auszuschließen, dass nicht etwas vom Aufschnitt herunterfiel. Wöchentlich badeten wir gemeinsam, und ich kann mich noch erinnern, dass Daniel jedes Mal meinen Körper eincremte, während ich meine Haare föhnte. Alles fühlte sich richtig an. Wenn ich frei hatte, wanderten wir mit unseren Hunden über die Felder und schmissen einen Ball nach dem anderen, so weit wir konnten. Wir fingen an, das Haus zu renovieren und die Essecke neu zu gestalten. Ich sah in dieser ersten Zeit nicht, in was ich mich da verrannt hatte. Ich war so sehr in meiner Wunschblase «Traumbeziehung», niemals hätte ich zugelassen, dass sie zerplatzte, niemand hätte mich wachrütteln können.

Ich musste mich selbst wachrütteln. Es begann damit, dass ich ihm einen zweiten Überraschungsbesuch abstattete, der aber dieses Mal nicht so gut ankam wie der erste. Der Grund dafür war, dass ich mir nie ganz sicher war, ob Daniel nun arbeitete oder nicht. Sicher, er ging viel ins Fitnessstudio, aber trainierte er dort selbst oder trainierte er andere?

«Was machst du eigentlich im Fitnesscenter genau?», fragte ich nach.

Daniel holte sein Handy hervor und zeigte mir Fotos von Frauen in Jogginghosen und Shirts, die ihre Arme anhoben und ein Bein anwinkelten. «Die lernen bei mir Zumba», erklärte er.

«Zumba? Noch nie gehört», gab ich zurück.

«Ein Fitness-Konzept, entwickelt von einem Kolumbianer. Da wird Aerobic mit Tanzen kombiniert, das können lateinamerikanische Tänze sein, aber auch ganz andere», erklärte er und zuckte mit den durchtrainierten Achseln.

Weil ich das spannend fand, wollte ich ihn von der Arbeit abholen, ihm einmal beim Training mit diesen Frauen zugucken.

«Ich möchte zu Daniel», stellte ich mich am Empfangstresen vor. «Ich bin seine Freundin.»

«Daniel?» Ich erntete nur Erstaunen. «Einen Daniel haben wir hier nicht.»

«Na, der Daniel, der die Zumba-Gruppen leitet. Groß und schwarz.»

In diesem Moment tauchte Daniel auf, als hätte er geahnt,

dass ich in der Nähe war. Brutal zog er mich nach draußen, ich wusste gar nicht, wie mir geschah. Er rastete komplett aus.

«Was soll das? Bist du verrückt? Untersteh dich, hier jemals wieder aufzukreuzen», fuhr er mich an. «Jedenfalls nicht unangemeldet», korrigierte er sich sogleich, als er bemerkte, dass er mich zu hart angefasst hatte.

Ich keuchte. «Wieso darf ich dich nicht einfach mal abholen? Was ist hier überhaupt los? Es ist doch völlig normal, den Arbeitsplatz des Partners kennenlernen zu wollen.»

«Das ist hier verboten, ich bekomme sonst noch mehr Stress mit meinem Arbeitgeber. Also wage es nicht noch einmal, hier einfach aufzutauchen.» Er drohte mir regelrecht. Das Zurückrudern hatte er schon wieder vergessen.

«Aber wieso kannten die dich nicht am Tresen?» Auch wenn ich von Daniels für mich noch ungewohntem, impulsivem Ausbruch eingeschüchtert war, so schnell gab ich mich nicht geschlagen. Ich wollte verstehen, was da gerade passiert war.

«Ich bin noch nicht so lange hier, erst seitdem wir uns kennen.» Na ja, immerhin waren das schon einige Monate. Bei einem Zeitraum von vier Wochen hätte ich das eher nachvollziehen können.

«Und wieso hast du Stress mit deinem Arbeitgeber?» Ich ließ nicht locker. Der Mann, der mich bislang auf Händen getragen und sich nur gleichmütig und freundlich gezeigt hatte, dieser Mann steckte offensichtlich in Schwierigkeiten. Und war man nicht auch ein Paar, um Probleme gemeinsam zu lösen?

«Das geht dich nichts an», knurrte er.

«Das geht mich sehr wohl etwas an. Wir leben zusammen, jedenfalls so gut wie, und jede Nacht schlafen wir in einem Bett.»

«Es hat nichts mit dir zu tun», meinte er nur lakonisch.

«Okay, schon gut. Ich hab's mir gemerkt. Nie wieder unangemeldet», lenkte ich ein. Im Stillen aber dachte ich: Da stimmt was nicht. An meinem Arm konnte ich sehen, wo Daniel zugepackt hatte.

Auch etwas anderes machte mich stutzig, wenn auch nicht stutzig genug, um die Reißleine zu ziehen. Als Diabetikerin musste und muss ich regelmäßig Insulin spritzen, und manchmal war es wegen des Schichtdiensts im Callcenter nötig, dass ich mir während der Arbeitszeit eine Insulinspritze setzte. Hin und wieder kam es vor, wenn auch nicht häufig, dass sich eine Nadel verbog oder stumpf war – und genau das war eines Tages der Fall. In der Regel hatte ich Ersatz bei mir, doch sosehr ich auch in meiner Tasche herumkramte, ich konnte keine neue Nadel finden. In meiner Verzweiflung rief ich Daniel an, denn ich konnte nicht einfach meinen Arbeitsplatz verlassen, um selbst nach Hause zu fahren. Das hätte zu viel Zeit beansprucht.

«Ich brauche dich, Daniel. Ganz dringend. Kannst du aus meiner Wohnung eine Nadel holen? Mir ist hier bei der Arbeit gerade eine abgebrochen, und ich habe keine zweite dabei. Ich kann hier aber nicht weg», legte ich meine verzwickte Lage dar.

«Kein Problem, ich mache mich sofort auf den Weg. Ich habe bloß keinen Schlüssel zu deiner Wohnung.» Daniel, höflich wie immer, war sofort bereit, mir ein neues Insulinset zu bringen. Erleichtert atmete ich auf. Auf diesen Mann schien Verlass zu sein. Eine völlig neue Erfahrung.

«Fahr zuerst zur Bank und warte dort vor dem Eingang.

Ich komme dann raus und gebe dir meinen Ersatzschlüssel», erklärte ich ihm erleichtert.

Ich weiß nicht mehr, wie die Geschichte ausging, ob er mir nun ein neues Set brachte oder ich doch noch eines in den Tiefen meiner Tasche finden konnte, das ich anfangs vor lauter Aufregung übersehen hatte. Ich weiß nur noch, dass er von diesem Tag an einen Schlüssel zu meiner Wohnung besaß – mit Folgen, die ich nicht hatte kommen sehen. Zwar war ich die meiste Zeit bei Daniel und hatte auch einige Sachen zum Anziehen bei ihm deponiert – zwei Paar Schuhe, Zahnbürste, Duschgel und Ähnliches –, doch ansonsten hatte ich nichts aus meiner schönen Wohnung zu ihm gebracht. Dabei hätten meine Möbel gut in das alte Fachwerkhaus gepasst, denn seine konnte man kaum als solche bezeichnen. Im Grunde waren es Dinge vom Sperrmüll, nicht einmal seine Matratze war neu, sie war schäbig und durchgelegen, ich wollte gar nicht wissen, woher er sie hatte. Daniel erzählte es mir trotzdem, er behauptete, sein Chef aus dem Fitnesscenter (mit dem er ja bekanntlich Stress hatte) habe sie ihm vermacht, weil der wiederum gerade seine Villa geräumt habe. Wie bitte? Wie kurios war das denn? Konnte der Geschäftsführer eines Fitnessstudios überhaupt eine Villa besitzen, und wenn ja, hätte er sie dann mit klapprigen Sachen vom Sperrmüll eingerichtet? Um seine Glaubwürdigkeit zu unterstreichen, postete er das Foto eines ausrangierten Perserteppichs auf Facebook und dankte dabei seinem angeblichen großzügigen Spender überschwänglich – es handelte sich um einen kleinen Läufer, von denen er insgesamt fünf Stück besaß. Jedenfalls hätten die wackligen Möbel im allerbesten Fall gerade mal ein Zimmer in einer Villa gefüllt, weshalb auch das Fachwerkhaus eher leer und unbewohnt aussah. Besaß Daniel denn nicht genug Geld, um sich ein paar neue Möbel zu kaufen? Er hatte doch gemeint, dass er sich welche besorgen wollte. Es war mir ein Rätsel.

Wenige Tage nachdem ich ihm den Zweitschlüssel zu meiner Wohnung ausgehändigt hatte – ich war nicht auf die Idee gekommen, dass es besser sein könnte, ihn zurückzufordern, fand es eher gut, dass er im Notfall auf meine Insulinspritzen zugreifen konnte –, fuhr ich wie jeden Abend zu Daniel. Ich freute mich schon auf das, was er für uns gekocht hatte, und auf den gedeckten Tisch.

Als ich jedoch die Haustür öffnete, traute ich meinen Augen nicht: Im Flur stand meine Kommode, und von der Decke baumelte eine Lampe, die mir gehörte.

«Ich hab dir auch ein Foto auf dein Handy geschickt, ein Selfie», erklärte Daniel stolz. «Darauf kannst du sehen, wie ich alle deine Schuhe in die Kommode eingeräumt habe. Wahrscheinlich hattest du bislang keine Zeit, dir das anzugucken.»

Tatsächlich hatte ich keine Zeit gehabt, es war aus Datenschutzgründen auch gar nicht erlaubt, das Handy am Arbeitsplatz bei sich zu haben. Sämtliche Bankmitarbeiter mussten es im Spind deponieren, man durfte es höchstens in den Pausen benutzen. Und weil ich nach Dienstschluss schnell zu Daniel wollte, hatte ich mich nicht darum gekümmert, ob ich eventuell neue Nachrichten hatte.

Als ich schließlich meine Sprache wiedergefunden hatte, stellte ich ihn zur Rede: «Du kannst doch nicht einfach meine Möbel und meine Kleider hierherschleppen! Wieso hast du das gemacht, ohne mich zu fragen? Das sind meine Sachen!»

Daniel ging umgehend an die Decke. «Du hast mich dazu gezwungen», verteidigte er sich schroff. «Du hast so lange an meinen Möbeln herumgenörgelt und sie sogar als Schrott bezeichnet, dass ich gar nicht anders konnte, als sie wegzuwerfen.»

Das stimmte. Er hatte zwar gemeckert, aber er hatte einige Möbel entsorgt, weil sie einfach nichts taugten und kaputt waren.

«Das, was du hattest, konnte man aber auch nicht mehr als Möbel bezeichnen. Wieso hast du dir in der Zwischenzeit denn nichts Neues gekauft?»

Daniel gab darauf keine Antwort, er wich aus. «Komm, sei doch froh, dass du hier in diesem schönen Haus inmitten deiner eigenen Sachen leben kannst. In den nächsten Tagen hole ich noch ein paar andere Sachen von dir zu Hause.»

Und dann beging ich einen großen Fehler. Ich hatte ihn zwar zur Rede gestellt, machte ihm aber im Anschluss daran keine klare Ansage. Das hätte ich tun sollen, ich hätte die Notbremse ziehen müssen, aber ich tat es nicht. Zu keinem Zeitpunkt. Was wohl daran lag, dass ich nicht so recht wusste, wie ich das alles finden sollte: War es nun akzeptabel, was Daniel da gemacht hatte, oder ein Übergriff, den ich so nicht hinnehmen konnte? Sollte ich mich nun gut oder schlecht fühlen?

Ratlos stand ich da. Bislang hatte nichts darauf hingewiesen, dass in unserer Beziehung etwas im Argen war. Daniel nutzte meine Unschlüssigkeit aus. Er küsste mich, führte mich durchs Haus und zeigte mir freudestrahlend noch einmal ganz genau, was er alles für mich getan hatte. Dann lotste er mich an den Küchentisch, aus den Töpfen auf dem Herd duftete es mehr als verlockend. Während er unsere

Teller befüllte, dachte ich nach: Er ist einfach der perfekte Mann. Genau einen solchen Mann wollte ich doch haben. Ja, es war schon etwas überstürzt, dass er ungefragt meine Kommode bei sich aufgestellt und auch gleich noch alle meine Schuhe mitgenommen hatte – aber dieses Strahlen in seinem Gesicht, diese fast kindliche Freude! Auf einmal wallte dieses warme Gefühl in mir auf: Er will mich! Mit seiner Aktion bewies er mir, dass er mich wirklich liebte und eine Beziehung mit mir haben wollte, mit mir und keiner anderen Frau. Welcher andere Partner vor ihm hatte sich je so ins Zeug für mich gelegt? Keiner, genau. Plötzlich hatte auch ich mein Lachen wiedergefunden. Endlich hatte ich den passenden Deckel gefunden! Im wahrsten Sinn des Wortes, denn das Essen schmeckte köstlich.

Am nächsten Tag schickte Daniel mir weitere Fotos, auf denen man sehen konnte, wie er noch mehr meiner Sachen einräumte und wo er welche Möbel platziert hatte.

«Habe ich das nicht toll gemacht?», wollte er wissen.

Er wollte gelobt werden wie ein kleiner Schuljunge.

Doch ich musste zugeben: Das alte Fachwerkhaus sah plötzlich auch von innen richtig entzückend aus – und dank meiner Möbel endlich heimelig. Ich schrieb ihm zurück, wie großartig ich das alles fände, ich sei begeistert. In meiner Naivität lebte ich – gewissermaßen blind vor Liebe – meinen Traum weiter, wollte ihn bloß nicht aufgeben. Stattdessen hätte ich ihm sofort den Schlüssel wegnehmen und entschlossen auf seine Übergriffigkeit reagieren müssen. Das tat ich aber nicht und sendete ihm damit wohl das falsche Signal. Ich nehme an, ich hatte einfach Angst, ihn und damit meinen Traum zu verlieren.

Während ich in der Klinik meine Beziehung mit Daniel

Revue passieren ließ, fiel mir unter anderem auch ein Samstagmorgen ein. Daniel schlief noch wie ein Engel neben mir, die Hunde waren aber schon wach und wollten nach draußen. Ich ging die Treppe zur Küche hinunter und ließ Tyra und Kylie in den Garten, wo die beiden sofort vergnügt herumsausten. Es war inzwischen sehr kalt geworden, der Rasen, die Bäume und die Beete waren mit pudrigem Schnee überzogen, ein wunderschöner Anblick. Vor einigen Tagen hatten wir Vogelfutter in die Bäume und Sträucher gehängt, und ich sah den Blau- und Kohlmeisen zu, wie sie die Knödel anflogen und wie wild herumpickten. So stand ich da in der Küche, gehüllt in meinen Morgenmantel, und fühlte mich geborgen, meine Sehnsucht, nicht mehr allein zu sein, war gestillt. Ich hatte meine eigene kleine Familie gefunden. Überglücklich fing ich an, das Frühstück vorzubereiten.

Der brennende Wunsch, zu jemandem zu gehören und geliebt zu werden um jeden Preis, war größer als mein gesunder Menschenverstand. Meine innere Warnlampe hatte blutrot aufgeleuchtet, doch ich verlor den Kampf, weil ich ihn gar nicht erst antrat. Widerstandslos ergab ich mich, denn allein der Gedanke, dass Daniel sich andernfalls womöglich von mir trennen würde, löste Panik in mir aus. Daher war ich bereit, all seinen Wünschen klaglos zu entsprechen, anstatt mich zu widersetzen. Dass er regelrecht nach Bestätigung gierte, war mir gar nicht in den Sinn gekommen. Ich wollte wohl nur, dass er auf mich angewiesen war. Dadurch verschlimmerte sich alles, und ab diesem Moment war ich zum Teil selbst schuld an dem Schicksal, das mich erwartete.

Ich fing an zu rennen, fröhlich lachend lief ich ins offene Messer, besser gesagt in die rotierende Kreissäge.

Inzwischen durfte ich mit seinem Sportwagen zur Arbeit fahren, so hatten wir ein paar Minuten mehr Zeit für das gemeinsame Frühstück, da ich mit seinem Mazda schneller auf der Bundesstraße fahren konnte als mit meinem eigenen Auto. Er benutzte dann tagsüber meines, tankte es aber nie voll, wenn er damit unterwegs gewesen war. Der Anzeiger signalisierte mir wieder und wieder «Reserve».

«Warum ist der Tank leer?», fragte ich Daniel.

«Kein Geld», gab er knapp zurück.

Die Antwort kam mir merkwürdig bekannt vor, doch ich sagte nichts weiter dazu.

Meine kleine vermeintlich heile Welt steuerte langsam, aber unvermeidlich auf eine Katastrophe zu.

Weil Daniels Eltern Hunderte Kilometer entfernt wohnten, lernte ich sie erst kennen, als sie zu Besuch kamen. Wir hatten für sie gekocht, und es wurde ein nettes Zusammensein. Es blieb auch nett, solange zwischen Daniel und mir alles in Ordnung war, solange Daniel das Attentat nicht begangen hatte. Bald telefonierte ich regelmäßig mit seiner Mutter und schickte ihr Bilder vom Garten, auf denen sie sehen konnte, wie ich welches Unkraut herauszupfte. Mit ihr konnte ich über unbezahlte Rechnungen reden, die sie immer anstandslos übernahm. Mit der Zeit wurde immer deutlicher, dass ihr Sohn überhaupt nicht imstande war, allein zu leben, dass er nicht in der Lage war, die kleinsten praktischen Dinge zu regeln. Und Daniel wiederum entging es nicht, dass ich das bemerkte. Die Risse in seiner Fassade wurden größer, und auf irgendeine Weise musste er sie kitten. Er begann, mich zu manipulieren.

Nachdem der erste große Liebesrausch, in dem man jede freie Minute miteinander und mit keinem anderen

Menschen verbringen möchte, verflogen war, hatte ich das Bedürfnis, meine Eltern und Freundinnen in Hannover wieder häufiger zu treffen. Daniel verbot mir den Umgang mit ihnen zwar nicht, aber er war auch nicht gerade begeistert davon, wenn ich für seinen Geschmack zu lange wegblieb. Also begann er damit, meinen Autoschlüssel zu verstecken.

«Aber vorhin lag er doch noch da!», rief ich aufgebracht, als ich den Schlüssel nicht dort fand, wo ich ihn mit aller Gewissheit vermutete. Daniel versuchte daraufhin, mich mit aller Macht davon zu überzeugen, dass ich mich wohl irrte, dass ich ihn woanders abgelegt haben müsste. Nein, widersprach ich, ich wüsste es ganz genau. In meiner hilflosen Wut schnappte ich mir meine Beagle-Dame und unternahm erst mal einen Spaziergang mit ihr. Bei meiner Rückkehr lag der Schlüssel dann plötzlich an seinem Platz.

«Da ist er doch!», rief ich. «Willst du mich eigentlich für dumm verkaufen? Was soll der Unsinn?»

Daniel schrie: «Ich war das nicht! Immer beschuldigst du mich! Du wirst den Schlüssel einfach übersehen haben!»

Nein, ich war der Meinung, dass ich ihn ganz sicher nicht übersehen hatte. Doch sein wortreich vorgebrachtes Argument war letztlich so überzeugend, dass ich ins Zweifeln kam. Es war nicht völlig auszuschließen – was, wenn Daniel doch recht hatte? Manchmal war ich tatsächlich ein wenig schusselig. Ich schwieg, aber tief in mir spürte ich, dass seine Version nicht den Tatsachen entsprach. Er hatte es bloß alles so dargestellt, dass es plausibel klang. Letztlich wollte Daniel schlicht und ergreifend nicht, dass ich mich mit anderen Leuten traf. Er fühlte sich dann zurückgesetzt.

Für ihn war völlig klar: Er hatte bei mir permanent und unangefochten an erster Stelle zu stehen. Also erwartete er, dass ich einzig bei ihm war und mich um sein Seelenheil kümmerte. Schließlich war er einzigartig und besonders – andere Menschen konnten unmöglich so interessant sein wie er.

«Wo bist du gewesen?», fragte Daniel etwa, noch ehe ich zur Tür hereingekommen war. An seiner Stimme konnte ich hören, dass er im Stressmodus war.

«Das weißt du doch, bei Yağmur.»

«Ich glaube dir kein Wort. Du hast einen anderen. Du liebst mich nicht mehr», warf er mir vor.

Ich brauchte eine Weile, bis ich ihn wieder beruhigt hatte, bis er davon überzeugt war, dass es keinen anderen gab, bis er wieder das Gefühl hatte, im Fokus zu stehen.

Besonders litt ich unter seinen Stimmungsschwankungen, wenn wir uns vorher geliebt hatten. Es war so schön, so zärtlich gewesen, doch ohne dass ich hätte sagen können, was der Auslöser war, gab es von einem Moment auf den anderen Terz. Völlig unbegründet. Aus dem Nichts heraus. Er sprang aus dem Bett, knallte die Türen hinter sich zu und fuhr mit seinem Wagen fort, aus dem laute Musik dröhnte. Völlig verwirrt lag ich im Bett, suchte nach einer Erklärung, fand jedoch keine. Ich wusste nur eins, wenn das ständig so weiterging, würde ich daran zerbrechen.

Nach einer Weile kehrte er dann mit sechs Dosen Whiskey Cola zurück und trank sie hintereinander aus. Angestrengt überlegte ich, mit welchem Geld er die Getränke bezahlt hatte. Er besaß doch keins, oder etwa doch? Hatte er sich das Geld womöglich aus meinem Portemonnaie genommen? Ich war mir nicht ganz sicher, was ich davon

halten sollte. Manchmal fuhr er auch nur zu einer Video-
thek, um sich einen Film auszuleihen. In solchen Momenten überlegte ich auch, ob er Drogen genommen hatte. Das
wäre für mich wenigstens eine nachvollziehbare Erklärung
gewesen, doch ich hatte nie etwas bei ihm gefunden. Und
dass er sich im Auto Joints reingezogen hatte, war ebenfalls
unwahrscheinlich, jedenfalls hatte ich nie etwas an ihm
gerochen. Er konnte sich höchstens Tabletten eingeworfen
haben, irgendwelche chemischen Drogen.

Daniel erzählte mir auch allen möglichen Scheiß, was davon nun stimmte oder nicht – ich wüsste es nicht zu sagen.
Einmal vertraute er mir etwa an, dass seine Cousine ihn
vergewaltigt habe. Auch seine Mutter habe ihn angeblich
missbraucht. Keine Ahnung, was er damit bezwecken wollte. Welche Ursachen mochte sein Verhalten haben? Psycho-
analytiker gehen unter anderem davon aus, dass Menschen
mit einer narzisstischen Persönlichkeitsstörung in der
Kindheit zu wenig Liebe und Anerkennung von ihren Eltern
bekommen haben. Als ich ihn einmal nach seiner Kindheit
fragte, noch ohne etwas über seinen Charakter zu wissen,
meinte er, sie sei nicht schön gewesen, er beschrieb sie als
eine gekaufte Kindheit. Seine Eltern hätten nie Zeit für ihn
gehabt. Er hätte sich immer nach Liebe gesehnt, aber nie
welche erhalten, stattdessen sei er mit irgendwelchen Ge-
schenken überhäuft worden.

Heute kann ich das alles ein wenig besser einordnen.
Während meiner Beziehung zu Daniel hatten seine Eltern
mir zu verstehen gegeben, dass sie sehr dankbar wären,
dass ich jetzt an der Seite ihres Sohnes sei. Sie waren sehr
ehrlich gewesen, was das anging. Aber auch in anderer Hinsicht hatten sie sich ganz unverblümt geäußert, wobei ich

bis heute nicht verstanden habe, wie Eltern so etwas sagen können. Wir saßen mal zusammen am Tisch, als sie meinten, dass alles, was mit Daniel zu tun habe, vier Stunden warten könne. Um die Bemerkung besser nachvollziehen zu können, fragte ich nach:

«Aber was ist, wenn Daniel irgendwo sterbend in einer Ecke liegt? Kann das dann auch vier Stunden warten, in dieser Zeit könnte er ja auch schon tot sein?»

Sie erwiderten, dass alles, egal, was es sei, vier Stunden Zeit hätte. Es gäbe nichts, was so wichtig sein könne. Das war eindeutig.

In maßloser Empörung wandte ich mich an ihren Sohn: «Daniel, wenn jemals irgendetwas sein sollte, dann rufst du mich bitte sofort an. Ich werde dir augenblicklich helfen, nicht erst vier Stunden später.»

Von seinem gesamten Familien- und Freundeskreis lernte ich nur seine Eltern kennen. Ich traf nie auch nur einen einzigen seiner Kumpel. Er erwähnte zwar häufiger einen gewissen Bryan, angeblich ein Arbeitskollege, mit dem er viele SMS austauschte, doch auch den bekam ich nie zu Gesicht. Immer, wenn ich ein gemeinsames Treffen anregte, winkte Daniel ab, und als es dann endlich doch dazu kommen sollte, verschob er es von einem Monat auf den nächsten.

Abgesehen von einer allgemeinen Neugier, hätte ich Bryan auch aus einem ganz bestimmten Grund kennenlernen wollen, der mit einem Vorfall aus der Anfangszeit von Daniels und meiner Beziehung zu tun hatte. Daniels Hund Tyra hatte einen Hund aus meinem Wohnhaus gebissen. Daraufhin hatte ich ihm zu verstehen gegeben, dass er Tyra nicht mehr mitbringen solle, wenn er zu Besuch kam, weil die Hundebesitzer aus der Nachbarschaft Sorge hatten, sie würde auch ihre Tiere angreifen. Ich hatte Tyras Attacke mit eigenen Augen verfolgt und fand die Bedenken nur zu berechtigt. Als Daniel das nächste Mal zu mir kam, tauchte er ohne seinen Mischling auf.

«Wo hast du Tyra denn gelassen?», fragte ich, nachdem ich die Tür zu meiner Wohnung geschlossen hatte.

«Sie ist bei Bryan», gab er zurück.

Erst tags darauf fuhren wir nach Hildesheim zu Daniel, jeder in seinem Wagen, weil ich meinen brauchte, um am nächsten Morgen zur Arbeit zu gelangen. Inzwischen war Tyra sicher zwanzig Stunden bei Bryan gewesen. Unterwegs rief Daniel mich von seinem Handy aus an und sagte, Bryan hätte Tyra schon ins Haus gelassen. Dann erklärte er mir noch, wo ich den Schlüssel fürs Haus finden würde. Tatsächlich kam ich früher als Daniel an. Inzwischen war mir diese ganze Geschichte suspekt. Wieso war ich überhaupt vor Daniel da, wo er doch das schnellere Auto hatte? Und warum übergab Bryan Tyra nicht persönlich? So verhielten sich doch Hundebesitzer eigentlich nicht. Ich schritt die einzelnen Räume ab und überzeugte mich davon, dass Tyra nirgends hingemacht hatte. In mir keimte der Verdacht, dass Daniel seine Hündin gar nicht zu Bryan gebracht hatte. Aber kein Hund hielt so lange aus, ohne in seiner Not irgendwohin zu machen.

Seltsam war auch, dass Daniel drei Handys besaß. Wer braucht schon drei Mobiltelefone? Er hatte nicht einmal einen wichtigen Job, der eine solche Notwendigkeit hätte erklären können. Beim Essen legte er sie immer mit dem Display nach unten auf den Küchentisch. Wer machte denn so etwas, dabei läuft doch das Display Gefahr zu zerkratzen? Wohl nur jemand, der etwas zu verheimlichen hat. Zu allem Überfluss wechselte er auch ständig die Codes für seine Handys.

All diese Dinge hätten mich aufhorchen lassen sollen.

7

EMOTIONALE VERGEWALTIGUNG

Wenn Frauen häusliche Gewalt erleben und endlich den Absprung schaffen, dann gibt es immer einen ausschlaggebenden Punkt, der sie dazu bewegt hat, ihren Partner zu verlassen: Die Prügel wurden immer schlimmer, der Mann hat plötzlich angefangen, auch die Kinder zu schlagen, oder es war die eine Misshandlung oder Vergewaltigung zu viel. Auch ich wurde vergewaltigt, wenn auch psychisch. Ja, ich lehne mich so weit aus dem Fenster und formuliere das genau so. Und auch ich ertrug diese Form der Vergewaltigung wie viele andere viel zu lange, bevor ich es schaffte, mich von Daniel zu lösen.

Es fiel mir schwer, mich im Krankenhausbett mit diesem Aspekt auseinanderzusetzen, aber er gehörte zweifellos zu meiner Geschichte dazu. Zu der, dass ich inzwischen ein Gesicht hatte, das ein anderes war, als ich es kannte. Noch immer verweigerte man mir einen Spiegel, ich drängte aber auch nicht mehr darauf hin, einen ausgehändigt zu bekommen. Ich war mir sicher, dass dieser Tag kommen würde. Bald. Denn mehr und mehr fühlte ich, wie Kräfte in meinem Körper wiedererwachten, von denen ich angenommen hatte, dass sie gar nicht mehr da waren.

Da gerade niemand zu Besuch war, konnte ich mich dem

stellen, wie Daniel mich abstrafte, erniedrigte, wie er mich abstempelte und eine Kommunikation auf Augenhöhe zwischen uns kaum noch möglich war. Er besaß ein Tablet – und hatte viel Zeit. Zu viel Zeit. Inzwischen glaubte ich längst nicht mehr, dass er einer Arbeit nachging, aber ich sprach das Thema nicht mehr an, fürchtete ich mich doch vor seiner Reaktion. Und weil er bis auf die Spaziergänge mit den Hunden wenig zu tun hatte, begann er ab einem gewissen Zeitpunkt, sich auf seinem Tablet Pornos anzuschauen. Von morgens um acht, wenn ich das Haus verließ, um zur Arbeit zu fahren, bis zu meiner Rückkehr am Abend. Ich fand es heraus, als er einmal vergessen hatte, den Browserverlauf zu löschen. So konnte ich Stunde für Stunde nachverfolgen, was er sich angeschaut hatte. Es waren unzählige Porno-Websites, die er sich ganz offensichtlich nonstop reingezogen hatte. Auch wenn es sich dabei nur um den Verlauf eines einzigen Tages handelte, konnte ich wohl davon ausgehen, dass es an anderen Tagen nicht anders aussah.

Ich fühlte mich komisch, als ich das entdeckte. Die Pornos an sich fand ich nicht verstörend – ich gucke selbst welche, gern zusammen mit meinem Partner –, mich irritierte jedoch die Tatsache, dass er von diesen Filmen offenbar völlig besessen war. Denn für mich war es etwas anderes, sich mal einen Porno anzuschauen oder mehrere gehäuft hintereinander. Meinem Empfinden nach hatten wir ein tolles Sexualleben. Daniel war zwar am Anfang noch etwas unbedarft gewesen, doch mit der Zeit hatte er gelernt, dass Sex nicht nur aus Rein-Raus besteht, sondern viele andere Sachen dazugehören. Meine Mutmaßung war, dass er sich durch die Filme diese «anderen Sachen» hatte aneignen wollen. Mit dem Ergebnis, dass er süchtig wurde und für nichts anderes mehr Augen hatte.

Die Pornoflut war allerdings noch nicht alles, was mich verstörte. Zu Beginn unserer Beziehung, als wir über den Wolken schwebten, hatten wir jeden Tag Sex gehabt, dann aber wurde es weniger. Der Alltag war über uns hereingebrochen. An Tagen, an denen ich Überstunden hatte machen müssen, war ich einfach viel zu kaputt, um mit ihm zu schlafen, wenn ich endlich zu Hause war. Und bei Schneefall oder Verkehrsbehinderungen konnte ich von Hannover nach Hildesheim auch schon mal drei Stunden brauchen. War ich dann heil angekommen, war ich ausgelaugt und wollte nur noch etwas essen und danach friedlich auf dem Sofa kuscheln. Hinzu kam, dass wir immer häufiger mit Problemen zu kämpfen hatten, wir stritten uns über ganz banale Dinge. Nach solchen Konflikten verspürte ich keine Lust. Dann wollte ich einfach nur ins Bett, ohne Sex. Nicht so Daniel. Er bestand darauf, weiterhin jeden Tag Sex zu haben. Wollte ich nicht mit ihm schlafen, nahm er sich sein iPad zur Hand und sah sich neben mir im Bett Pornos an. Zwischendurch verkündete er demonstrativ: «So, ich gehe jetzt mal aufs Klo und hole mir einen runter.» Ich konnte kaum glauben, was ich da hörte. Es war ekelhaft. Er stand tatsächlich auf, schloss sich im Bad ein und befriedigte sich selbst. Anschließend sagte er, dass es als seine Freundin meine Pflicht sei, seinem sexuellen Drang nachzukommen. Und wenn ich ihn nicht befriedigte, dann würde er sich das Gewünschte eben bei einer anderen Frau holen. Natürlich wollte ich das nicht, um Himmels willen, nein! Schließlich meinte ich, heillos in ihn verliebt zu sein. Er sollte nicht zu einer anderen gehen, auf gar keinen Fall. Sofort meldeten sich wieder meine Verlustängste – dieses Spiel beherrschte er perfekt. Um jeden Preis wollte ich es ihm recht machen, auch wenn mir das immer schwerer fiel. Irgendwann legte ich mich nur noch hin und wartete darauf, dass es vorbei war. Eine Spirale, die zur Normalität wurde. Dabei bestand genau darin die emotionale Vergewaltigung. Ich war einem permanenten Druck ausgesetzt, hatte Angst, dass er mich mit einer anderen betrog, dass er mich damit bestrafte, wenn ich ihm nicht gefügig war.

Wo war bloß der liebevolle Traummann geblieben?

Während eines Abendessens gestand er mir, vorbestraft zu sein. Ich seufzte, irgendwie kam mir das allzu bekannt vor. Wieso wiederholte sich dieses Muster? Und warum hatte er mir das nicht früher erzählt? Doch ich war längst zu schwach, um dem weiter nachzugehen. Wo war nur die starke Vanessa von früher geblieben? Das hätte ich mich mal fragen sollen.

«Und weswegen bist du vorbestraft?» Das zumindest wollte ich wissen.

Nun seufzte Daniel: «Ich habe mal eine Nazi-Hymne in der Bahn gesungen.»

«Wie verrückt ist das denn? Bist du etwa Rassist?»

Keine Antwort war auch eine Antwort.

«Du bist selbst schwarz, wie kannst du da öffentlich eine Nazi-Hymne schmettern?», fuhr ich aufgebracht fort. «Im Dritten Reich hätte man dich wegen deiner Hautfarbe abtransportiert.» Ich konnte nicht aufhören, den Kopf zu schütteln, so unfassbar fand ich das alles. Mochte er mich lächerlich finden oder nicht, bei rassistischen Parolen war eindeutig eine Grenze erreicht.

Er ging nicht weiter darauf ein, sondern setzte stattdessen seine merkwürdige Beichte fort. «Es gibt da noch eine zweite und eine dritte Vorstrafe.»

Tief durchatmen, ganz ruhig bleiben, befahl ich mir. «Und? Wofür hast du die zweite Vorstrafe bekommen?», hakte ich so neutral wie möglich nach.

«Hab jemanden verprügelt. Nicht der Rede wert. Da war ich sechzehn. Das ist bloß eine Jugendsünde», winkte er ab.

Nun ja, welcher Kerl prügelte sich nicht mit sechzehn? Da war vielleicht etwas unbeabsichtigt aus dem Ruder gelaufen.

«Und die dritte?» Die ganze Wahrheit musste ans Tageslicht kommen.

«Verletzung des Persönlichkeitsrechts meiner Ex.» Daniel hatte mir von seiner früheren Freundin erzählt, sogar, dass sie zusammen einen Sohn hätten, den er aber nicht sehen würde. Doch diese Angelegenheit hatte er bislang nicht gebeichtet. Wie verletzte man überhaupt das Persönlichkeitsrecht von jemandem?

«Wie habe ich mir das denn vorzustellen?»

«Ich zeige dir, was ich gemacht habe.» Er hatte also noch immer das Foto seiner ehemaligen Freundin auf einem seiner Handys, das sie in einer bestimmten Pose zeigte. Diese Aufnahme hatte er ohne ihre Einwilligung ins Netz gestellt, was dann strafrechtlich verfolgt worden war. Ich fand das Foto weder anzüglich noch pornographisch, eher lustig.

Erst vor Gericht erfuhr ich von seinen insgesamt siebenundzwanzig Vorstrafen, darunter die, weil er mit einem Hackebeil auf seinen Vater losgegangen war. Einige dieser Vorstrafen waren nicht zur Bewährung ausgesetzt worden, er hatte sie im Gefängnis abgesessen. Seine Vergangenheit war von Gewalt geprägt.

Die emotionale Vergewaltigung durch Daniel fand auf mehreren Ebenen statt.

Weil er noch nicht so viel Erfahrung mit Sexspielzeug hatte, bestellte ich welches im Internet. Das Paket traf während meiner Arbeitszeit ein.

«Was hast du dir da bestellt?», fragte er bei meiner Rückkehr misstrauisch.

«Eine Überraschung – für dich. Sexspielzeug. Ich möchte es gern mit dir zusammen ausprobieren, aber erst in den nächsten Tagen, wenn es mir wieder bessergeht, momentan bin ich zu k. o. dafür.»

«Kein Problem. Ruh dich aus», antwortete er mit zärtlicher Stimme.

Ich war froh und dankbar für diese Äußerung, seit langem hatte er nicht mehr so viel Verständnis gezeigt. Doch sein Feingefühl, seine Empathie mit meiner Situation hielt nicht lange an. Irgendwann schnappte er sich das Paket und verzog sich damit auf die Toilette. Bevor er die Tür hinter sich schloss, schleuderte er mir aggressiv entgegen: «Ich kann das allein ausprobieren, ich brauche dich nicht dafür.»

Ich schlug die Hände vors Gesicht. Offensichtlich war ich nicht in der Lage, meinem Partner, den ich liebte, das zu geben, was er sich wünschte. Als er die Toilette verließ, tat ich wieder das, was ich schon mehrmals getan hatte: Ich legte mich für ihn hin. Der schöne, zärtliche Sex, den wir einst gehabt hatten, war endgültig Schnee von gestern. Irgendwann war ich nur noch eine billige Matratze, auf der er sich austoben konnte, so fühlte ich mich jedenfalls. Diese Veränderung fiel aber nur mir auf, er hatte keine Antennen dafür, weil er nur auf seine eigene Bedürfnisbefriedigung fixiert war.

Einmal war es besonders arg: Ich war völlig erschöpft

von der Arbeit auf dem Sofa eingeschlafen. Irgendwann wachte ich auf, weil ich zur Toilette musste. Da bemerkte ich, dass meine Hose hinten nass war. Was konnte das bloß sein? Ich fasste an besagte Stelle und hielt mir die Hand unter die Nase. Kein Zweifel: Das war Sperma. Wutentbrannt ging ich zu Daniel hinüber, der im Schlafzimmer im Bett lag, und schrie ihn an: «Ganz ehrlich, du hättest mich auch aufwecken können! Das geht ja wohl gar nicht!»

«Entschuldigung. Du bist eingeschlafen. Was soll ich machen? Ich werde halt immer geil, wenn du neben mir bist», gab er achselzuckend zurück.

«Geil werden ist ja schön und gut, aber ab einem bestimmten Punkt ist eine Grenze erreicht», erwiderte ich fassungslos.

Und diese Grenze war längst überschritten. Ich konnte nicht mehr. Ich konnte nicht mehr permanent mit ihm schlafen. Doch wenn ich mich verweigerte, bekam ich Stress. Sex war für ihn anscheinend eine Form der Bestätigung, weil er sonst nichts tat. Das war zumindest der Schluss, zu dem ich kam, als ich in meinem Krankenbett lag. Damals, in der Situation, fehlte mir diese Weitsicht, da konnte ich das nicht einordnen.

Die psychische Vergewaltigung, dieses Mit-ihm-schlafen-Müssen, kotzte mich am Ende nur noch an. Er wurde zwar nicht handgreiflich, aber er ließ mich unmissverständlich wissen: Wenn du keine Lust hast, dann hole ich mir eben einen runter. Hob und senkte sich kurz vor dem Einschlafen die Bettdecke, fühlte ich mich wie ein unfreiwilliger Zaungast auf dem Jahrmarkt der Fleischeslust, oder noch schlimmer, als würde man mich gegen meinen Willen in einem Bordell festhalten.

Irgendetwas stimmte mit Daniel nicht. Dieser Eindruck verfestigte sich immer mehr. Und er verstärkte sich noch, als er anfing, meine Klamotten zu tragen. Daniel war ein Poser, athletisch, aber irgendwie auch sehr feminin. Ich hatte mir online ein rotes Kleid bestellt, genau dasselbe hatte sich meine Schwester auch gekauft. Es hatte mir ausgesprochen gut gefallen, sodass ich es ebenfalls unbedingt haben musste, obwohl meine Schwester und ich sonst nicht denselben Kleidergeschmack haben. An einigen Stellen war es ziemlich durchsichtig, sodass ich noch gar nicht wusste, zu welchem Anlass ich es anziehen wollte, aber es hatte mir eine riesengroße Freude bereitet, es auszupacken und in den Schrank zu hängen. Eines Nachmittags kam ich gerade die Treppe hoch, als ich sah, wie Daniel in das rote Kleid schlüpfte. Ich sah ihm verdattert zu und wusste erst gar nicht, was ich davon halten sollte.

«Scheiße, ich kriege es nicht zu», sagte er in meine Richtung, als er mich bemerkte. Er war überhaupt nicht erschrocken und fühlte sich nicht ansatzweise ertappt. Er vermittelte vielmehr den Eindruck, als wäre seine Anprobe die selbstverständlichste Sache der Welt.

«Wie kann das denn angehen, so viel breiter als du bin ich doch gar nicht?», stellte er fest.

«Stimmt», sagte ich. «Du bist sehr schmal gebaut. Wenn du willst, helfe ich dir. Der Verschluss ist etwas kompliziert», bot ich an.

«Das wäre toll.» Daniel grinste.

Ich dachte, wenn es einen Reiz auf ihn ausübte, in Frauenkleidern herumzulaufen – warum nicht? Wieso sollte ich diejenige sein, die ihn davon abhielt? Mir war bekannt, dass es Männer gab, die dieses Bedürfnis verspüren. Wenn ihn das glücklich machte, würde ich ihn dabei unterstützen. Vielleicht, so überlegte ich weiter, würde er mich dann auch nicht mehr so unter Druck setzen. Vielleicht hatte er diese weibliche Seite die ganze Zeit unterdrückt, weil er sie unbedingt vor mir verbergen wollte, und war aus diesem Grund immer aggressiver geworden. Eine in meinen Augen völlig nachvollziehbare Erklärung. Und auch eine, mit der ich umgehen konnte.

Also sagte ich zu ihm: «Du kannst gern meine Sachen anziehen. Wenn das toll für dich ist, werde ich dich nicht daran hindern. Kann schon sein, dass ich ein kleines Problem damit hätte, wenn du draußen damit herumlaufen würdest. Aber wenn du trotzdem in meinen Klamotten auf die Straße gehen willst, werde ich es schon verkraften. So schlimm ist es dann auch wieder nicht. Ich stehe hinter dir. Und wenn du noch Schuhe brauchst, High Heels oder was weiß ich, keine Ahnung, was du dir wünschst, dann bestellen wir dir welche in deiner Größe übers Internet.»

In mir arbeitete es. Es war davon auszugehen, dass Daniel irgendetwas kompensieren musste. Er war nicht der männliche Typ, obwohl er sich alle Mühe gab, den Anschein zu erwecken, dass er ein ganzer Kerl war. Ich hatte ihn allerdings ganz anders erlebt, und zwar eher zart besaitet und ziemlich nahe am Wasser gebaut. Gut möglich, dass er sich in seinem Körper und in seiner Seele gefangen fühlte. Noch mehr Gedanken schossen mir durch den Kopf, und ich merkte, wie mich eine Frage besonders interessierte. Fehlte Daniel die Freiheit, das zu tun, was er wollte? Oder anders gesagt: Bedeutete ich ihm so viel, dass er das aufgegeben hatte, was ihn ausmachte? Und wenn ja, war ihm das überhaupt bewusst?

«Bitte sag mir, fühlst du dich in dem Kleid wohler als in deinen Jeans?» Er sollte wissen, dass er mir alles sagen konnte.

Keine Antwort, wieder einmal. Fast war das zwischen uns zur Normalität geworden. Abgesehen davon war nicht zu übersehen, wie glücklich Daniel war, als er in dem roten Kleid durch das Haus stolzierte. Eine stolze Königin in Blutrot, nur ohne Krone. Es war verrückt, aber Daniel so zu sehen war eine der schönsten Situationen, die ich mit ihm in den letzten Monaten erlebt hatte. Dies schrieb ich ihm auch später in einem Brief ins Gefängnis. «Es war das erste Mal, dass ich dich wirklich gesehen habe. Ich hatte das erste Mal das Gefühl, dass du vor mir stehst. Dass du das möchtest.» Und ich fügte hinzu: «Dieses Kleid wird immer dein Kleid bleiben. Ich habe es noch, aber ich selbst werde es nie anziehen.»

Ja, es wird immer sein Kleid bleiben, dachte ich, während ich in meinem Krankenhausbett mal wieder Erdbeerjoghurt löffelte. Ich hatte es sowieso noch nie getragen, denn das Paket war erst kurz zuvor eingetroffen. Nach kurzem Überlegen beschloss ich, es in Zukunft so, wie es war, im Schrank hängen zu lassen. Meine Gedanken gingen noch einmal zurück zu Daniel in dem roten Kleid, freudestrahlend und mit glänzenden Augen. Damals wie heute war ich überzeugt davon – Daniel wollte eigentlich eine Frau sein.

Rotes Kleid hin oder her, die Grenzüberschreitungen von Daniels Seite nahmen kein Ende. Sosehr ich es gehofft hatte, so sehr hatte ich mich auch getäuscht. Wer bereit ist, Grenzen zu ignorieren, neigt dazu, den Bogen weitestmöglich zu überspannen. Daniel war eben eine Diva, gerade noch zickig und reizbar, doch schon im nächsten Augenblick wieder liebevoll und herzlich. Ich erlebte himmlische Momente mit ihm, nur um mich in der darauffolgenden Sekunde in der Hölle wiederzufinden. Es war, als sei ich umgeben von unsichtbaren Mauern, die ich nicht durchbrechen konnte. In diesen Momenten war ich es, die versuchte, aus einem Gefängnis auszubrechen, und nicht er.

Einerseits wollte ich diese Beziehung, andererseits, wenn er grundlos ausrastete und mich beleidigte, wollte ich nur noch weg. Machte er mir mal wieder eine Szene, hieß es auch oft genug, ich solle meine Sachen packen. Tat ich das dann, hielt er mich auf. Er legte die Spielregeln fest, ohne dass ich wusste, was für ein Spiel er da überhaupt spielte. Ich beschränkte mich bloß darauf, jedes Mal nachzugeben. Warum, ist mir aus heutiger Perspektive schleierhaft. Aber ich blieb bei ihm. Dabei wurden seine Wutanfälle immer häufiger und immer schlimmer. Sie folgten bald Schlag auf Schlag. Immer dann, wenn etwas nicht so funktionierte, wie er es wollte, wenn ihm womöglich langweilig war und er dieser inneren Ödnis entfliehen wollte, wurde ich als Schuldige auserkoren. Dann reichte es, wenn eine Zeitschrift vermeintlich am falschen Platz lag, ich etwas sagte, was ihm nicht passte, oder den Geschirrspüler nicht ausgeräumt hatte. Aber dabei blieb es nicht. Die Spirale drehte sich weiter.

Eines Tages beim Essen, als seine drei Handys ständig vor sich hin piepten, fragte ich ihn, warum er sie mit dem Display nach unten auf den Tisch legte: «Warum machst du das? Hast du etwas zu verstecken?» Stille. Offensichtlich war er nicht bereit, mir eine Antwort zu geben. Kritik durfte nur von ihm kommen, nicht von mir. Also griff ich nach einem der Mobiltelefone, weil ich endlich wissen wollte, wer ihm fortlaufend Nachrichten schrieb. Doch noch bevor ich es zu fassen bekam, hatte er sich seine Geräte geschnappt und in seinem Zorn mit Karacho gegen die Wand geschleudert, sodass die Displays in tausend Teile zersprangen. Mit wutverzerrtem Gesicht rannte er zu unserem Festnetztelefon und rief seine Eltern an, um ihnen zu erklären, dass er nur über dieses Telefon zu erreichen sei, da ich seine Handys kaputt gemacht hätte. Was war denn jetzt los? Wieso redete er nicht mit mir? Wieso dachte er in dieser Situation als Erstes an seine Eltern? Was bezweckte er damit? Oder gab es dafür vielleicht gar keinen Grund?

An einem anderen Tag setzte er sich, nachdem wir uns unentwegt gestritten hatten, wie schon so oft, in seinen blauen Mazda und fuhr kommentarlos davon. Anscheinend brauchte er mal wieder seine Auszeit. Irgendwann brach die Dämmerung ein, doch von Daniel keine Spur. Erschöpft und ausgelaugt setzte ich mich aufs Bett und sagte laut in die Stille hinein: «Ich ertrage diesen Psychoterror nicht mehr.» Ich hatte nur noch den Wunsch zu sterben. Lieber wollte ich tot sein, als noch eine Minute länger bei ihm zu bleiben. Ich hatte schon so oft geweint, dass keine Tränen mehr da waren. Mein Körper hatte sich abgeschaltet, der Kopf war wie betäubt. Meine Gedanken waren leer, ich fühlte mich wie in einem Kerker, aus dem es kein Entrinnen gab, wie in einem Gefängnis, in dem man die Todesstrafe als Erlösung empfand. Ein Leben mit Daniel ergab einfach keinen Sinn mehr – mehr noch, es war das Schlimmste, was mir je widerfahren war. Ich konnte nicht mehr. Und in dieser Beziehung, das erkannte ich auf einmal, würde ich mich mehr und mehr verlieren. Als ich erschrocken merkte, dass mein Lebenswillen regelrecht gebrochen war, wusste ich, dass ich handeln musste, bevor es zu spät war. Ohne noch einmal nachzudenken, stieg ich hinauf in den zweiten Stock, in dem sich unsere Anziehsachen befanden. Und weil ich weder eine Reisetasche noch einen Koffer hier hatte, stopfte ich meine Klamotten wahllos in ein paar Müllbeutel. Ich wollte nur noch fort.

Als ich gerade mit dem letzten Müllbeutel in der Hand zu meinem Auto ging, das ich an der Straße geparkt hatte, tauchte Daniel auf. Verdammter Mist! Als hätte er es geahnt. Er begriff sofort, was ich vorhatte. Sein Gesicht war ähnlich wutverzerrt wie vor seiner Auszeit. Sofort stieg er aus seinem Mazda und rannte auf mich zu. Er packte mich, warf mich auf die Straße und zerrte mich in die Garage. Anschließend schloss er sowohl das rote Tor als auch die Tür von der Garage zum Flur ab. Er sperrte mich ein. Meine Reaktion war vielleicht ungewöhnlich: Ich trommelte nicht gegen die Tür, ich schrie auch nicht. Stattdessen setzte ich mich vor die Waschmaschine, die dort stand. Apathisch, wie ich war, wollte ich nur, dass es endlich vorbei war. Egal wie lange es dauerte. Eine bleierne Gleichgültigkeit hatte mich übermannt.

Doch plötzlich stand er vor mir und herrschte mich an, ob ich denn jetzt völlig verrückt geworden sei, so einfach abhauen zu wollen. Ich sagte nur: «Mir ist egal, was mit mir passiert. Ich will nicht mehr bei dir sein. Lieber will ich tot sein, als dich noch einen Tag ertragen zu müssen.» In diesem Moment meinte ich es auch genau so, exakt so wie vor ungefähr einer halben Stunde, als ich begonnen hatte, meine Sachen zusammenzusuchen. Meine Hoffnung war, dass ich diabetesbedingt in eine Unter- oder Überzuckerung geraten und dadurch ohnmächtig werden würde. Dann wäre ich endlich von dieser furchtbaren Situation erlöst. Ich hatte mit allem abgeschlossen.

Daniel entging es nicht, dass mir alles total egal war. Er erkannte es nur zu gut, wenn ihm ein Verlust drohte. Und so langsam dämmerte ihm, dass Ignoranz nicht länger eine Option für die Dramaqueen war, die in ihm steckte. Er schloss die Tür zum Flur auf, ging ins Haus hinein und setzte sich in die Küche. Ich nutzte die Gelegenheit, flüchtete aus der Garage und rannte die Treppen hinauf. Aber Daniel blieb nicht in der Küche, er folgte mir, als habe er nur darauf gewartet. Als ich einen Treppenabsatz erreicht hatte, bekam er meine Hüften zu fassen und versuchte, mich aufzuhalten. Ich wehrte mich mit aller Kraft, die ich noch aufzubieten hatte. Groß waren meine Chancen nicht, doch auf einmal lockerte er die Umklammerung, schaute mich noch an, mit einem seltsamen Blick, und ließ sich die Treppe hinunterfallen. Mit voller Absicht. Die Treppe war so gebaut, dass er sich eigentlich gut am Geländer hätte festhalten können. Und hätte er das getan, wäre auch gar nichts weiter passiert. Aber er stieß sich noch von der Wand ab, um den Fall zu verstärken. Dann lag er da unten. Atemlos rannte ich die Stufen hinunter und schrie: «Ich rufe einen Krankenwagen.»

«Nein, mach das nicht», widersprach er mit matter Stimme. Unmittelbar darauf fing er an zu heulen, die alte Nummer, er war das Opfer. «Wahrscheinlich habe ich mir das Bein gebrochen, auch die eine Rippe tut so schrecklich weh.» Demonstrativ gab er das leidende Opfer, das meinetwegen schwer verletzt war. Ich verstand nicht, warum er all das inszenierte. Ich hatte ihn doch akzeptiert, wie er war, warum konnte er nicht dasselbe für mich tun? Wollte er mich mit seinem Tun verletzen? Oder gar zerstören? Wollte er meine ganze, ungeteilte Aufmerksamkeit?

Ich saß neben Daniel auf dem Boden und wusste nicht, was ich tun sollte. Er hatte den Spieß umgedreht, plötzlich war er der Verletzte, der nicht mal mehr aufstehen konnte; dass er mich gerade erst auf die Straße geschleudert, über den Asphalt gezerrt und danach eingeschlossen hatte, das zählte alles nicht mehr. Und was tat ich? Ich machte zum x-ten Mal gute Miene zum bösen Spiel. Ich blieb bei ihm. Selbstverständlich konnte er nach einer Weile wieder problemlos aufstehen, und natürlich hatte er sich auch nichts gebrochen.

Dieses Mal rief Daniel wenig später vom Festnetz aus meinen Vater an: «Deine Tochter flippt gerade wieder völlig aus», begann er das Gespräch. Er wisse gar nicht, was mit mir los sei. Wie es sich für einen Strippenzieher gehört, hatte er es nicht vergessen, auf laut zu stellen, damit mein Vater auf jeden Fall mitbekam, wie ich weinte. Es war grausam. Ich stand als Problemkind da, die nächste Beziehung drohte den Bach runterzugehen. Dabei wollte ich alles, nur keine Belastung für meine Eltern sein. Und genau das war mitentscheidend dafür, dass ich Daniel nicht längst verlassen hatte. Er hatte meine Eltern schon häufiger in diesen Psychoterror mit hineingezogen, weshalb ich seit einiger Zeit nur wenig Kontakt zu ihnen hatte. Sie wollten Genaueres wissen, aber ich war nicht in der Lage, mit ihnen darüber zu reden. Zum einen fand ich die ganze Angelegenheit äußerst beschämend, zum anderen hätte ich keine Antwort geben können, hätte meine Mutter mich nach meinen Problemen gefragt. Was zwischen mir und Daniel im Argen lag, entbehrte jeder sachlichen Grundlage. Die Ursachen lagen vielmehr in Daniels Psyche begründet, und mit dieser konnte ich nicht umgehen. Er allerdings noch viel weniger, wie es aussah.

Als ich einmal wissen wollte, was es mit diesen Eskalationen auf sich hätte, gab er zu, dass er die Auseinandersetzungen brauchte, um sich hinterher wieder zu versöhnen: «Wenn man sich richtig zofft, kann man sich danach wieder richtig lieben.»

«Das halte ich auf Dauer nicht aus», antwortete ich. «Das ist eine zu große psychische Belastung für mich.»

«Aber du hast doch mal zu mir gesagt, dass ich dein Traummann sei.»

«Ja, wenn du sanft und liebenswert bist. Doch sobald du mir in der nächsten Sekunde die Hölle auf Erden bereitest, kannst du es vergessen mit dem Traummann.»

Ich konnte mich daran erinnern, dass Daniel in den letzten Monaten unserer Beziehung viel geweint hatte. Nie zuvor hatte ich einen Mann so oft weinen gesehen. Das musste doch auch eine Ursache haben. Brauchte er dieses Auf und Ab verschiedenster Emotionen, um nicht in ein dunkles Loch zu fallen? Soviel ich auch grübelte, ich konnte keine Erklärung finden.

An dem Morgen, an dem ich schließlich endgültig zu ihm sagte: «Tut mir leid, ich kann nicht mehr. Für mich ist das keine Beziehung mehr», an diesem Morgen lag sein iPad auf dem Küchentisch. Eigentlich wollte ich mit den Hunden raus, aber ohne genauer erklären zu können, warum, nahm ich es in die Hand. So entdeckte ich, dass er drei verschiedene Facebook-Accounts hatte. Auf allen schrieben ihm diverse Frauen, und was ich las, schnürte mir das Herz zusammen: «Wann bist du wieder in Hannover? Nächste Woche? Wir können uns gern wieder treffen. Aber hast du nicht eine

Freundin?» Ich bekam kaum noch Luft. Anscheinend hatte sich Daniel, während ich in der Bank arbeitete, in Hannover mit anderen Frauen getroffen. Und wohl nicht nur zum Kaffeetrinken, denn er hatte diesen Frauen auch Nacktfotos von sich geschickt. Alles wurde noch unterfüttert von Gesprächen in etlichen Chatrooms. Ich fragte mich, mit wem ich da eigentlich zusammen war. Das konnte doch nicht Liebe sein, oder wenn, dann war sie auf nichts als Lügen aufgebaut. Ich hatte es nun Schwarz auf Weiß, ich musste dieses Haus so schnell wie möglich verlassen. Bei keiner der Nachrichten war für mich auf die Schnelle erkennbar gewesen, ob eine der Frauen darauf angesprungen war. Aber letztlich war es unerheblich, ob er fremdgegangen war oder nicht. Es reichte völlig aus, dass er es versucht hatte.

Ich zeigte ihm, was ich gefunden hatte, und sagte: «Offensichtlich bist du auch nicht glücklich mit mir. Dass ich nicht mit dir glücklich bin, dürfte dir nicht entgangen sein.»

Sofort brach er in Tränen aus: «Ich habe aber doch niemanden außer dir.»

«Es ist besser, wenn wir uns trennen», fuhr ich unbeirrt weiter. «Vielleicht tut es ja auch eine Trennung auf Zeit. Aber ohne die geht es für mich auf keinen Fall. Danach können wir weitersehen.»

«Aber ...», setzte er an.

«Nein», unterbrach ich ihn. «Es ist aus dem Ruder gelaufen, ich brauche jetzt erst mal Abstand.»

Ich durfte mich nicht wieder erweichen lassen. Ich musste hart bleiben. Denn eins hatte ich verstanden, wenn ich jetzt nicht die Reißleine zog, dann war ich verloren. Ich musste tatsächlich erst herausfinden, dass er mich betrog, um mich von ihm trennen zu können.

8

IM KELLER DER
ERSTE BLICK IN DEN
SPIEGEL

März 2016

Jeden zweiten Tag standen sie an, und sie waren eine Wohltat: CO_2-Bäder. Dazu ließ man ganz normales warmes Wasser in eine Wanne einlaufen, doch entscheidend war die Anreicherung mit Kohlensäure; es war jedes Mal so, als würde man in Sekt baden. Tauchte ich in das Wasser ein, kribbelte es am ganzen Körper. Das sollte helfen, die Durchblutung zu stärken und die verätzten Krusten weicher zu machen, damit sie abfielen oder abgetragen werden konnten. Die Haut sollte so schneller heilen. Um in diesen prickelnden Genuss zu kommen, wurde ich in meinem Bett von der Station in den Fahrstuhl geschoben, dann ging es ab in den Keller der Klinik. Links befand sich ein Schwimmbad, rechts ein Bereich mit zwei Badewannen, wie sie in vielen Wohnungen zu finden sind, nur dass diese etwas größer waren.

Als ich das erste Mal in den Keller gebracht wurde, war ich ganz aufgeregt. Ein netter, südländisch aussehender Mann, ein paar Jahre jünger als ich, schob mein Bett und redete ganz normal mit mir.

«Was ist denn mit dir passiert?», fragte er.

In knappen Worten erzählte ich ihm davon.

«Ach, das habe ich in der Zeitung gelesen! Tut mir wirklich leid. Aber du siehst immer noch hübsch aus, mach dir bloß keine Sorgen.»

Machte ich mir Sorgen? Ich wusste es selbst nicht. Aber seine Worte taten mir gut.

Nach dem Baden brachte er mich wieder auf mein Zimmer. Während wir auf den Fahrstuhl warteten, meinte er: «Wenn du dich mal allein fühlst, sag einfach Bescheid. Dann komme ich rüber, lege mich in dein Bett und tröste dich. Ich nehme dir gern das Gefühl des Alleinseins.»

Im ersten Moment wusste ich nicht, was ich davon halten sollte. Wie merkwürdig war das denn? Um nicht weiter auf dieses seltsame Angebot einzugehen, versuchte ich es mit möglichst neutralem Smalltalk.

«Wie meinst du denn das mit rüberkommen?», fragte ich ihn.

«Ich hab demnächst eine Nasen-OP und werde dann auf deiner Station liegen.» Ein breites Grinsen machte sich auf seinem Gesicht breit.

Ich mochte ihn nicht mehr ansehen, und was für eine Nase er hatte, interessierte mich erst recht nicht mehr. Zum Glück kam in diesem Augenblick der Fahrstuhl und erlöste mich aus dieser höchst seltsamen Situation. Ich sah den Pfleger oder was auch immer er war, nie wieder, was ich wenig bedauerlich fand, denn womöglich hätte er mir noch den Spaß an den Bädern verdorben.

Und der war riesig. Jedes einzelne war ein Highlight. Woran auch Herr Braunschweig seinen Anteil hatte, der das Bad einließ, ein großer, gut gebauter Mann mit graubraun meliertem Haar. Er hatte immer ein Lächeln auf den Lippen, und bis heute geht mir seine dunkle, warme Stimme nicht aus dem Kopf. Wenn ich sie damals hörte, fühlte ich mich schlagartig geborgen. Er war ein kumpelhafter Typ, und mit seiner freundschaftlichen Art gab er mir gerade in der schwierigen Anfangszeit das Gefühl, dass alles in Ordnung war, so wie es war.

Ich musste immer eine kleine Treppe hochsteigen, um in die Wanne zu gelangen, weil sie so groß war. Jedes Mal hielt Herr Braunschweig dabei meine Hand, weil er Angst hatte, dass ich fallen könnte. War ich in das Prickelwasser eingetaucht, setzte er sich unmittelbar neben die Wanne – «Damit Sie sich sicher fühlen» – und fing an, sich mit mir zu unterhalten. Auch er fragte mich ganz direkt, was zu meinen Verletzungen geführt hatte, und ich erzählte ihm von Daniel und von dem, was er getan hatte. Schon bald wurde mir klar, dass das, was mir widerfahren war, nicht zum Schlimmsten gehörte, was er je gesehen hatte. Über mir hingen Gurte, um Menschen in die Wanne zu hieven. Man durfte sie nicht berühren, weil sie großflächigste Hauttransplantationen hinter sich hatten.

«Ist es nicht schwierig, das mit anzusehen?», fragte ich.

Er nickte. «Manchmal schon. Vor allem wenn die Wanne hinterher voller Blut ist, weil diese Menschen enorm mit der Wundheilung zu kämpfen haben.» Auf seinem freundlichen Gesicht zeichnete sich für einen flüchtigen Moment ein trauriger Ausdruck ab. «Aber gerade sie sind auf unsere Hilfe angewiesen. Es ist natürlich sehr wichtig, die Wanne anschließend gründlich zu reinigen und zu desinfizieren. Wegen der Infektionsgefahr.»

In seiner Nähe konnte man sich einfach nur wohlfühlen. Mich vor ihm nackt auszuziehen war mir nie unangenehm, sicherlich auch deshalb, weil ich keine Probleme mit meinem Körper hatte, nie gehabt hatte. Und je selbständiger ich wurde, umso mehr ließ mich Herr Braunschweig allein. Dann war ich ohne Aufsicht in dem kleinen Bad. Hier hatte ich während des Badens – wie in einer Art Refugium – so etwas wie eine Privatsphäre. Davon konnte auf dem Stationszimmer keine Rede sein. Zu jeder Tages- und Nachtzeit konnte da die Tür aufgehen. Hier unten im Keller jedoch blieb ich, solange ich in der Wanne lag, völlig ungestört und konnte meinen Gedanken nachhängen. Auf einem Stuhl legte Herr Braunschweig mir immer ein großes Handtuch zum Abtrocknen bereit, unten auf dem Boden ein kleines für die Füße. Die Tür zum Badebereich war nur angelehnt, sollte ich etwas brauchen, meinte er, bräuchte ich nur zu rufen, er würde mich immer hören und sei höchstens zwei Meter von mir entfernt, er käme dann sofort.

In dieser Auszeit, wie ich meine Bäder nannte, machte ich die Augen zu und versuchte meine innere Stimme wahrzunehmen. Und irgendwann fing ich völlig selbstverständlich an, mit meiner inneren Stimme zu sprechen, als wäre sie eine zweite Person, als würde sie wie anfangs Herr Braunschweig neben mir sitzen oder sogar neben mir in den Kohlensäurebläschen liegen.

«Wie soll ich mit meinem neuen Ich umgehen?», fragte ich.

«Hast du überhaupt ein neues Ich?» Meine innere Stimme antwortete mit einer Gegenfrage.

«Was denkst du denn? Das hier wird nicht spurlos an mir vorübergehen. Ich werde nicht einfach so weitermachen können, als wäre nie etwas geschehen. Daniel ist eine Warnung, aber nicht nur für mich, auch für andere Frauen. Typen wie er laufen in weit größerer Zahl herum, als uns lieb sein kann. Ich kann die Welt nicht verändern, aber ich kann doch etwas tun. Was, weiß ich noch nicht, aber mein neues Ich wird nicht allein von der Beziehung zu einem Mann bestimmt sein.»

«Da wirst du aber noch viele Sachen in Frage stellen müssen», meldete sich meine innere Stimme.

«Und, hast du mal eine Frage auf Lager, damit ich mich schon mal daran gewöhnen kann?»

«Klar. Warum stimmt es dich eigentlich nicht traurig, dass du hier in diesem Krankenhaus liegst, dass du noch etliche Operationen vor dir hast, dass du der Welt nie wieder das hübsche Vanessa-Gesicht wirst zeigen können? Hier unten im Keller, wo du allein bist, könntest du in Tränen ausbrechen, endlich mal losheulen, aber du machst das nicht. Dafür muss es doch einen Grund geben.»

«Vielleicht halten die Medikamente mich davon ab», warf ich ein.

«Das glaubst du doch wohl selbst nicht.»

«Vielleicht blockiere ich innerlich, womöglich will ich das alles nicht an mich herankommen lassen», setzte ich zu einem zweiten Erklärungsversuch an.

Die Stimme lachte hell auf. «Das soll ich dir abnehmen? Ist nicht unser Gespräch der beste Beweis dafür, dass du nicht dichtmachst? Dass du dich traust, über dich selbst nachzudenken? Da musst du schon andere Argumente vorbringen, um mich zu überzeugen.»

Sie hatte recht, meine innere Stimme. Und das sagte ich ihr auch. «Es hat einen Sinn, dass mir das passiert ist. Noch kann ich diesen Sinn zwar nicht so recht erfassen, aber ich bin felsenfest davon überzeugt, dass ich das noch herauskriege. Ich werde ja auch nicht morgen schon entlassen.»

Ich musste an Yağmur denken. Sie hatte immer gesagt, dass es einen Sinn im Leben gebe und dass man ihn irgendwann auch erkennen würde. Außerdem war sie der Meinung, dass das meiste im Leben vorherbestimmt sei. Diese Ansicht teilte ich nur bedingt. Denn das hieß, letztlich gar nichts mehr beeinflussen zu können. Das passte nicht zu meiner Vorstellung, dass jeder in der Lage war, aktiv etwas zu ändern. Aber mir gefiel der Gedanke, dass ich nicht auf der Welt war, um wie bisher einfach nur in den Tag hinein zu leben. Es lag an mir und an niemand anderem sonst, mir neue Ziele zu suchen. Und eins dieser Ziele war es nun, mir selbst ins Gesicht zu schauen. Ich musste endlich wissen, woran ich war, dann würde ich schon wissen, wie ich mir mein neues Ich zurechtbasteln musste.

Bislang hatte man es mir konsequent verweigert, in einen Spiegel zu schauen. Dazu war nicht viel nötig gewesen, denn ich hatte viel nachdenken und mich um genügend andere Dinge kümmern müssen. Aber hier unten im Keller, im stillen Reich von Herrn Braunschweig, der mein Bewusstsein dafür geöffnet hatte, dass es andere Menschen weitaus schlimmer getroffen hatte als mich, hier hatte ich jemanden gefunden, in dessen Gesicht ich mich spiegeln konnte. Dank dieser Erfahrung war ich nun auch bereit, den nächsten Schritt zu machen. Ich wollte mich sehen. Nicht um abzuschätzen, was Daniel mir angetan hatte, sondern um zu erkennen, wer ich war nach dieser Tat. In diesem Keller war ich allein, es gab keinen Zeitdruck, niemand befahl mir, wann ich mein Bad zu beenden hatte. In dieser ruhigen und geborgenen Atmosphäre wollte ich es wagen. Es gab einen

Spiegel im Vorraum zum Schwimmbeckenbereich, ich hatte ihn schon mehrmals aus der Entfernung ins Visier genommen. Vor diesen wollte ich nun treten.

Vorsichtig stieg ich aus der Wanne, trocknete die Füße auf dem kleinen Handtuch ab und wickelte mich dann in das große ein. Schritt für Schritt ging ich vorwärts. Ich hatte das Gefühl, dass Herr Braunschweig mich beobachtete, dass er diesen Moment hatte kommen sehen. Und jetzt war er da. Augen auf und durch! Nein! Es war nur ein Auge, auf dem ich zu diesem Zeitpunkt gut sehen konnte. Die gesamte linke Hälfte meines Gesichts war komplett zerstört. Alles war rot angeschwollen, von Narben übersät. Es war ein riesiger Schock. Hatte ich vorher noch mit meiner inneren Stimme großspurig über den Sinn des Lebens geplaudert und warum ich bislang nicht in Tränen ausgebrochen war, nun schossen sie mir in die Augen. Trotzdem – richtig weinen konnte ich auch jetzt nicht. Was ich da im Spiegel erblickte, war eine Tatsache, die ich nicht ändern konnte. Da mochte ich noch so viele Operationen über mich ergehen lassen, nie würde ich mein früheres Gesicht zurückbekommen. Da gab es keinen Zweifel.

«Begreifst du nun», sagte ich zu meiner Stimme, «weshalb ich von einem neuen Ich gesprochen habe? Was vorher nur ein unbestimmtes Gefühl war, kann ich dort in meinem Spiegelbild manifestiert sehen. Deshalb wird es für mich ab jetzt von Vorteil sein, nach dem Warum zu fragen und Schönheit mal lieber Schönheit sein zu lassen.»

«Mmh», überlegte meine Stimme, «du meinst, es würde dich nicht weiterbringen, wenn du dich über dein Äußeres definierst?»

«Genau», erwiderte ich und schluckte die Tränen hin-

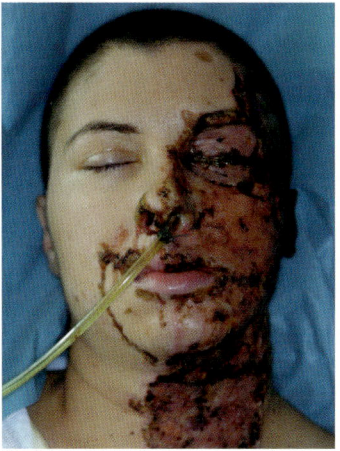

1 Falsche Wimpern, falsche Haarfarbe und perfekt geschminkt – so musste es früher sein. Der Druck, als Kosmetikerin schön aussehen zu müssen, war enorm gewesen.

2 Ungeschminkt mit meiner kleinen Beagle-Dame in meiner ersten Wohnung in Hannover-Leinhausen.

3 Ein Tag nach dem Erwachen aus dem Koma, meine Haut ist von Krusten übersät. 27. Februar 2016.

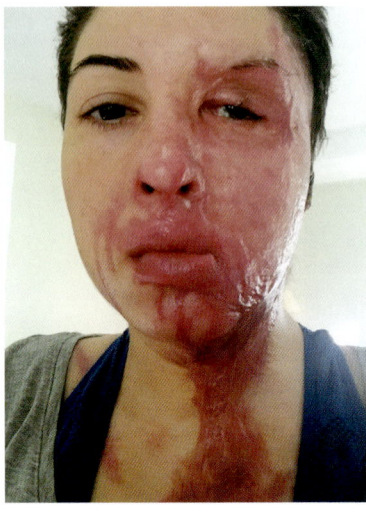

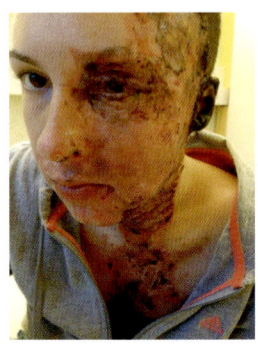

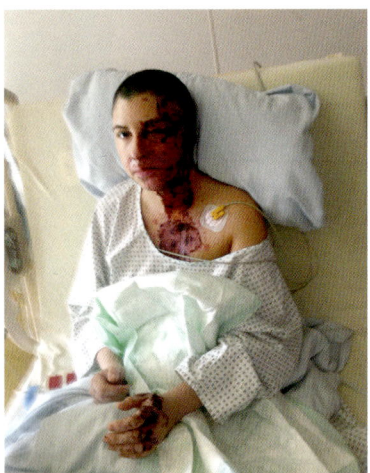

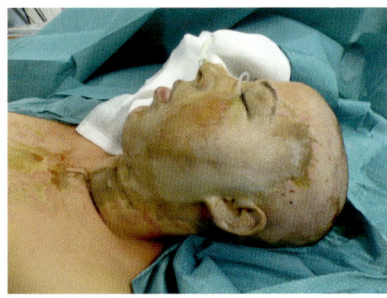

4 In der Reha in der Moritz Klinik: Die Narben sind entzündet und wachsen hoch, meine Mimik ist verzerrt.

5 Man sieht, wie schlimm mein Ohr von der Säure getroffen wurde.

6 Auf der Intensivstation 71 von Professor Peter M. Vogt in der Medizinischen Hochschule Hannover. Komplett betäubt.

7 Auf dem OP-Tisch. Kurz vorher wurden mir meine schönen roten Haare abrasiert.

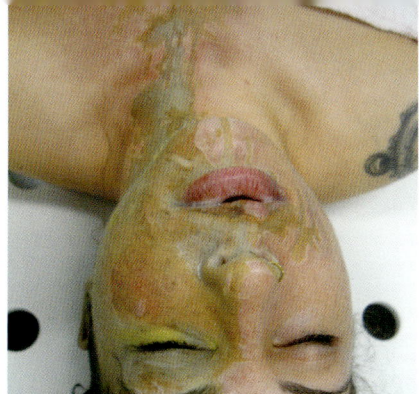

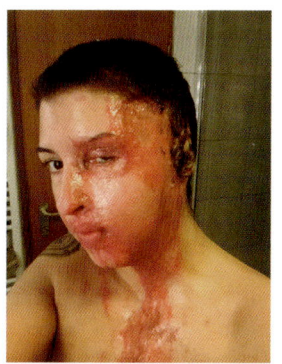

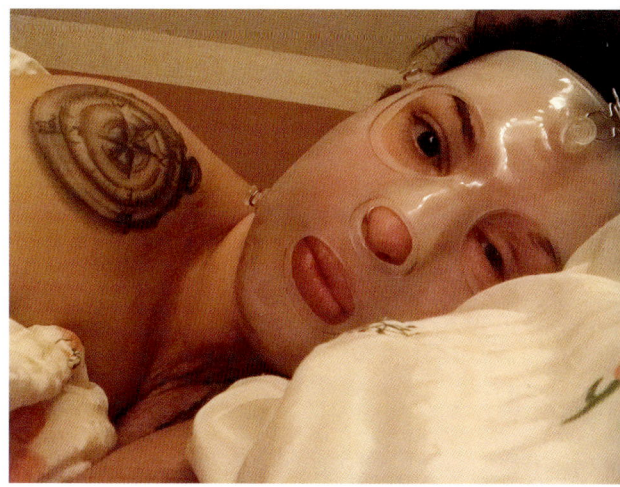

8 15. Februar 2016: gegen fünf Uhr morgens in der Medizinischen Hochschule Hannover. Die Säure wirkt, und meine Haut beginnt abzusterben.

9 Nachdenklich mit Kompressionsmaske – warum musste mir das passieren?

10 Trinkversuche mit Kompressionsmaske.

11 Ende März 2016: Ich bin zu Hause bei meiner Mutter, mein Ohr stirbt ab, meine Narben spannen.

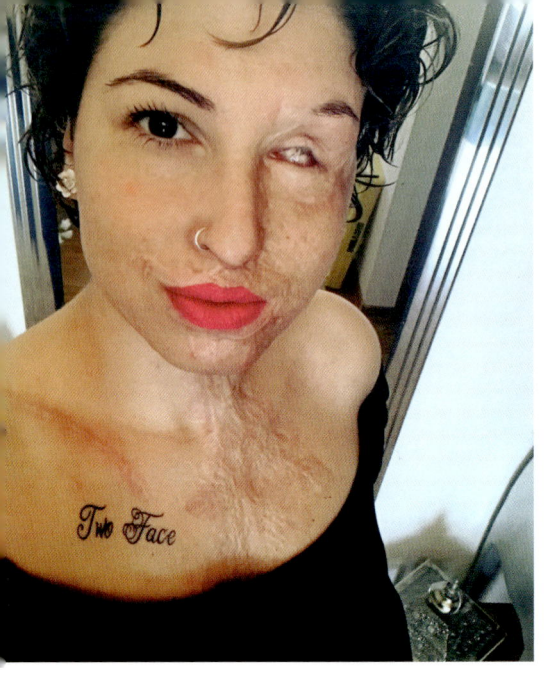

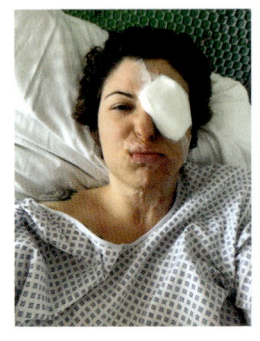

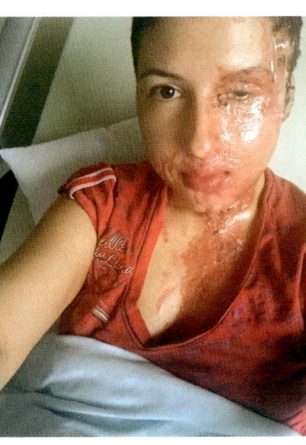

12 In der Medizinischen Hochschule. Ich bin abgemagert und habe wenig Kraft.

13 Nach meiner Augen-OP am 2. Juni 2017 habe ich endlich keine Schmerzen mehr – eine Erlösung.

14 Auch mit Narben fühle ich mich schön.

15 Noch blicke ich unsicher in die Welt, halte mich meist unter vertrauten Menschen auf.

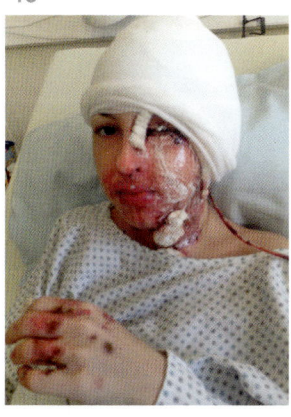

16

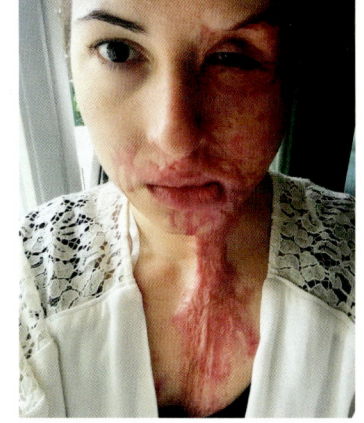

17

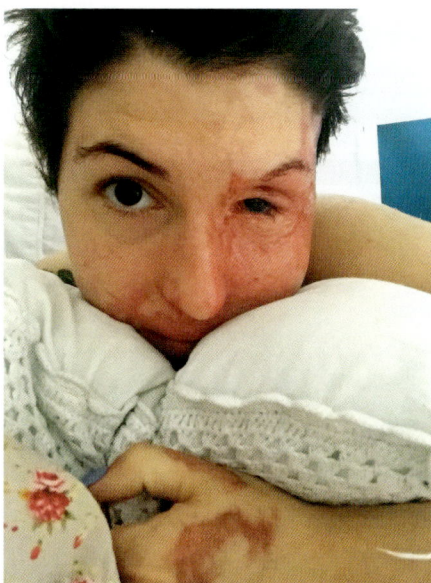

18

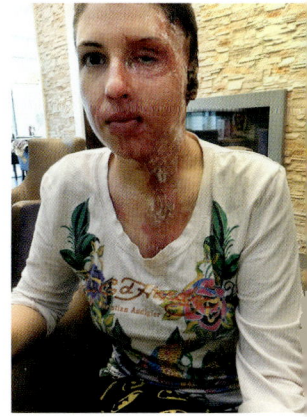

19

16 März 2016: Mein Ohr und mein Hals wurden rekonstruiert. Es war meine schlimmste Operation von rund dreißig, da halfen auch keine Schmerzmittel.

17 In der Reha-Klinik in Thüringen: In der Sonne brennen meine Narben.

18 Alles ist so rot und entzündet – wer wird sich noch für mich interessieren?

19 Im Krankenhaus-Café: Zum ersten Mal habe ich es allein dorthin geschafft, unbedingt möchte ich einen Milchkaffee trinken.

AusGezeichnet e.V.

Vanessa Münstermann

20 Fotosession mit Christian Holzknecht in Österreich, eines meiner Lieblings-
bilder. Ich muss herzhaft lachen, weil mein Freund im Hintergrund einen blö-
den Witz gemacht hat.

21 Ein sehr ausdrucksstarkes Bild – und auch ein Appell an Daniel, dass er mich
nicht vernichten konnte.

22

23

24

25

22 Auf der Pressekonferenz für unseren Verein halte ich die Flyer hoch – der Name «AusGezeichnet» ist meiner Schwester Melanie eingefallen.

23 Gründung von AusGezeichnet e.V. am 15. Februar 2017 in Hannover, links meine Schwester Melanie, rechts meine Mutter Silvia.

24 Für mich eine neue Erfahrung: vor Kameras und Mikrophonen zu sprechen – und zwar für andere Betroffene.

25 Hilfspakete, die wir vom Verein aus in alle Welt schicken.

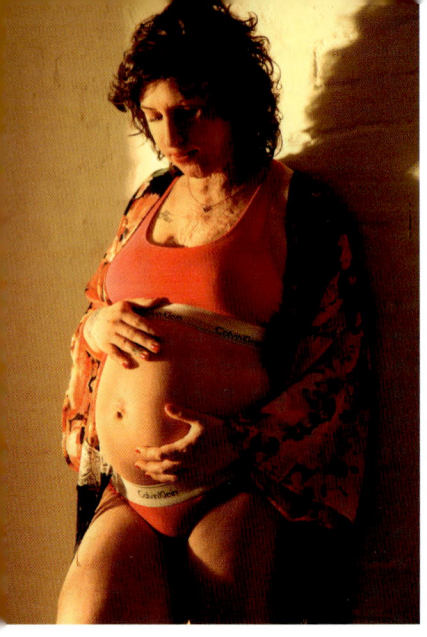

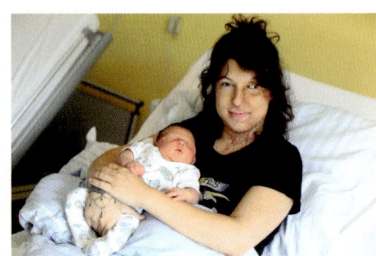

27

28

29

26 Uli Schuster fotografiert mich im achten Monat schwanger.

27 Das größte Glück für mich, weil nicht mehr damit gerechnet: Ich bin Mutter geworden. Meine kleine Prinzessin ist da. 5. Mai 2018.

28 Kino am Raschplatz in Hannover, 18. Februar 2018: Ich sage meinen vielen Helfern danke und zeige die WDR-Dokumentation von Tobias Wölki über mich: *Wenn aus Liebe Hass wird.*

29 Mediales Aufsehen: Pressekonferenz zur Vereinsgründung im Februar 2017.

unter. «Das würde mich nur belasten. Und es würde mich auch nicht weiterbringen, ich würde nur meine Zuversicht verlieren.»

«Kein dummer Gedanke», bestätigte meine innere Stimme.

Nach der Realschule hatte ich eine Ausbildung als Kosmetikerin gemacht. Auf dem Cosmetic College Hannover hatte ich gelernt, dass man die Sachen, die man gut an sich fand, hervorheben und unterstreichen sollte, sodass die weniger attraktiven Aspekte in den Hintergrund rückten. Ich entfernte mein Handtuch und sah an mir herunter. Ich hatte einen tollen Po, kein Zweifel, schöne Beine, auch da musste ich mich nicht verstecken, und meine Füße konnte ich nur als traumhaft bezeichnen. Dann wagte ich, einen weiteren Blick in mein Gesicht zu werfen. Immerhin: Meine Zähne waren strahlend weiß, ein eindeutiger Pluspunkt für mich. Und wie stand es um meine Narben? Eines Tages würde ich sie noch lieben, sprach ich mir selbst Mut zu. Fortan gehörten sie zu mir und zu niemand anderem. Sie zeichneten mich aus, unterschieden mich von anderen. Das wollte ich nicht einfach ignorieren, sondern bewusst für mich nutzen. Doch allein im Schutz des Kellers, mit dem Wissen, dass Herr Braunschweig nicht weit entfernt war, sagte sich so etwas sicher leichter als draußen auf der Straße. Es würde einige Arbeit bedeuten, die mitleidigen Blicke der anderen auszuhalten, ob nun die meiner Freunde oder die von Passanten.

Aber was war eigentlich mit meinen Haaren passiert? Da auch sie von der Schwefelsäure in Mitleidenschaft gezogen worden waren, hatte man sie mir abgeschnitten. Meine knallrot gefärbte Mähne, die mir lang über die Schultern gefallen war und mit der ich wie eine Femme fatale hatte wirken wollen, war einem braven, kurz geschorenen Jungenschnitt gewichen. Ich verwuschelte sie, damit es ein wenig wilder wirkte. Meine Schwester hatte meine neue Haarlänge bei einem ihrer Besuche einmal angesprochen und gemeint, die neue Frisur stünde mir gut. Ich hatte nicht weiter darauf reagiert, wie sollte ich auch, wenn ich nicht in den Spiegel blicken durfte? Jetzt hatte ich allerdings den Verdacht, sie hatte das nur gesagt, um meine Stimmung zu heben.

«Sie müssen sich nicht verstecken», meinte Herr Braunschweig, der leise neben mich getreten war.

«Na ja», erwiderte ich. «Mein Anblick ist schon sehr gewöhnungsbedürftig.»

«Kommen Sie, wir setzen uns noch ein wenig hin», schlug er vor. «Der Pfleger, der Sie wieder aufs Zimmer bringt, ist noch nicht da. Sie sind dieses Mal sehr früh aus der Wanne gestiegen.»

«Ich musste mich endlich mal sehen», erklärte ich.

«Verstehe», nickte er. Einen Moment lang schwiegen wir beide. «Haben Sie einen Plan?», wollte er dann wissen.

«Meinen schönen Körperteilen besondere Aufmerksamkeit schenken und sie pflegen», sagte ich. «Viel eincremen, mir die Zähne besonders ordentlich putzen, jeden Tag neuen Nagellack auflegen. Kurz gesagt, meine weibliche Seite erhalten, damit ich mich nicht wie ein Neutrum fühle. Wenn ich das tue, kann ich bestimmt Stück für Stück meine Seele flicken.»

«Sie mögen vieles sein, aber ganz sicher kein Neutrum.» Herr Braunschweig lächelte mich mit seinem freundlichen, herzlichen Lächeln an.

In diesem Moment kam der Pfleger, um mich wieder auf mein Stationszimmer zu bringen. Herr Braunschweig half mir ins Bett, da ich immer noch sehr kraftlos war, wenn auch nicht mehr so schwach wie auf der Intensivstation. Bis heute habe ich meine frühere Stärke nicht wiedererlangt, leide unter Kreislaufproblemen und fühle mich oft schlapp. Liebevoll deckte Herr Braunschweig mich zu. Ich konnte mir richtig gut vorstellen, dass er so auch seine Kinder zu Bett gebracht hatte. Er hatte mir das ein oder andere von ihnen erzählt. Weil er Schoko-Keksriegel liebte, versuchte ich immer, welche für ihn zu besorgen. Ich war unendlich dankbar, dass er so viel für mich tat. Er war ohne Zweifel derjenige, der mir als Erster das Gefühl gab, dass alles wieder gut werden könnte.

Zurück auf meinem Zimmer, drehte sich mein Gedankenkarussell weiter. Nach meinem Realschulabschluss hatte ich zuerst nicht genau gewusst, was ich machen sollte. Ich besuchte eine Wirtschaftsschule, um mir noch ein wenig Zeit zu verschaffen. Klar war mir nur, dass ich anderen Menschen etwas Gutes tun wollte. Ich dachte an Verkäuferin, Friseurin oder Kosmetikerin, alles gute Grundlagen, um sich später einmal selbständig machen zu können. Und das wollte ich unbedingt, etwas eigenständig managen. Ich absolvierte während der Ferien verschiedene Praktika, im Supermarkt, im Bekleidungsgeschäft, in der Zoo-Fachhandlung, beim Friseur, wobei ich merkte, dass mir die Beauty-Schiene besonders lag. Ich mochte es, Frauen wie Männer zu verschönern und zu verwöhnen. Was das anging, hatte mich anscheinend meine Großmutter väterlicherseits geprägt, die sich bis ins hohe Alter zurechtgemacht hatte; Nachlässigkeiten am eigenen Körper fanden bei ihr keine

Gnade. Schon als Kind verriet sie mir Beautytipps. In ihrem Schlafzimmer stand direkt neben ihrem Bett eine Badewanne, und überall waren Make-up- sowie Pflegeprodukte zu entdecken. Ich fand sie wunderschön mit ihrem weißen, lockigen Haar, das sie zu einem Dutt hochsteckte. Nie durfte eine hübsche Spange im Haar fehlen. Bis heute kopiere ich hin und wieder diese Frisur, zu der reichlich Haarspray gehört. Als ich sieben war, erzählte sie mir, dass sie immer mit einem Kissen zwischen ihren Brüsten schlafe. Natürlich wollte ich wissen, warum sie das tat, und sie erklärte, so würde man Falten im Dekolleté verhindern. «Und das reicht aus?», hakte ich nach. «Nein», lachte sie und verriet mir, dass es noch weitere Tricks gab, so kreise sie zum Beispiel jeden Morgen mit einer Bürste um jede Brust, um so die Haut zu straffen. Voller Bewunderung sah ich zu ihr auf. Wenn sie einen Raum betrat, hatte sie eine Ausstrahlung, die einfach umwerfend war. Eine solche Oma, wie sie es war, wollte ich auch werden. Dass sie mich bei der Berufswahl beeinflusst hat, steht außer Frage.

Kosmetikerin wurde dann mein Traumberuf, doch weil ich keinen festen Job fand, aber ein bestimmtes monatliches Einkommen für eine eigene Wohnung brauchte, wechselte ich zur Bank. Da ich gut mit Zahlen umgehen konnte, war das eine naheliegende Option, in der Wirtschaftsschule hatte ich im Fach Rechnungswesen und Kontoführung eine Eins gehabt.

Während meiner Ausbildung zur Kosmetikerin hatte ich eine Vorstellung von Schönheit entwickelt, die ich mit vielen anderen vor allem jungen Leuten teilte. Schöne Menschen waren in meinen Augen glücklicher und erfolgreicher. War ich nicht schön, war ich nichts wert. Auf diesem weit verbreiteten Weltbild fußten meine Minderwertigkeitskomplexe, die wiederum der Auslöser einer Depression waren, auf die ich zusteuerte. Als Kosmetikerin war ich stets umgeben von den neuesten Styling-Trends, musste immer auf dem Laufenden sein, stets zurechtgemacht zur Arbeit erscheinen. Was bei meiner Großmutter so leichtfüßig rübergekommen war, wurde zur Herausforderung. Ich hatte mal blonde, mal schwarze, mal rote Haare, kein modisches Must war vor mir sicher. Ich klebte mir künstliche Wimpern an und jobbte nebenberuflich in einem Studio für Wimpernverlängerung, wo ich auch bei anderen Frauen den Augenaufschlag gekonnter wirken ließ, indem ich bei ihnen künstliche Einzelwimpern zwischen den eigenen anbrachte. Mein Tag war von Äußerlichkeiten bestimmt, es wurde zu einem ständigen Wettlauf und Kampf, schöner zu sein als die anderen. Meine Wimpern wurden länger und bunter, mein Haar konnte nicht rot und wild genug sein, mein Make-up kleisterte jegliche Mimik zu. Zum Schluss erkannte ich mich selbst nicht wieder. Ich fing an, Mahlzeiten auszulassen, um dünner zu werden. Der tägliche Gang auf die Waage war unvermeidlich geworden, und hatte ich zugenommen, nagte das zusätzliche Gewicht an meinem Selbstbewusstsein.

«Das Attentat hat dich aus diesem Teufelskreislauf erlöst», gab mir meine innere Stimme zu verstehen. «Auf brutale Weise, keine Frage, das hätte nicht so sein müssen, aber ab heute darfst du hässlich sein.»

«Ich darf hässlich sein?», fragte ich nach. Darüber hatte ich noch nicht nachgedacht. Eine ungewohnte Perspektive, aber auch eine, die eine ungemeine Entlastung in sich trug. Warum eigentlich nicht?

«Aber ich habe es immer geliebt, mich zu schminken», warf ich ein.

«Darauf würde ich an deiner Stelle auch nicht verzichten», verkündete meine innere Stimme. «Sieh es doch mal so: Schmink deine unberührte Seite, etwa deine Lippen, aber lass die versengte Gesichtshälfte ungeschminkt. Sie ist genauso attraktiv wie deine normale Seite. Das musst du nur begreifen. Die schöne, begehrenswerte Vanessa ist gestorben. Was auch gut ist, denn sie hat dir nicht das erfolgreiche Leben ermöglicht, das du dir erhofft hast. Was das angeht, hast du völlig falsch gelegen. Reinste Manipulation. Du brauchst auch niemandem mehr vorzuspielen, dass du glücklich bist, nur weil du hübsch bist. Du bist ab jetzt glücklich, weil du es willst, aus keinem anderen Grund.»

Es schien so einfach, doch tief im Innern ahnte ich, dass mir ein langer Weg bevorstand, ein stetiges Auf und Ab, abhängig davon, wie meine Regeneration voranschritt. Niemand hatte mich darauf vorbereitet, am wenigsten ich selbst. Doch ich konnte nicht davon ausgehen, dass irgendetwas blieb, wie es gewesen war. Das hatte ich selbst als schöne Vanessa nicht erlebt, und es hatte mir durchaus erhebliche Schwierigkeiten bereitet.

Es klopfte, und meine Mutter trat ein. Ich schaute sie genau an. Sie war wirklich schön mit ihren dunkelbraunen, mittellangen Haaren, die sie inzwischen wieder glatt trug. Ihre dunkelbraunen Augen wurden von einer schicken Brille betont, ich liebte es, wenn sie im Sonnenlicht grün zu schimmern begannen.

«Du hast dich gesehen», sagte sie, als sie Platz genommen hatte. Es war keine Frage gewesen. «Ich kann es in deinem Gesicht lesen.»

Ich nickte. «Ich muss jetzt mit dieser Vanessa leben, die mir noch so fremd ist.»

«Du wirst es schaffen. Und wir sind bei dir», versprach sie.

«Aber es geht nicht nur um mein Gesicht, es geht um meine gesamte Existenz.» In den vergangenen Tagen hatte ich zusammen mit meinen Eltern weitreichende Entscheidungen getroffen. Auch wenn ich Krankengeld bekam, so konnte ich davon auf Dauer weder meine Wohnung noch mein Auto finanzieren, zumal es sowieso fraglich war, wann und ob ich überhaupt jemals wieder einer beruflichen Tätigkeit würde nachgehen können. Eine Reihe von Operationen standen mir bevor, hatte mir Professor Vogt erklärt, danach sollte ich zur Reha, all das konnte sich Ewigkeiten hinziehen. Angesichts dieser Unwägbarkeiten hatten wir uns dazu entschlossen, meine Wohnung zu kündigen und mein Auto zu verkaufen.

«Wo gehöre ich überhaupt noch hin? Alles, mit dem ich verbunden war, existiert nicht mehr. Wo bin ich denn jetzt noch zu Hause? Meine heile Welt gibt es nicht mehr.»

«Doch», widersprach meine Mutter. «Wenn du aus dem Krankenhaus entlassen wirst, räume ich mein Esszimmer, das wird dann dein Zimmer, in dem du wieder zu dir selbst finden kannst.»

Ja, darum ging es. Ich musste mich als Person erst einmal richtig kennenlernen. Aber im Esszimmer meiner Mutter?

9

REHA – DIE WELT DER KRANKEN UND DIE WELT DER GESUNDEN

April/Mai 2016

Die Angst war groß. Ich sollte aus dem Krankenhaus entlassen werden, doch bis die Reha anfing, würde ich noch zwei Wochen bei meiner Mutter wohnen müssen. Es hatte sich keine Möglichkeit ergeben, die Reha-Maßnahme direkt anzuschließen. Ich sollte ja nicht in irgendeiner Klinik untergebracht werden, sie musste auf Brandverletzungen spezialisiert sein. Und einen solchen Schwerpunkt hatte die Moritz Klinik in Bad Klosterlausnitz in Thüringen, darüber hinaus genoss sie einen ausgezeichneten Ruf. Meine Ärzte hielten einen Aufenthalt dort für sinnvoll, bemühten sich um einen Platz, den ich auch bekam – nur hatte ich eben einen halben Monat zu überbrücken. Und zwar da draußen in der normalen Welt. Bei dem Gedanken daran ging mir der Allerwerteste gehörig auf Grundeis.

Im Krankenhaus waren – bis auf das Personal – nur kranke Menschen. Jeder hatte sein eigenes Schicksal, seine eigenen Schmerzen, sein eigenes Päckchen zu tragen. Da war ich mit meinen Verbrennungen nicht weiter aufgefallen, ich war eine von vielen Patientinnen und Patienten. Doch wie würden die Menschen auf mich reagieren, die ganz normal ihr Leben lebten, die nichts Vergleichbares erlebt hatten, die Menschen auf der Straße, die an mir vorbeigingen? Und, was mich als junge Frau brennend interessierte: Würde ich mich jemals wieder mit einem jungen Mann treffen, mit jemandem flirten? Würde mich je wieder ein Mann begehren? Ich war nicht mehr die hübsche Vanessa, ich war die Vanessa, die eine hübsche Gesichtshälfte hatte, aber auch eine, durch die ich gezeichnet war. Und ganz nebenbei war ich noch eine Frau, die kein Auto, keine eigene Wohnung und auch keine Arbeit mehr hatte.

Wer war ich? Wie würden mich die anderen sehen? Wie wollte ich, dass sie mich sahen? Letztlich war ich eine Frau, die nichts weiter besaß als einen Koffer mit ein paar Habseligkeiten, noch dazu äußerlich versehrt. Meine vorherige Existenz, das wurde mir immer bewusster, hatte sich komplett in Luft aufgelöst. Lange Zeit hatten meine Eltern sich gesorgt, dass ich mir das Leben nehmen würde.

Insbesondere mein Vater hatte befürchtet, ich könnte ihm eines Tages vorwerfen: «Warum habt ihr mich nicht sterben lassen?»

Ich hatte ihm daraufhin geantwortet: «Hast du mich so erzogen? Nein. Du hast mich erzogen, niemals aufzugeben.»

Dennoch hatten sie mit einer Sache recht: Mich umgab eine Art Dunkelheit, und es gelang mir nicht so recht, Licht in dieses Dunkel zu bringen. Der Grund dafür war mein Gesicht, das unübersehbar im Vordergrund stand. Daran änderten weder die Willkommensflaggen im umgebauten Esszimmer meiner Mutter etwas noch das selbstgebastelte Spruchband, auf dem in großen Buchstaben stand: «Schön, dass du wieder zu Hause bist!» Denn das Zimmer, das man für mich eingerichtet hatte, war nicht mein Zuhause. Das alles fühlte sich nicht wie ein Ankommen an, es war nichts anderes als eine Übergangslösung. Meine Eltern konnten mir zwar Geborgenheit spenden, und das war schon sehr viel, aber mir fehlten meine eigenen vier Wände. Die hatte ich mir einmal selbst eingerichtet, in einer anderen Zeit, doch die war nun verloren. Besagtes Esszimmer lag im hinteren Bereich der Wohnung, die meine Mutter gemeinsam mit meinem Stiefvater bewohnte. Hier konnte ich im Endeffekt nichts anderes tun, als es tagsüber zu verlassen und mich woanders aufzuhalten, um mich dann abends, nach meiner Rückkehr, ins Bett zu legen und zu schlafen. Es war kein Ort, von dem aus man aufbrechen, an dem man Pläne schmieden und sein eigenes Leben leben konnte. Und schon gar nicht konnte man dort ein neues Leben finden, weil es gar nicht erst möglich war, auf die Suche zu gehen.

Jeden Tag wünschte ich mir mehr, dass endlich die Reha beginnen möge. Ich sehnte mich danach, wieder unter Menschen zu kommen, die auch ein Leiden hatten, die womöglich auch so gezeichnet waren wie ich und mit denen ich meine Gedanken teilen konnte. Letztlich waren diese vierzehn Tage im Esszimmer meiner Mutter viel schlimmer als die Zeit im Krankenhaus, sogar schlimmer als der erste Blick in den Spiegel unten im Keller bei Herrn Braunschweig.

Dabei war ich nicht einmal irgendwelchen Kommentaren wildfremder Leute ausgesetzt. In die Innenstadt von Hannover ging ich sowieso nicht, meist hielt ich mich dort auf, wo jeder mich kannte, ob nun an der Tankstelle meiner Mutter und meines Stiefvaters oder im Clubheim des TB Stöcken, wo mein Vater inzwischen die Geschäftsführung übernommen hatte. Keiner fragte mich: «Was ist dir denn passiert?» Es war, als wäre nie etwas geschehen, als wäre mein Leben nie auf den Kopf gestellt worden. Nur Fremde, bei denen konnte ich beobachten, wie sie sich verstohlen mit dem Ellbogen anstießen, mich anstarrten und einander zuraunten: «Mensch, guck mal!» Für sie war ich so etwas wie eine Attraktion, etwas, das sie so noch nie zuvor gesehen hatten, höchstens im Fernsehen, wenn von muslimischen Frauen in Indien, Pakistan, Bangladesch oder Uganda berichtet wurde, die Ähnliches erlebt hatten wie ich. In diesen Ländern stellt ein Säureattentat eine Art der «Bestrafung» dar. Dort kommt es gar nicht mal so selten vor, dass Männer, wenn ihre Frauen sie verlassen, diese aus tief gekränkter Eitelkeit mit ätzenden Chemikalien überschütten. Manche Täter attackieren Frauen auf diese Weise, weil ihr Heiratsantrag ausgeschlagen wurde, aufgrund eines Untreueverdachts oder wegen einer zu geringen Mitgift. Jährlich fallen, so die Hilfsorganisation Acid Survivors Trust International (ASTI), die sich um Säureopfer kümmert, weltweit mindestens 1500 Menschen einem derart heimtückischen Angriff zum Opfer, der weit überwiegende Teil sind Frauen. Man geht bei ASTI allerdings von einer Dunkelziffer aus, die mindestens doppelt so hoch ist. So würden allein in Indien schätzungsweise tausend Frauen pro Jahr mit Säure verunglimpft und entwürdigt. Und als wäre das nicht schlimm genug, hat die Frauenrechtsorganisation Terre des Femmes nachgewiesen, dass neun von zehn Säureattentätern nicht vor Gericht kommen.

Die mit Säure überschütteten Frauen sollen aber nicht getötet werden, nein, mindestens genauso entsetzlich, sie sollen lebenslang entstellt und gebrandmarkt sowie unattraktiv für andere Männer werden. Nie wieder sollen die so Gezeichneten einen Mann finden. Kaltblütige Rache kann man das auch nennen. Nichts anders dachte wohl auch Daniel, als er sich entschied, mich mit Säure zu «bestrafen».

Es war unangenehm, angestiert zu werden, es kam mir jedes Mal wie eine Provokation vor. Diejenigen, die schauten, sahen ja nicht so aus wie ich. Sie hatten nicht diesen Makel. Genauso wenig mochte ich es, wenn hinter meinem Rücken geflüstert wurde oder Mütter zu ihren Kindern, die mich mit offenen Mündern anstarrten, gar nicht mal so leise sagten: «Guck da nicht so hin!» Sicher, die Mütter wollten mich nicht ausgrenzen, eher kam es mir so vor, als würden sie ihre Kinder vor meinem Anblick schützen wollen, so wie kleine Kinder auch keine Gruselfilme anschauen dürfen. Dennoch bekam ich dadurch eine leise Ahnung, wie sich Behinderte fühlen mochten: ausgegrenzt aus der Gesellschaft. Dabei gehörten sie ihr an wie alle anderen Menschen, nicht mehr und nicht weniger. Man schützt niemanden, indem man wegsieht und ihn dadurch ein Stück weit verleugnet. Wegsehen ist nichts anderes als ausgrenzen. Und niemand möchte ausgegrenzt werden. Plötzlich hatte ich das Gefühl, von Vorurteilen umzingelt zu sein. Ich wollte dann nur noch laut schreien, die geballten Fäuste in die Luft gereckt: «Seht mich an!» Ich stellte mir dann vor, wie es Menschen ergehen musste, die psychisch stärker verwundet waren als ich, die nicht so gut oder gar nicht kämpfen konnten – es war keine schöne Vorstellung.

Schließlich wollte ich nur noch weg aus Hannover. Doch sosehr ich die Reha herbeisehnte, so sehr fürchtete ich mich auch vor ihr. Bislang hatte ich mir das nicht eingestehen wollen, aber zum ersten Mal würde ich nach der Tat auf mich allein gestellt sein. Niemand würde mich dort beschützen können, Familie und Freunde, mit denen ich in den vergangenen Tagen immer hatte reden können, wenn ich das Bedürfnis danach verspürte, würden weit weg sein. Bad Klosterlausnitz und Hannover trennten gut drei Autostunden. Ich überlegte: Wie werde ich reagieren, wenn meine vertraute Umgebung wegfällt und ich allein bin? Wenn ich nachts nicht zu meiner Mutter gehen kann, falls ich Albträume habe? Das war zwar bislang nicht vorgekommen, vielleicht aber auch nur deshalb nicht, weil ich sie immer in meiner Nähe gewusst hatte. Und auch Yağmur würde ich nicht einfach anrufen können, damit sie mal eben schnell zu mir kam. Wieder würde ich mit einer Situation konfrontiert sein, die ich nicht kannte. Es war nicht von der Hand zu weisen, dass ich mir dann womöglich selbst noch fremder vorkommen würde, als das ohnehin schon der Fall war. In sehr kurzer Zeit hatte ich eine extreme Erfahrung nach der anderen gemacht, von der Tat über das Aufwachen aus dem Koma bis hin zur provisorischen Wohnsituation bei meiner Mutter. Und alle um mich herum hatten den innigen Wunsch, dass ich nicht aufgab und alles meisterte.

Schließlich kam der Tag, an dem ich mich in der Moritz Klinik zu melden hatte: der 21. April 2016, gut zwei Monate nach dem Anschlag. Zusammen mit meinem Vater machte ich mich auf den Weg. Er wollte noch eine Nacht in Bad Klosterlausnitz bleiben, sehen, wie es mir in der neuen Umgebung erging, und dann wieder zurückfahren.

«Schaffst du das?», fragte er mich während der Autofahrt.

«Ich habe das andere geschafft», antwortete ich. «Dann werde ich auch diesen neuen Abschnitt schaffen.»

Er nickte. «Deine Mutter und ich kommen dich besuchen. Versprochen.»

Die Klinik war eine von fünf «Gräflichen Kliniken» der Familie von Oeynhausen-Sierstorpff, gelegen im Thüringer Holzland, sehr modern, mit vielen Fensterfronten und einer Menge Grün drum herum, darunter Palmen, die ich in Thüringen nicht unbedingt vermutet hätte. Mein Zimmer war groß und hell, es unterschied sich kaum von einem Hotelzimmer. Ein gemütliches Bett, grüne Vorhänge, eine kleine Sitzecke, ebenfalls in einem Grünton gepolstert, ein Schreibtisch mit Stuhl. Hier sollte ich mindestens acht Wochen verbringen, und diese Wochen wollte ich nutzen, um weiter über Daniel und meine Beziehung zu ihm nachzudenken, denn da gab es noch so einiges, über das ich mir klarwerden musste. Kurz vor der Abreise hatte ich mir noch ein dickes Tagebuch gekauft, eingebunden in braunes Leder, zu verschnüren mit Bändern, das Papier cremeweiß. Es passte perfekt zu den Farbtönen im Zimmer. Ich holte es als Allererstes aus meinem Gepäck, legte es auf den Schreibtisch, strich mit der Hand über seine weiche Oberfläche und dachte: Nun bin ich wieder unter Kranken.

Am nächsten Morgen hatte ich meinen ersten Termin, zu dem mein Vater mich noch begleiten wollte, bevor er sich wieder auf den Weg nach Hannover machte. Eine Ärztin bat mich in ihr Sprechzimmer, auch hier herrschten bei den Möbeln wieder hauptsächlich Naturmaterialien vor. Dr. Holtkamp war Mitte vierzig, die aschblonden, halblangen Haare waren durch einen strengen Mittelscheitel geteilt, ihre blauen Augen blickten durch eine helle Schildplattbrille. Freundlich bat sie uns, Platz zu nehmen. Sie wusste, wer ich war, und hatte sich vor dem Gespräch offensichtlich meine Krankenakte gründlich angesehen. Sie studierte nun eingehend meine Verletzungen und erstellte danach einen Therapieplan für mich. Anschließend wandte sie sich an meinen Vater: «Herr Münstermann, jetzt möchte ich Sie bitten, das Zimmer zu verlassen, ich möchte mit Ihrer Tochter unter vier Augen sprechen.» Mein Vater nickte, erhob sich von seinem Stuhl, meinte aber noch, dass er draußen auf mich warten würde.

Warum hatte die Ärztin meinen Vater rausgeschickt?, überlegte ich. Doch bevor ich weiter darüber nachdenken konnte, sagte Dr. Holtkamp: «Ich habe gespürt, dass Sie stark sein wollen. Das brauchen Sie hier aber nicht zu sein. Lassen Sie sich einfach fallen, Sie dürfen hier auch weinen.»

Was war das denn jetzt? Bislang hatte niemand mit mir in dieser Form gesprochen. Sicher, sie wollte mir Mut machen, aber so? «Ich weine nicht», erwiderte ich. «Das habe ich in der Klinik in Hannover nächtelang getan. Jetzt ist es eher so, dass ich mich freue, in der Reha zu sein. Für mich ist das wieder ein Schritt nach vorne. Ich will vorwärtskommen. Ich will mit anderen Brandverletzten in Kontakt kommen, will von ihnen erfahren, wie sie ihr Leben meistern, damit ich von ihnen lernen kann.»

Die Ärztin schaute mich nachsichtig an, als wäre ich nicht in der Lage zu beurteilen, was ich da von mir gab. «Glauben Sie mir, niemand kann das, was Ihnen widerfahren ist, so einfach wegstecken, auch Sie nicht. Es ist verständlich, dass Sie das so formulieren, aber das ist ein Selbstschutz. Sie befinden sich noch immer im Schockzustand.» Dr. Holtkamp strich sich ihre Haare hinter die Ohren, als würde sie ihren Worten mit dieser Geste mehr Nachdruck verleihen wollen.

Ich widersprach: «Nein, ich stehe nicht unter Schock. Ich verstecke mich auch nicht hinter einer Maske, falls Sie das vermuten sollten.» Es war deutlich zu spüren, dass die Ärztin mir eine bestimmte Rolle zugewiesen hatte, nämlich die des Opfers. Und genau in diese Rolle wollte ich mich nicht drängen lassen, ich musste aus ihr ausbrechen, bevor mir alle in dieser Klinik einen derartigen Stempel verpassten und mich entsprechend behandelten. «Ich will keineswegs behaupten, dass ich die stärkste Person auf der Welt bin, aber wenn Sie mich in eine bestimmte Schublade packen – wie soll ich mich da selbst finden? Meiner Meinung nach würde mich das nur blockieren.» Ich hatte mir für den Aufenthalt in der Moritz Klinik vorgenommen, ehrlich zu mir selbst zu sein. Nur so würde ich noch deutlicher erkennen können, was mich dazu gebracht hatte, mich an einen Menschen wie Daniel zu binden.

Unbeeindruckt von meiner Sichtweise auf mich selbst ließ die Ärztin keine Abweichung von ihrem Skript zu: «Teil Ihres Therapieplans mit Bädern und solcherlei Dingen ist eine therapeutische Begleitung, außerdem verschreibe ich Ihnen Antidepressiva.»

Im ersten Moment war ich sprachlos, dann sagte ich: «Ich will keine Psychotherapie. Und ich will auch keine Pillen schlucken.»

«Sie werden trotzdem beides brauchen. Ein traumatisches Erlebnis wie das Ihrige macht sich in seinen Auswirkungen nicht unbedingt sofort bemerkbar. Es kann Sie auch erst später überrumpeln, wenn Sie überhaupt nicht damit rechnen, das werden Sie noch feststellen. Deshalb ist es wichtig, dass Sie eine Therapie machen, damit es langfristig nicht zu einer psychischen Störung kommt. Sie sind momentan zu schwach, um das beurteilen zu können. Sie tragen noch schwer an der Belastung.»

Ich befand mich tatsächlich in einer schwächeren

Position, denn gegen eine vorgefasste Meinung konnte ich kaum angehen. Was auch immer ich zu meiner Verteidigung vorbringen würde, Dr. Holtkamp würde mich nicht ernst nehmen. Trotzdem wollte ich nicht kampflos aufgeben. «Vielleicht haben Sie recht, vielleicht werde ich eines Tages erleben, wie ich auf dem Bett liege und die Decke über mir zusammenbricht. Doch selbst wenn ich erst in zehn Jahren zu Boden fallen sollte, werde ich mich eben wieder aufrappeln und mich dann mit diesem Zusammenbruch auseinandersetzen. Und was heißt es für Sie überhaupt, schwach zu sein? Ist es Schwäche, wenn man im Krankenhaus die Nächte durchweint? Das Weinen kann etwas Gutes sein und einem bei der Selbstfindung helfen.»

Die Lippen von Dr. Holtkamp wurden schmaler und schmaler, sie presste sie aufeinander. «Es bleibt Ihnen keine Wahl», bemerkte sie trocken. «Wenn Sie vor Gericht erscheinen wollen, brauchen Sie ein psychologisches Gutachten, in dem steht, dass Sie das Verfahren ohne größere gesundheitliche Schäden überstehen können.»

Dagegen kam keines meiner Argumente an, denn ich wollte dem Prozess gegen Daniel beiwohnen. Noch hatte man keinen Termin anberaumt, doch lange konnte es nicht mehr dauern. Es war inzwischen zwei Monate lang zu dem Sachverhalt ermittelt worden, die Beweise waren gesammelt, das Verfahren hätte längst eröffnet werden können. Doch man wollte damit warten, bis ich wieder einigermaßen stabil war. Ich kam also um die Psychotherapie nicht herum, trotzdem konnte ich nicht nachvollziehen, warum die Ärztin mich nicht darin unterstützte, mich gegen die Opferrolle zu sträuben. Und Dr. Holtkamp war beileibe nicht die Einzige, die mich als Traumaopfer einstufte. Ich wollte aber kein Opfer sein. Mochte die Presse auch schnell mit diesem Wort zur Hand sein, hieß das noch lange nicht, dass man mich in meinem näheren Umfeld als ein solches ansah. Mehr oder weniger freiwillig gab ich am Ende unseres Vieraugengesprächs mein Einverständnis für die Therapie. Damit war ich entlassen.

Mein Vater und ich aßen noch zusammen Mittag. Natürlich wollte er wissen, was die Ärztin gesagt hatte, was nicht für seine Ohren bestimmt gewesen war. Ich winkte nur müde ab und sagte, es sei nicht so wichtig gewesen. Nach dem Essen umarmten wir uns lange, schweigend standen wir vor dem Eingang der Klinik, bis wir uns vorsichtig voneinander lösten. Ich blickte ihm und seinem Auto nach, selbst als ich es längst nicht mehr sehen konnte. Hier verharrte ich nun, eine entstellte junge Frau.

Schnell lernte ich andere Reha-Patienten kennen, denn hier wurde ich alle naselang gefragt, was mir passiert sei. Alle waren offen und gingen aufeinander zu, schon nach wenigen Tagen hatte ich das Gefühl, seit Ewigkeiten diesem Club anzugehören, dem Club der Kranken. Nichts war ein Tabu, jeder hatte eine Verletzung aufzuweisen, ganz gleich, ob sie neurologischer, orthopädischer oder säuretechnischer Art war. Und die jeweilige Verletzung war die Basis für ein gemeinsames Interesse. Aus den Schicksalen der jeweils anderen versuchten wir Mut für das eigene Leben zu schöpfen. Gruppen fanden sich zusammen, gemeinsam wurde gefrühstückt, abends spazierten wir durch den nahegelegenen Kurpark oder saßen im Biergarten beisammen, bis wir um 22:00 Uhr wieder in der Klinik sein mussten, denn dann wurden die Eingänge abgeschlossen. Wir unternahmen auch einen Ausflug ins Nachbardorf, wo ich mir zum ersten Mal nach der Tat wieder Schmuck kaufte. Ein bisschen war es so, als wären wir auf Klassenfahrt.

Einige der Patienten dort waren allerdings sehr verbittert. Sie waren der Ansicht, es gäbe eine Welt der Gesunden und eine Welt der Kranken. Die Gesunden hätten keine Bürde zu tragen, einzig sie, die Kranken, wären im wahrsten Sinne des Wortes Leidtragende. Über die «normalen» Menschen äußerten sie sich nur abfällig. Ich fand das ausgesprochen faszinierend und merkte anfangs gar nicht, dass ich damit eine Haltung einnahm, die ich an Frau Dr. Holtkamp bemängelt hatte. Ich war in ein Schubladendenken verfallen. Erst als meine Eltern mich besuchten, kam ich ins Nachdenken. Nachdem sie sich meine leidenschaftlich vorgetragene Predigt über die zwei Welten angehört hatten, nahmen sie mich beiseite: «Vanessa, merkst du gar nicht, dass einige dieser Menschen völlig neben der Spur sind? Sie haben einen falschen Weg eingeschlagen. Ist dir nicht bewusst, was sie eigentlich sagen? Sie wollen Opfer sein, genau das, was du vehement ablehnst.» Erstaunt schaute ich meine Eltern an. Hatte ich mich gerade wie eine pubertierende Göre verhalten? Anscheinend. Es hatte meinen Vater und meine Mutter gebraucht, um mich wachzurütteln.

Ich achtete nun genauer auf das, was die Verbitterten so von sich gaben. Was erzählten sie denn nun genau? Dass die gesunden Menschen keine Rücksicht auf die Kranken nähmen, dass sie gar nicht wüssten, was wir durchmachen. Moment mal! Das stimmte nicht. Ich hatte die Erfahrung gemacht, dass die gesunde, «normale» Welt ganz toll war, dass sie dort wollten, dass man es schaffte. Keiner von ihnen wünschte sich, dass man litt. Als ich das endlich erkannt hatte und das auch zum Ausdruck brachte und begann, mit den Verbitterten darüber zu diskutieren, wurden sie wütend. Ich eckte an, passte nicht mehr in ihr Weltbild, das sie sich zurechtgezimmert hatten. Wie ignorant ich nur sein könnte, dass ich die Gesunden verteidigte!? Meine Auseinandersetzungen fruchteten nicht, sie wollten ihr Schema nicht überdenken oder gar revidieren – und mir blieb am Ende nichts anderes übrig, als mich von ihnen zu distanzieren.

Doch hatte ich mich nicht auch auf die Reha gefreut, um mit anderen Verbrennungsopfern zu reden? Die Kontaktaufnahme zu ihnen gestaltete sich allerdings als sehr schwierig. Ein Säurepatient, ein Türke, war bei einem Arbeitsunfall mit ätzenden Chemikalien in Berührung gekommen. Äußerlich hatte ich ihm nichts angesehen, die Erste Hilfe vor Ort musste ausgezeichnet gewesen sein. Aber seine Seele war so verbrannt, dass er in tiefste Depressionen gestürzt war. Immer wieder versuchte ich es, ihn in den engeren Kreis zu holen, mit dem ich die Zeit zwischen den Anwendungen verbrachte. Doch stets lehnte der Familienvater ab: «Ich komme damit nicht klar!» Damit meinte er nicht nur unsere Clique, sondern ebenso seinen Arbeitsunfall, der ihn offensichtlich stark mitgenommen hatte.

Ein anderer Patient war nahezu komplett verbrannt, einzig die Füße und das Gesicht waren unversehrt. Was ihm widerfahren war, weiß ich nicht mehr, nur dass ich mit ihm ein tolles Gespräch über unsere jeweilige Komazeit hatte. Ähnlich wie ich hatte auch er viel mitbekommen, die Bewegungen der Pflegekräfte und Ärzte, die Waschungen, die plötzliche Helligkeit, wenn das Licht anging. Und dann noch dieses Science-Fiction-Feeling. Wow! Ich war nicht allein mit meiner Komaerfahrung. Es war ein sensationelles Gefühl, jemandem zu begegnen, mit dem ich diese Erinnerungen teilen konnte.

Weiterhin gab es noch einen Engländer, der beim Grillen ins Feuer gefasst hatte. Seine Hände waren so verbrannt, dass er sie nicht mehr bewegen konnte, sie waren ein einziges hartes Etwas. Er war so um die fünfundfünfzig, hatte eine Glatze und trug eine Brille. Seine alten Nägel wuchsen aus den starren Fingern heraus, weil neue sie verdrängten, und er erlaubte es mir, sie abzupulen. Einmal Kosmetikerin, immer Kosmetikerin. Schließlich hörte ich noch von einem jungen Rumänen, einem Gitarristen. Er hatte als Einziger aus seiner Band überlebt, als sie in einer Diskothek spielten. Der Organisator der Veranstaltung hatte fatalerweise die Türen zu dem Raum abgeschlossen. Als ein Feuer ausbrach, gab es daher viele Tote. Der Gitarrist lag aber auf der Quarantänestation, weil er sich in dem Krankenhaus, in dem er zuvor behandelt worden war, mit einem Keim angesteckt hatte. Ich bekam ihn nie zu Gesicht.

So hing ich weiter mit den Patienten ab, bei denen ich sofort Anschluss gefunden hatte, die aber orthopädische oder neurologische Probleme hatten, also völlig andere als ich. Insgesamt waren wir eine Gruppe von fünf bis sieben Leuten, deren Zusammensetzung sich aber ständig änderte, weil Patienten entlassen wurden und neue sich zu uns gesellten. Diese Gruppe gab mir einen großen Halt, der verstärkt wurde durch die Fortschritte, die ich machte. Nie hätte ich es gedacht, aber es war tatsächlich möglich, Veränderungen in meinem Gesicht hervorzurufen. Durch die verschiedenen Bäder mit Molke, Cortison und Kohlendioxid wurden meine Narben weniger sichtbar, sie gingen zurück und wurden heller. Auch eine eigens für mich angefertigte Kompressionsmaske, die ich zeitweilig über mein Gesicht zog, trug zur Narbenreduzierung bei. Ich lernte, dass Narben wachsen, wenn man sie in Ruhe lässt, die Haut allerdings keinen Sinn mehr darin sieht, die Narbe als Schutz zu bilden, wenn die Haut stark durchblutet wird. Ich lernte, wie meine Haut auf Sonne reagiert und selbst Verbände zu wechseln.

Hatte ich in den letzten Wochen all meine Energie für mich gebraucht, auch für die Aufarbeitung meiner Beziehung mit Daniel, so näherte ich mich gedanklich immer häufiger dem Daniel, der jetzt im Untersuchungsgefängnis in Hannover saß, vor allem in den Nächten, in denen ich wach in meinem Bett lag. Ich hatte Schlafstörungen (und habe sie bis heute), ein innerer Druck ließ mich keine Nacht entspannt durchschlafen. Obwohl man Daniel gefasst hatte, konnte ich nicht abschalten. Noch stand der Prozess aus, und tief in mir drin machte sich nachts die Angst breit, es könnte von irgendwoher wieder jemand kommen und mir erneut Leid zufügen wollen. Die Bedrohung schien allgegenwärtig zu sein. Ich musste an Dr. Holtkamp denken und Abbitte leisten: Sollte ich dauerhaft Ablenkungen und andere Menschen um mich herum benötigen, um einigermaßen in den Schlaf zu finden, würde dies für meinen Körper eines Tages zu viel sein. Irgendwann würde er notgedrungen ausgebrannt sein. Dadurch, dass er sich permanent in einem Stand-by-Modus befand, lief er wie ein technisches Gerät Gefahr, eines Tages zu überhitzen und im schlimmsten Fall sogar (innerlich) in Brand zu geraten.

In den schlaflosen Stunden stellte ich mir Fragen über Fragen und schrieb sie auch am nächsten Tag in mein ledergebundenes Tagebuch nieder: Was war das eigentlich für eine Beziehung gewesen? Warum hatte ich die ersten Anzeichen, bei denen ich hätte stutzig werden können, einfach ignoriert? An welchem Punkt hätte ich aussteigen sollen? Was hatte ich falsch gemacht? Ich ging in Gedanken einzelne Szenen durch, wieder und wieder, blieb auch immer wieder an der Tatsache hängen, dass ich den Zweitschlüssel zu meiner Wohnung nicht zurückgefordert hatte. Ich musste zugeben, dass ich mich zu Anfang vom sozialen Hintergrund von Daniels Eltern hatte blenden lassen. Wer derart gut situiert aufwuchs, musste, so meine falsche Annahme, eine entsprechende Schulbildung haben und war ganz sicher gefeit vor psychischen Problemen. Wie naiv von mir!

Doch trotz all der Grübelei war ich immer noch nicht in der Lage, mir ein konkretes Bild von Daniel zu machen, dazu fehlten mir Informationen, und dazu fehlte mir auch die Möglichkeit, in sein Gesicht zu sehen. Je näher die Verhandlung rückte, desto mehr Fragen stellte ich mir: Würde er mich ansehen? Oder würde er meinem Blick ausweichen? Würde er das Antlitz einer Frau mit einer normalen und einer entstellten Gesichtshälfte überhaupt ertragen können? Zumal er der Verursacher war? Verspürte er Reue? Oder zerfraß ihn der Hass? Was ging in ihm vor? Und was ging eigentlich in mir vor, wenn mich solche Fragen beschäftigten?

Meine Gedanken kreisten aber noch um einen anderen Mann, und das war für mich weit überraschender.

1 Screen von einem Chat in der Reha mit meiner Freundin Yağmur Sahin – ich habe Angst, mein Leben lang alleine bleiben zu müssen, bin verwirrt, denn wie könne man mich so, wie ich aussehe, noch lieben.

2 Yağmur schreibt zurück, dass das Aussehen nicht alles ist, dass gutes Aussehen mich auch nicht glücklich gemacht hat.

3 Wenige Wochen später kann ich es nicht fassen – ein Mann berührt mich wieder.

4 Yağmur hilft weiter, mich auf meine innere Schönheit zu besinnen.

10

DER ERSTE KUSS IM
NEUEN LEBEN

Mai 2016

Sebastian und Jonas saßen mit mir auf meinem Bett. Es war nach zweiundzwanzig Uhr, wir durften nicht mehr raus, also hatten wir uns auf mein Zimmer verzogen. Die beiden jungen Männer öffneten jeweils eine Flasche Bier, die sie bei mir versteckt hatten. Ich trank keinen Alkohol, nicht nur wegen meiner Diabeteserkrankung, sondern weil ich auch noch Morphin bekam. Die Ärzte hatten in meinem Blut nie auch nur ein Promille Alkohol messen können, sodass mein Zimmer auch nicht nach irgendwelchen alkoholischen Getränken durchsucht wurde. Die ideale Voraussetzung, Bier oder auch Whiskey bei mir zu deponieren.

«Sollen wir deine Füße massieren?», fragte Jonas, nachdem wir eine ganze Weile nur herumgealbert hatten. Ich hatte ihm tatsächlich mal erzählt, dass ich mir nichts Schöneres vorstellen konnte, als an den Füßen berührt zu werden. Dass er sich das anscheinend gemerkt hatte, fand ich mehr als erstaunlich.

«Wenn es euch Spaß macht», antwortete ich. «Ich hindere euch ganz sicher nicht daran.»

Es war herrlich, die Hände dieser beiden Männer zu spüren, warm strömte das Wohlgefühl durch meinen ganzen Körper. Was es unter anderem so wundervoll machte: Ich wurde angefasst von Menschen, die weder zu meiner Familie gehörten noch meine Therapeuten waren. Und die darüber hinaus äußerlich ganz normal wirkten. Offensichtlich fanden sie mich nicht abschreckend, sie akzeptierten mich so, wie ich war, mit einer schönen und einer hässlichen Gesichtshälfte. Glückshormone rauschten durch mich hindurch.

Von diesem Abend an ging es mir besser, und es war nicht zu übersehen, dass Jonas und ich uns sehr sympathisch fanden. Er war in meinem Alter, kräftig gebaut, mit rostbraunem Haar, das eine gewisse Feindschaft mit Kamm und Bürste geschlossen hatte. War er einkaufen gewesen, brachte er mir Schokolade mit, und einmal schenkte er mir ein kleines Stofftier, einen Sorgenfresser, dessen roter Mund aus einem Reißverschluss bestand. «Guck mal, für dich», sagte er und hielt es mir hin. «Falls du jemanden brauchst, der dir Kummer abnimmt.» Beim Essen saßen wir nur noch nebeneinander, immer häufiger suchten wir die Nähe des anderen. Zugegeben, fast schon ein pubertäres Verhalten. Aber auch toll.

Je länger das so ging, desto verwirrter war ich. Sosehr ich die Zweisamkeit mit Jonas auch genoss, in düsteren Stunden hatte ich mir versucht klarzumachen, dass ich wohl nie wieder eine Beziehung haben würde, dass ich mein Leben lang allein bleiben würde. Wer würde denn schon eine verätzte, gebrandmarkte Partnerin an seiner Seite haben wollen? Wenn auch alle um mich herum mir versicherten, dass ich eines Tages wieder einen Freund haben würde, ich selbst konnte das nicht glauben. Meine Haut war von

Narben übersät, die zum Teil blutunterlaufen waren, mein Gesicht war geschwollen, und mein zerstörtes Auge siffte nur so vor sich hin. In dieser Zeit wurde auch mein verkrüppeltes Ohr schwarz und roch ziemlich unangenehm, die Haut nässte, und an allen möglichen Stellen quoll immerzu wieder Eiter hervor. In dem Zustand kam ich schlicht und ergreifend nicht auf die Idee, dass es einen Menschen geben könnte, der sich für mich interessierte. Genauer gesagt, er mochte sich vielleicht für mich interessieren und mich auch so, wie ich aussah, sympathisch finden, das hieß aber noch lange nicht, dass er mich körperlich begehrte. Mit einer Person wie mir intim zu werden war nicht vergleichbar damit, mir die Füße zu massieren. «Ein Penis lügt nie», hatte ich einmal zu meiner Freundin Yağmur gesagt. «Die Welt sieht anders aus, wenn man miteinander ins Bett steigt.» Yağmur winkte ab, und ich dachte nur, gut zureden kann jeder.

Es kam mir nicht in den Sinn, dass Jonas und ich uns körperlich näher kommen könnten. Längst war allen ersichtlich, dass wir uns sympathisch fanden, doch uns beiden fiel es nicht im Traum ein, uns gegenseitig unsere Gefühle zu gestehen. Wir sprachen es beide nicht aus. Was sollte Jonas schon an mir finden? Er sah klasse aus, jede hübsche Frau drehte sich nach ihm um, das konnte ich zur Genüge beobachten, wenn wir zusammen unterwegs waren. Und je häufiger ich das bemerkte, umso unsicherer wurde ich. Ich schrieb eine SMS an Yağmur: «Immer alles zu tun, um gut auszusehen, um den Männern zu gefallen, das alles hat nichts gebracht. Und dann sehe ich jetzt so aus, und alle sagen mir, dass Aussehen nicht alles ist ... Du kennst mich doch, weißt, wie ich darüber denke. Gerade ich. Ich komme überhaupt nicht damit klar.» In ihrer Antwort versuchte sie mir Mut zuzusprechen. Sie wies mich darauf hin, dass Jonas, von dem ich ihr schon lang und breit erzählt hatte, doch wohl anders sei. Und überhaupt, mit meinem Charakter und meiner lebensfrohen Art könne ich alles wettmachen, wenn ich nur wolle: «Der hässlichste Mensch kann mit seiner Art und Weise so wirken, als wäre er der hübscheste. Und umgekehrt gilt das genauso. Da gibt es so hübsche Frauen, und wenn sie dann den Mund aufmachen, denkt man: ‹Boah, Mädchen, was bist du bloß für eine hohle Nuss.› Verlier niemals deine Freude am Leben!»

Das alles hatte ich mir in der Klinik in Hannover auch immer wieder gesagt, aber nun war ich nicht mehr mit meinen eigenen Vorstellungen konfrontiert, sondern mit der Realität, und diese Realität hieß Jonas. Und sie bestand auch darin, dass mir die halbe Fresse fehlte, um es einmal krass zu formulieren.

Eines Abends waren wir beide alleine auf meinem Zimmer, ohne Sebastian. Es war kein Zufall, wir hatten es so hingedeichselt, dass es keinen Dritten zwischen uns gab. Pure Absicht war das. Ich wusste, dass an diesem Abend etwas passieren würde, ich wusste nur nicht, was. Würde er mir wieder die Füße massieren? Nein. Er zog mich vorsichtig an sich und sah mich lange an. Ich erwiderte seinen Blick. Dann fanden sich unsere Lippen, und wir küssten uns. Überwältigt von den Gefühlen, verließ er den Raum. Vorher strich er mir noch übers Haar und über die Schultern. «Vanessa», flüsterte er, dann war er weg. Ich wusste nicht, was ich sagen, was ich tun sollte, erstarrt stand ich da.

Der erste Kuss. In meinem neuen Leben. Ich war komplett überfordert. Schließlich löste ich mich aus der Starre. Fast schon mechanisch setzte ich mich auf mein Bett und wusste gar nicht, wohin mit mir. Augenblicklich flossen die Tränen. Was war nur mit mir los? Ich war doch sonst immer so selbstbewusst, wo war nur mein Selbstvertrauen geblieben? Auf und davon. Es war wie das erste Mal gewesen, als hätte mein vorheriges Leben nie existiert, als hätte ich nie zuvor Beziehungen zu anderen Männern gehabt. Sie waren wie ausgelöscht. Dieser Kuss war etwas ganz Besonderes. Hatte ich doch bis vor kurzem noch gedacht, nie wieder Intimität zu erleben, und nun war es schneller passiert als gedacht. Und ich war dankbar dafür. Zugleich meldeten sich meine Zweifel: Gut, das hier ist die Reha. Wir leben in einem Kokon, befinden uns in einer Blase, sind so etwas wie eine Schicksalsgemeinschaft. Doch was würde geschehen, wenn ich wieder in Hannover war, in der normalen Welt, in der es eine Menge toll aussehender Frauen gab, eine große Konkurrenz? Dort würde ich sicher wieder von vorne anfangen müssen, und dort gäbe es auch keinen Jonas. Denn auch er würde zurückkehren in seine Welt. Ich wusste, dass er eine Freundin hatte, eine bildschöne noch dazu, er hatte mir mal ein Foto von ihr gezeigt. Dieser Kuss war einer, der nur in der Reha hatte passieren können, es gab keine Zukunft für ihn. So, wie es auch für uns keine gab.

Als ich mich etwas beruhigt hatte, erzählte ich Yağmur, was geschehen war. Ich ließ sie auch an meinen Bedenken teilhaben. Aber sie ging auf meine Befürchtungen überhaupt nicht ein, stattdessen wischte sie meine Schwarzseherei einfach beiseite: «Du bist doch noch ganz am Anfang. Überleg mal, wie das werden wird, wenn du mit allem durch bist.» *Mit allem durch* – was meinte sie denn damit? Niemals würde ich «mit allem durch» sein, niemand konnte mir eine neue Gesichtshälfte verschaffen, auch wenn ich noch so viele Operationen über mich ergehen lassen würde. Das hatten mir sämtliche Ärzte versichert, bei diesen schweren Verätzungen würde man keine Wunder vollbringen können, keine Hauttransplantation würde meinen alten Zustand wiederherstellen können, egal wie viele an der Zahl.

Vielleicht war ich so wenig optimistisch, weil ich mich gefragt hatte, ob ich jemals einen Menschen zum Partner nehmen würde, der zur Hälfte verbrannt war. Ehrlicherweise musste ich zugeben, dass ich das nicht mit einem klaren Ja beantworten konnte. Ich schämte mich dafür, fand mich ziemlich oberflächlich, aber ich war auch nach der Tat noch nicht vollständig von meinen Schönheitsidealen abgerückt. Ich musste schrittweise lernen, die Welt mit anderen Augen zu sehen – und das fand ich erschreckend. Und zwar nicht, weil ich mich mit dieser neuen Sichtweise schwertat, sondern weil ich diese tiefe Ungewissheit in mir spürte. Ich wusste nicht mehr, wie ich mich selbst sah. In den zwei Wochen bei meiner Mutter hatte ich mir Fotos von früher angeguckt. Doch das, was ich da betrachtet hatte, fand ich gar nicht schön. Ich gefiel mir nicht, da blickte mir keine hübsche Frau entgegen, obwohl ich das einst so empfunden hatte. Woher kam dieser Sinneswandel? Kam er daher, dass diese einstige Vanessa sich in die falschen Männer verliebt hatte?

Ganz sicher war ich keine hohle Nuss gewesen, und ganz sicher hatte Yağmur nicht mich damit gemeint, aber ich war so durcheinander, dass ich nicht mehr wusste, wie ich mich selbst beschreiben sollte. In den Sitzungen mit dem Therapeuten, im Gespräch mit den anderen Reha-Patienten, wenn ich mit Jonas zusammen war – ständig war von mir selbst die Rede, andauernd ging es um mich. Trotzdem hatte ich immer noch keine Ahnung, wer ich inzwischen war. Einzig meine Freundin schien es zu wissen, sie baute mich mit ihren SMS auf, riet mir, was ich tun sollte. Sie war das Beste, was mir in dieser Phase in der Moritz Klinik passieren konnte. «Bleib, wie du bist», schrieb sie, «dann werden sich dir alle Türen öffnen.» So klischeehaft das auch vielleicht klingen mochte, ihre Worte halfen mir.

Viel Unterstützung erfuhr ich auch von einer Psychologin in der Klinik. Beatrix Salzer war um die fünfzig, resolut, mit einzelnen grauen Strähnen in den einst schwarzen Haaren. Natürlich behauptete ich auch ihr gegenüber, stabil zu sein, doch sie schaffte es immer wieder, das Erlebte aus mir herauszukitzeln. Ich war wie eine Kommode mit vielen Schubladen, und manchmal waren diese übervoll, sodass die eine oder andere «Socke» heraushing. Und Frau Salzer zupfte nun so lange an diesen «Socken» herum, bis die gesamte Schublade aufgeräumt war und es dadurch auch wieder einen Platz für die Socken gab, die herauszufallen drohten. Nichts quoll dann am Ende mehr hervor. Es gelang ihr sogar, manche Schubladen völlig zu entrümpeln und mich damit von unnötigen Belastungen zu befreien.

Ihr gegenüber gab ich zu, dass ich Konzentrationsschwierigkeiten hatte, dass mich die Angst umtrieb, immer dümmer zu werden, dass ich sofort hellhörig wurde, wenn es um Feuer, Säure oder Diabetes ging. Sie erklärte, Letzteres sei völlig normal, mein Unterbewusstsein würde sich bemerkbar machen, es sei dabei, den Vorfall, die Tat zu verarbeiten. Und die Konzentrationsschwierigkeiten hätten ihre Ursache darin, dass mein Kopf übervoll sei, mit der Zeit würde das von ganz alleine besser. Ich sei nicht dümmer geworden, ich würde nur zu viele Informationen speichern wollen.

«Und warum verdränge ich die ganze Geschichte nicht einfach?», fragte ich. «Wäre das nicht das Einfachste?»

«Wissen Sie nicht selbst die Antwort?», fragte Beatrix Salzer zurück.

Ich nickte. «Der Anschlag ist nun ein großer Teil von mir. Und aus diesem Grund möchte ich ihn auch bewusst verarbeiten.»

«Das denke ich auch. Seit der Tat sind Sie ein Mensch mit einer besonderen Vergangenheit, Sie sind eine Frau mit einer ungewöhnlichen Geschichte. Und vergessen Sie nie, dass Sie eine starke Persönlichkeit sind, trotz all Ihrer Tränen und Schmerzen haben Sie etwas zu erzählen, Sie haben etwas zu sagen. Man hört Ihnen zu. Und vielleicht können Sie diese Fähigkeit dazu nutzen, anderen zu helfen, die weniger selbstbewusst sind.»

Das hörte sich gut an, und ich war froh, diese Therapie angefangen zu haben, auch wenn ich mich noch zu desorientiert fühlte, zu konfus war, um gut mit mir umzugehen, so demoliert, wie ich aussah. Ich gab zu: «Momentan bin ich nicht bereit, mich so zu lieben, wie ich bin. Und wenn ich mich schon nicht so lieben kann, dann kann das auch kein anderer. Ich brauche meine Zeit einzig und allein für mich, da kann ich nicht an andere denken.»

Sie machte eine wegwerfende Geste. «Sie haben sich nur noch nicht angenommen. Das kommt aber noch. Dann, wenn Sie sich eingestehen können, dass das Problem allein bei Ihnen liegt.»

Ich seufzte. «Vielleicht haben Sie ein völlig verzerrtes Bild von mir. Vielleicht stehen meine Empfindungen und mein Auftreten im krassen Gegensatz zueinander. Nach außen mag ich stark wirken, aber in meinem Innern bin ich grob, launisch, sarkastisch. Nicht zu vergessen: ziemlich passiv.»

Die Psychologin lachte. «Ihr Bild von sich selbst ist verzerrt. Wenn Sie endlich anfangen würden, sich selbst als ganze Person wirklich wahrzunehmen, anstatt permanent daran zu denken, dass es die wichtigste Aufgabe in Ihrem Leben ist, Ihr Äußeres wiederherzustellen, dann wären Sie schon mal auf dem richtigen Weg.»

«Aber wenn ich in den Spiegel schaue, sehe ich links eine Maske und rechts eine hübsche junge Dame. Ich kann mein Gesicht nicht als eins sehen. Ich kann meine verätzte Gesichtshälfte nicht akzeptieren, ich verkrafte es besser, wenn ich mein Gesicht in zwei Hälften teile.»

«Sie sollen Ihr Gesicht auch nicht als Ganzes sehen, und Sie sollen Ihre verätzte Seite auch nicht akzeptieren, Sie sollen sie lieben. Sie sollen sich als Vanessa Münstermann mit den zwei Gesichtern lieben, wobei die eine Gesichtshälfte von ebenjener Tat erzählt. Denken Sie daran, Sie haben zwei Gesichter, wer hat das schon?»

Vor gar nicht mal so langer Zeit hatte ich den Film *Batman Forever* gesehen. In ihm kommt ein ehemaliger Bezirksstaatsanwalt namens Harvey Dent vor, der von einem Angeklagten im Gerichtssaal mit Säure angegriffen wurde und seitdem schwer entstellt ist. Dents Gesicht ist in der Mitte geteilt, in zwei ganz und gar gegensätzliche Hälften: in die makellos schöne, attraktive und anziehende rechte Gesichtshälfte und in die säurezerfressene, zernarbte und abstoßende linke Hälfte. Aufgrund dieser Verunstaltung nennt man ihn Two-Face. Ich konnte mich mit Two-Face identifizieren, wobei ich niemals so weit gehen wollte, nur noch Kleidung zu tragen, die in der Mitte farblich geteilt war. Aber das, was Frau Salzer vorschlug, war sehr klug, darüber konnte ich weiter nachdenken.

Auch Jonas' Zuneigung half mir ungemein. Der Kuss war kein Ausrutscher, keine einmalige Angelegenheit. Die gemeinsamen Abende wurden länger, die Annäherungen intensiver, die Gefühle stärker. Jede Berührung von ihm war wie ein Feuerwerk, selbst wenn ich mich nur an ihn anlehnte. Irgendwann würden wir miteinander schlafen, wir wussten das beide, auch wenn wir nicht darüber sprachen. Am vorletzten Abend vor seiner Abreise saßen wir auf meinem Bett, ich eingekuschelt in seinen Arm. Wir kuschelten dann die ganze Nacht weiter unter meiner Decke, redeten, bis wir einschliefen. Doch nichts passierte. Morgens huschte er schnell in sein Zimmer, bevor eine der Schwestern auf ihrem Medikamentenrundgang den Raum betrat.

An seinem letzten Abend in der Reha lagen wir wieder eng beieinander, abermals ohne dass «es» geschah. Beim Rausschleichen erwischte ihn der Pförtner, durch die Tür hörte ich noch, wie er Jonas fragte: «Kommen Sie nicht aus der falschen Richtung?» Und Jonas antwortete: «Nein, endlich mal aus der richtigen Richtung.»

Der Abschied fiel mir schwer. Ich wünschte mir, ihn wiederzusehen, doch war mir bewusst, dass er, sobald er wieder in seiner alten Umgebung war, kaum noch an die Moritz Klinik denken würde. Und genauso wenig an mich. Er hatte eine Freundin. Und es war nie die Rede davon gewesen, dass er unglücklich in der Beziehung war, dass er sie verlassen wollte. Unsere Nähe war allein der Blase geschuldet, unserem Leben außerhalb der Gesellschaft dort draußen.

«Ich komme wieder», versprach er, als wir uns umarmten. «Wir haben noch etwas zu erledigen. Und darauf will ich keinesfalls verzichten.» Er griente von einem Ohr zum anderen.

«Das wäre schön», sagte ich. «Doch du musst mir nichts versprechen.» Ich konnte mir nicht vorstellen, dass jemand freiwillig hierher zurückkehrte, wenn er als gesund entlassen wurde.

Zwei Tage lang schrieben wir uns unentwegt SMS, dann stand er am dritten Abend vor mir. Ich konnte es kaum fassen, er hatte Wort gehalten.

«Warum bist du zurückgekommen?», fragte ich ihn.

«Zu Hause ist alles schwierig», sagte Jonas. «Hier in der Klinik hatte ich keinen Stress, ganz anders als dort.» Man sah ihm an, dass enormer Druck auf seinen Schultern lastete, dass er rauswollte, zurück dorthin, wo man nichts von ihm erwartet hatte. «Und natürlich wollte ich zu dir», fuhr er fort. «Es ist einfach gerade alles so kompliziert.»

«Du weißt schon, wohin du gehörst, du bist im Moment nur verwirrt.» Ich wollte sein Chaos nicht vergrößern.

«Wahrscheinlich hast du recht.»

Wir redeten noch lange, saßen draußen beisammen, hielten uns an den Händen. Ich fühlte mich in seiner Nähe geborgen, mein innerer Druck ließ nach. Bevor die Eingänge abgeschlossen wurden, schmuggelte ich Jonas in mein Zimmer. Erleichtert atmete ich auf, niemand vom Personal hatte uns bemerkt und unser sündhaftes Treiben schon im Keim erstickt. Ich war sehr aufgeregt, auch erregt, doch als ich die Tür zumachte und mich zu Jonas umdrehte, wusste ich auf einmal nicht, wie ich mich verhalten sollte. Es war klar, er wollte mit mir schlafen, doch ich fühlte mich so, als hätte ich noch nie mit einem Mann Sex gehabt. Ich musste allen

Mut zusammennehmen, um mir nichts anmerken zu lassen. Was alles durch meinen Kopf ging, meine Gedanken fuhren Karussell. Gern wollte ich seinen Penis in den Mund nehmen, doch die Verätzungen auf der rechten Hälfte reichten bis zu meinen Lippen, ein Mundwinkel hing herunter – war ich überhaupt dazu in der Lage? Und was würde geschehen, wenn er auf mir lag und in mein Gesicht sah? Würde er plötzlich von mir abrücken, vielleicht noch irgendetwas murmeln, um dann das Zimmer fluchtartig zu verlassen? Und dann fragte ich mich noch: Sollte ich jetzt tatsächlich Sex haben, wird es dann womöglich das erste und letzte Mal in meinem neuen Leben sein? Trotz all dieser Gedanken fühlte ich mich auf seltsame Weise begehrenswert, ich verspürte Lust. Knapp dreieinhalb Monate waren erst seit der Tat vergangen, die ganze Situation war einfach nur unglaublich.

Jonas küsste mich, streichelte mich, anfangs leicht unbeholfen, dann immer leidenschaftlicher, wobei er aber darauf achtete, meine Verätzungen nicht zu berühren. Er nahm keine Rücksicht auf das, was mich beschäftigte. Er wollte mich, wollte mich so, wie ich war. Die verbrannte Seite von mir war schlagartig vergessen, und in den nächsten Stunden sollte ich auch nicht mehr an sie denken. Alle Probleme, die ich hatte, existierten nur in meinem Kopf – den musste ich einfach nur ausschalten, was mir auch gelang. Ich genoss die Schmeicheleien von Jonas, die Worte, die er mir ins gesunde Ohr flüsterte. Hin und wieder hinterfragte ich sie, doch sein harter Penis überzeugte mich. Jonas war ehrlich zu mir.

Später lagen wir nebeneinander, ich streichelte ihn noch, bis er einschlief. Ich konnte mich nicht an seinem nackten

Körper sattsehen. In diesem Moment hatte ich das Gefühl, dass mich nichts und niemand bedrohen konnte. Es gab nur uns zwei auf dieser Welt, es war einfach nur wunderschön. Ich wollte meine Augen nicht schließen, keine Sekunde verpassen, mir jedes Wimpernzucken einprägen.

«Du bist so schön», wisperte ich.

Jonas schien die Worte gehört zu haben. «Meinst du?», fragte er im Halbschlaf.

«Ja, das meine ich.»

Hatte er etwa Selbstzweifel? War er an seinem eigenen Körper desinteressiert? Das konnte ich mir nicht vorstellen. Seine Reaktion war sicher dieser für uns beide befremdlichen Situation geschuldet. Schon bald befand er sich wieder im Tiefschlaf.

Was mich anging, hätte diese Nacht nie enden müssen, aber ich wusste, dass es so sein würde. Der Morgen dämmerte schon, und Jonas würde bald versuchen, möglichst ungesehen die Klinik zu verlassen. Danach würden sich unsere Wege trennen. Es würde kein nächstes Mal geben. Jonas hatte nicht gefragt, ob es schön für mich gewesen sei oder ob er mir vielleicht weh getan hätte. Nein. Er hatte einfach mit mir schlafen wollen, unbedingt, er hatte unter Stress gestanden, und ich war gewissermaßen das Ventil, über das er den Stress abgelassen hatte. In meinem alten Leben hätte ich ihm vielleicht eine gewisse mangelnde Sensibilität vorgeworfen, aber hier und jetzt war das alles Teil unseres Reha-Kokons.

Meine Gedanken schweiften weiter ab. Jonas war die Bestätigung von dem, was mir Yağmur in ihren SMS hatte mitteilen wollen, was mir meine Psychologin Beatrix Salzer zu verstehen gegeben hatte. Ich, Vanessa Münstermann, gelernte Kosmetikerin, ständig gestresst, weil ich einem nicht erreichbaren Schönheitsideal nachhechelte, hatte erkennen und fühlen dürfen, dass die äußere Fassade nicht ausschlaggebend war, dass Intimität über die Haut hinausging, dass ich so, wie ich war, schöner war als zuvor. Das war die Geburtsstunde von Two Face. Später sollte ich mir diese beiden Worte unter mein rechtes Schlüsselbein tätowieren lassen, dort, wo man mir Haut für die Rekonstruktion für mein linkes Augenlid entnommen hatte.

Um halb sechs stand Jonas auf und zog sich an, ich blieb übermüdet und glücklich im Bett liegen.

«Es war eine schöne Zeit», sagte Jonas und küsste mich nur ganz leicht auf den Mund. Dann ging er.

11

BIN ICH EIN OPFER?

Mai / Juni 2016

Narbenmassage 8:30 Uhr». Das stand jeden Tag auf meinem Therapieplan, wenn auch mit wechselnden Uhrzeiten, und ich musste dafür immer ins Untergeschoss der Bäderabteilung hinuntergehen. Die Therapeutin Marlene Bayer, eine schmal gebaute Frau mit kräftigen Händen, übte mit ihren Fingern Druck auf mein Gesicht aus, der aber zu ertragen war. Fast kam es mir vor wie eine Wellnessmassage. Kritischer wurde es, wenn ihre Hände sich meinem Hals und dem Dekolleté näherten, dann war es, als würden Nadeln in meine Haut stechen. Es war extrem unangenehm, dennoch war auch diese Tortur auszuhalten. Am liebsten waren mir die ersten dreißig Minuten nach der Massage, alles war gedehnt, die Spannungsgefühle, die mich immer begleiteten, verschwanden für diese kurze Zeit. Ein unendliches Glücksgefühl durchströmte mich. Überhaupt verbesserte sich die Beweglichkeit meiner linken Gesichtshälfte von Tag zu Tag, was mein Wohlbefinden deutlich erhöhte. Nur wenn ich versuchte, mich selbst zu massieren, hörte ich schnell wieder damit auf, denn es tat entsetzlich weh. Gegen die Hände von Marlene Bayer kam ich nicht an, sie verrichteten Wunder.

Zwischendurch setzte sie ein Sauggerät ein, das die Hautschichten voneinander trennte. Es fühlte ich an, als würde ein Vampir an mir saugen, um mir «Knutschflecken» zu verpassen. «Es kann passieren, dass Sie blaue Flecken im Gesicht bekommen», erklärte Frau Bayer, «da möglicherweise kleine Blutgefäße platzen. Aber das ist nur gut, das fördert die Durchblutung.» Später erhöhte sie die Saugkraft, worauf meine Haut sehr gereizt reagierte, sie wurde puterrot. Doch ich vertraute meiner Therapeutin, und anschließend fühlte sich meine Haut deutlich weicher an. Außerdem ließ das Trockenheitsgefühl nach, genauso wie das Brennen am Hals und am Dekolleté.

Nach einem dieser Termine fand ich auf meinem Zimmer einen Briefumschlag vor. Es war die Mitteilung zum Prozessbeginn. Der erste Verhandlungstag, so stand da zu lesen, wäre der 5. August 2016. Schwarz auf weiß stand es da, nicht einmal zwei Monate waren es noch bis dahin. Was fühlte ich in diesem Moment? Ich konnte es gar nicht genau sagen. Auf jeden Fall hatte ich keine Angst mehr vor einer Begegnung mit Daniel. Er war nicht länger das Monster unter meinem Bett, das unerwartet auftauchende Schreckgespenst, das hinter jeder Ecke lauerte. Aber war ich wütend? Fühlte ich Hass in mir, gar Mitleid, weil es Menschen gab, die anderen Schmerz zufügten, womöglich ohne das Ausmaß ihres Tuns zu überblicken und die Folgen zu bedenken? Was dachte Daniel wohl in diesem Moment? War er womöglich stolz auf seine Tat? War er nachdenklich geworden? Fragte er sich, ob sich das alles gelohnt hatte? Was blickte ihm entgegen, wenn er sich selbst im Spiegel betrachtete?

Es war mir nach wie vor unmöglich, eine klare Position

zu beziehen, doch immer häufiger versuchte ich mir auszumalen, was er gerade tat, was er dachte, wie er es aushielt,
eingesperrt zu sein, in einem kleinen Raum und mit der
Gewissheit, dass dies über Jahre hinweg so bleiben würde.
Von meinem Anwalt hatte ich inzwischen erfahren, dass
man Richtung Höchststrafe dachte. Mein Zimmer in der
Reha war groß und hell, doch allein bei der Vorstellung, ich
dürfte nirgendwo anders mehr hin, bekam ich augenblicklich Beklemmungen. Dabei konnte ich meine Fenster weit
aufreißen, mich hinauslehnen und die frühsommerliche
Luft tief einatmen. Das brachte mich zur nächsten Frage:
Hatte Daniel Suizidgedanken? Auch das konnte ich nicht
beantworten, denn ich hatte keine Vorstellung davon, wie
stark der Selbsterhaltungstrieb in einer Einrichtung wie
dem Gefängnis mobilisiert wurde. Für mich war eine Haft-
anstalt ein Schreckensort sondergleichen, an dem ich nicht
eine einzige Nacht verbringen wollte. Aber ich war nicht
Daniel. Und überhaupt: Ich hatte mich um meine Reha zu
kümmern, nicht um ihn.

Meine Haare wuchsen wie Unkraut, und zu meiner Überraschung stellte ich fest, dass mir eine Kurzhaarfrisur gar
nicht so schlecht stand. Weniger gut war es nach der Nacht
mit Jonas um meine Seele bestellt. Sosehr ich mich dagegen
gewehrt hatte, es war nun nicht mehr zu umgehen, dass ich
ein Antidepressivum nahm, denn ich litt unter starken Stimmungsschwankungen. Mal war ich traurig, dann wieder
fühlte ich mich stark, im nächsten Moment war ich Ängsten
und Zweifeln ausgesetzt. An manchen Tagen weinte ich bei
jeder Gelegenheit, um im nächsten Augenblick voller Hoffnung durch die Welt zu gehen, bevor mich plötzlich eine Un-

ruhe erfasste, die mit Herzrasen einherging. Es war die Perspektivlosigkeit, die mir dann den Verstand raubte. In den optimistischen Momenten hatte ich hingegen das Gefühl, mir stünden alle Türen offen, ich hielte sämtliche Zügel in der Hand, ich könnte frei entscheiden, was aus mir und meinem Leben werden würde. Ich allein bestimmte darüber, ob ich mich verkroch oder auf Menschen zuging, ob ich mich einschloss oder wagte, in die Öffentlichkeit zu gehen.

Nachts schwitzte ich so stark, dass ich ein Handtuch unter den Körper legte und mich mit einem zweiten zudeckte, um den Schweiß aufzusaugen. Mein Gesicht war glühend heiß, heißer als bei Fieber. Es wurde erst ein wenig besser, wenn ich die Gesichtsmaske aufsetzte. Außerhalb der Klinik trug ich sie allerdings nie, so hübsch war sie dann doch nicht. Mit den zwei Gesichtshälften fühlte ich mich deutlich wohler.

In diesen unruhigen Zeiten war ein Erlebnis sehr prägend für mich, gab es mir doch etwas Stabilität zurück. Eines Abends wurde in der Eingangshalle der Klinik ein kleines Fest gefeiert, mit einem Buffet und Musik. Im Getümmel konnte ich all die bekannten Gesichter aus meiner Clique entdecken, es waren aber auch ein paar neue dabei. Ich unterhielt mich mit einem Mädchen mit Down-Syndrom, in ihren Zellen war das Chromosom 21 drei- statt nur zweimal vorhanden. Dieses überzählige dritte Chromosom beeinträchtigt die Aktivität der Gene im gesamten Erbgut: Gene, die normalerweise abgeschaltet sind, werden eingeschaltet. Und umgekehrt: Gene, die sonst sehr aktiv sind, werden herunterreguliert. All das hinderte das Mädchen aber nicht im Geringsten am Glücklichsein, sie strahlte und lachte, es war eine Freude, mit ihr zu sprechen.

Noch mehr berührte mich ein älterer Herr, der in einem elektrischen Rollstuhl saß. Er befand sich mitten in der Eingangshalle, sein Blick zur Wand gerichtet. Es war, als warte er auf etwas, vielleicht auf den Bus, den er herbeisehnte, um diesem Ort schnellstmöglich zu entkommen. Niemand sprach mit ihm, das wollte ich nun ändern. Ich fragte ihn, auf was er warte und ob ich ihm behilflich sein könnte.

«Nein», antwortete er, dann schilderte er mir aber, was ihn bedrückte. Er sei nicht in der Lage, allein zur Toilette zu gehen. Normalerweise trage er für diese Fälle einen entsprechenden Beutel bei sich, diesen habe er aber zu Hause vergessen. Er wohne ganz in der Nähe und werde als ehemaliger Patient immer zu den Festen eingeladen.

«Aber ich oder einer der männlichen Patienten hier kann Ihnen doch bestimmt helfen», bot ich ihm an.

«Ich hab mir schon selbst zu helfen gewusst», gab er verlegen zu, «ich hab einen der Plastikbecher benutzt, die hier herumstehen. Nur muss ich diesen Becher jetzt irgendwie loswerden.»

«Äh ...» Ich blickte auf meine Pommes, die ich mir gerade geholt hatte. Wo sollte ich die jetzt deponieren? «Warten Sie einen Augenblick», sagte ich. «Ich esse die Dinger schnell auf, dann lösen wir Ihr Problem.»

Gesagt, getan. Als ich beide Hände frei hatte, zog er den Becher aus der Hose, wobei dieser oben kaputtging. In seiner Not hatte er ihn zu fest umklammert. Es war nicht mehr viel Urin drin, das meiste breitete sich auf seiner Hose aus. Beschämt sah er mich an. «Ein Glas wäre wohl besser gewesen.»

Das wollte ich nicht kommentieren, der Mann hatte genug durchgemacht. Beherzt griff ich mir den Becher und lief zu den Toiletten, um ihn zu entleeren. Bei meiner Rückkehr brachte ich ein paar Papiertücher mit, damit er sich zumindest notdürftig trocken tupfen konnte.

«Danke, aber das nützt kaum etwas», sagte er. «Es ist alles nass, ich muss nach Hause, meine Kleidung wechseln.»

Als ich ihn so tief bedrückt aus der Tür rollen sah, blutete mir das Herz. Der Anblick dieser Hilflosigkeit, der Scham, tat mir weh. Ja, mir fehlte zwar die eine Gesichtshälfte, aber ich konnte laufen, stehen und ohne Probleme zur Toilette gehen. Die selbstverständlichsten Dinge, so konnte man meinen. Doch nicht so für diesen älteren Herrn. Es gab Schlimmeres als das, was ich erlebt hatte. In diesem Moment bat ich Gott, mir den Preis zu nennen, um diesen Mann von seinem Leid zu erlösen. Was musste ich tun, damit er seine Selbständigkeit zurückerhielt, damit er wieder gehen konnte? Das, was er zu erdulden hatte, sollte niemand erdulden müssen. Schon gar nicht solche Demütigungen. Später am Abend erfuhr ich noch, dass er eine schwierige OP vor sich hatte, man sich aber nicht sicher war, ob er diese überleben würde. Ich fand das grausam – und mir wurde ein weiteres Mal klar, wie gut es mir eigentlich ging. Ich wachte jeden Morgen ohne Schmerzen auf. Das war ein großes Geschenk.

Diese Erfahrung führte dazu, dass ich beschloss, die Antidepressiva langsam wieder abzusetzen. Mein Körper sollte ohne Chemie auskommen, sollte zur Normalität zurückkehren. Ich fand, das war ich ihm schuldig. Das war ich auch dem älteren Herrn schuldig, mehr konnte ich nicht für ihn tun. Ich wollte leben und lauter schreien als je zuvor, wollte kämpfen, um Schwachen eine Stimme zu geben. Ich wollte mich nicht verstecken, niemand sollte mich kleinkriegen.

Doch nicht nur auf die Antidepressiva, sondern auch auf die Schmerzmittel wollte ich über kurz oder lang verzichten. Das war ebenfalls meine eigene Entscheidung – die unter anderem damit zu tun hatte, dass ich leidenschaftlich gern Auto fahre. Mit Morphin und all dem anderen Zeug intus konnte ich mir das nämlich abschminken. Ich musste also meine Konsequenzen ziehen, wollte ich mich in absehbarer Zeit wieder hinters Steuer setzen. Inzwischen hatte auch meine Regel wieder eingesetzt. Sie war nicht mehr so stark wie früher, aber dass sie ausgeblieben war, hatte auf einen Schutzmechanismus des Körpers hingedeutet. Durch die Reha, die nun zu Ende ging, hatte ich mich so weit erholt, dass ich diesen Schutz anscheinend nicht mehr brauchte.

Mein Vater, der mich in den Thüringer Wald gebracht hatte, holte mich auch wieder ab.

«Ich erkenne dich kaum wieder», begrüßte er mich, dann fing er an zu weinen, und zwar vor Glück, weil mein Gesicht sanfter wirkte und ich auch wieder mehr Ruhe ausstrahlte. Lange lagen wir uns in den Armen. Es fühlte sich gut an, nach Hause zu fahren, wenn ich auch wieder die provisorische Unterkunft bei meiner Mutter beziehen würde. Aber erst einmal wollte ich den Prozess überstehen. Und auch danach, so war ich mir sicher, würde noch eine Menge passieren. Dann würde ich weitersehen.

Hatte ich mir vor zwei Monaten nichts sehnlicher gewünscht, als endlich nach Thüringen zu fahren, so freute ich mich jetzt, in meine vertraute Umgebung zu kommen. Ich wollte mich meinem Gesicht stellen, das war die wichtigste Erkenntnis, die ich in den letzten Wochen gewonnen hatte. Sie gehörte zu den Dingen, die ich in mein Tagebuch niedergeschrieben hatte. Sorgfältig verstaut, reiste es mit zurück in die Zukunft, die vor mir lag, noch längst war es nicht voll. In erster Linie hatte ich meine Erinnerungen an die Zeit im Krankenhaus darin festgehalten, Daniels Tat hatte ich bisher so gut wie ausgeklammert. Stattdessen hatte ich mir auch durch das Schreiben bewusst gemacht, dass ich etwas Positives aus meinem doppelten Gesicht ziehen wollte. Mein Ohr stank nicht mehr, die Hautschichten, die dafür verantwortlich waren, hatte man Stück für Stück abgetragen, die blutigen Verkrustungen waren leicht rötlichen Narben gewichen. Und für mein trübes Auge und das hängende Lid würden sich auch noch Lösungen finden.

Ein letzter Blick in das Zimmer mit den Naturmaterialien und den hellen Farben, bald würde hier ein anderer Patient, eine nächste Patientin einziehen und eigenen Gedanken nachhängen. Ich hoffte nur, dass sie keine Albträume haben würden. Vielleicht konnten sie ja auch etwas von meiner Kraft spüren. Der Abschied von meinen neuen Freunden fiel kurz aus, da nur wenige aus der anfänglichen Truppe noch in der Klinik waren, die meisten hatten wie Jonas in ihren Alltag zurückfinden müssen. Hin und wieder bekam ich noch eine SMS von ihm. Es tat gut, zu wissen, dass er sich nicht völlig aus meinem Leben verabschiedet hatte, aber es fiel mir schwer, ihm zu antworten. Es war zu schmerzhaft. Ich vermisste ihn. Mehr, als ich mir eingestehen wollte.

Wieder ist ein Abschnitt beendet, dachte ich, als mein Vater den Parkplatz der Klinik verließ und ich durch das Beifahrerfenster die hügelige Landschaft Thüringens betrachtete. Ein ewiges Auf und Ab. Auch damit musste ich nun rechnen. Mit immer wieder neuen Spitzen, die mich herausfordern würden. In wenigen Tagen stand eine Augen-OP an. Sosehr mein linkes Auge auch zerstört war, ich war nicht blind darauf, wie sich inzwischen herausgestellt hatte. Reste der Sehkraft waren noch vorhanden, die Ärzte sprachen von zehn Prozent. Weil aber eine Entzündung hinter dem Augapfel bislang nicht zurückgegangen war, und um den Heilungsprozess zu beschleunigen, wollte man ein Amnion an die Binde- und Hornhaut meines Auges transplantieren. Bei einem Amnion handelt es sich um eine Eihaut, eine gefäßlose Embryonalhülle, Teil der Fruchtblase sowohl von Reptilien und Vögeln als auch von Säugetieren. In meinem Fall wollte man auf eine Amnionmembran vom Schaf zurückgreifen. Man hatte mich gefragt, ob ich eine Narkose wollte. Ich hatte dies abgelehnt und mich für eine örtliche Betäubung entschieden. Bei der bekäme ich ein paar Tropfen ins Auge geträufelt, bevor man das Amnion mit acht Stichen fixierte. Es würde ziepen, aber nicht besonders stark, so hatte man mir versichert, das Stechen eines Tattoos sei wesentlich unangenehmer. Woher wussten die eigentlich, dass ich diesen Schmerz kannte? Oder ging man wie selbstverständlich davon aus, dass Menschen unter dreißig Erfahrungen dieser Art hatten? Hinterher, so erklärte man mir noch, würde es sich drei Tage lang so anfühlen, als hätte ich ein Sandkorn im Auge. Träte dann keine Besserung ein ... Ich ahnte tief im Innern, dass es damit nicht getan war, dass ich noch so einige Probleme mit meinem verätzten Auge haben würde.

«Alles gut?», fragte mein Vater.

«Alles gut», antwortete ich.

«Dein Anwalt hat mich angerufen», fuhr mein Vater fort.

«Der Gerichtstermin steht ja nun endgültig fest», kam ich ihm zuvor. Ich schaute nicht mehr auf die Landschaft, nur noch auf den Asphalt vor uns, stellte mir vor, wie Daniel in seinem Mazda saß, nachdem er mir aufgelauert und mir die Säure ins Gesicht geschüttet hatte. Ich sah das Glas vor mir, in dem einmal eine Arrabbiata-Sauce gewesen war, womöglich hatten wir sie sogar zusammen aufgewärmt und mit Nudeln gegessen. Ich hatte in Erfahrung gebracht, dass man die Säure, die er benutzt hatte, nicht in Plastikbehältern aufbewahren konnte, weil diese sich sonst sofort auflösten. Wahrscheinlich hatte auch Daniel diese Erfahrung gemacht, sodass er letztlich auf dieses Glas zurückgegriffen hatte. Wie kalkuliert war das denn? Und wie war er überhaupt auf die Idee mit der Säure gekommen? Wo hatte er sich den Rohrreiniger besorgt?

«Dein Anwalt hält es nicht für sinnvoll, dass du vor Gericht erscheinst», fuhr mein Vater fort.

«Wie bitte? Was?», rief ich aufbrausend. «Ich bin Nebenklägerin, ich will vor Gericht erscheinen. Ich kann doch nicht zu Hause sitzen und auf Nachrichten warten, die er mir vielleicht schickt. Diese Verhandlung ist meine einzige Chance, zu hören, was Daniel zu seiner Verteidigung aussagt. Nachher glaubt man ihm noch, und niemand hört mich an ...»

«Ganz ruhig, Vanessa. Ich bin auf deiner Seite», unterbrach mein Vater meinen Redefluss. «Ich verstehe natürlich, dass Daniel etwas völlig falsch rüberbringen könnte, ohne dass du noch mal dazu befragt wirst. Aber so ein Anwalt verfolgt damit auch eine Strategie.»

«Und was soll das für eine Strategie sein?» Es war für mich völlig undenkbar, dass Daniel ohne meine Anwesenheit im Gerichtssaal verurteilt werden sollte.

«Seine Begründung ist, dass er dich als Opfer aufbauen

will. Er möchte es so darstellen, dass du nicht in der Lage bist, vor Gericht aufzutreten und auszusagen.» Mein Vater hatte seinen Blick starr auf die Straße gerichtet.

«Das heißt, er will mich als eine psychisch labile Frau präsentieren.» Ich schüttelte den Kopf, innerlich kochte ich vor Wut, zugleich war ich verzweifelt.

«So ist es. Würde er dich auftreten lassen, könnte jeder sehen, dass du gar nicht so labil bist, sondern das genaue Gegenteil davon.»

«Dann muss ich ihm wohl leider seine Strategie kaputt machen.» Ich sagte das so laut, dass mein Vater zusammenzuckte. «Das kommt gar nicht in Frage, dass er mich außen vor lässt.»

«Das musst du mit ihm besprechen, ich kann dich nur in deiner Meinung unterstützen.» Mein Vater legte eine Hand auf meinen Arm. «Lass dich nicht von ihm einschüchtern, aber hör dir auch an, was er zu sagen hat. Er ist, was Prozesse anbelangt, erfahrener als wir.»

«Okay, damit kann ich leben.» Entschlossen wischte ich mir die Tränen aus dem Gesicht, die mir über die Wangen gelaufen waren. Genau das hatte ich ja eben nie sein wollen, ein Opfer. Und nun sollte ich ausgerechnet für den Richter und seine Beisitzer sowie für die Öffentlichkeit als solches «aufgebaut» werden. Nicht mit mir. Daniel hatte mir unfassbares Leid zugefügt, aber er hatte nicht meinen Willen gebrochen. Denn dann hätte er gewonnen. Opfer – das klang für mich viel zu sehr nach passiv, wehrlos, ausgeliefert sein. Natürlich war mir klar, dass die Begriffe «Opfer» und «Täter» zusammengehörten, dass man bestimmte Dinge auch benennen musste, in den Medien oder in den Statistiken, dass bestimmte Bezeichnungen notwendig waren und sind, um die gesellschaftlichen Folgen von etwas zu regeln, das nie hätte passieren dürfen. So erhielten etwa diejenigen, die als «Opfer der nationalsozialistischen Verfolgung» anerkannt wurden, eine Entschädigung.

Daniel war zweifellos ein Täter, ein Mann, der ein Verbrechen begangen hatte, eine Gewalttat, und dafür gehörte er bestraft. Die Zuschreibung «Opfer» wiederum stellte für mich ein Stigma dar. Aus meiner Sicht war das völlig klar: Akzeptierte ich diesen Status, den Opferstatus, willigte ich in genau das, was mich erst so schutzlos gemacht hatte. Dagegen wollte ich antreten – und es auch allen bei Gericht zeigen.

12

WIEDERBEGEGNUNG MIT
DANIEL VOR GERICHT

August 2016

s gibt ein Video, auf dem man sieht, wie ich an diesem Tag aufwache. Ich fühlte mich wie betäubt, dabei hatte ich mich darauf eingestellt, aufgeregt zu sein, Angst zu haben, sogar zu heulen – im Vorfeld hatte ich mir einige Folgen der Gerichtssendung *Richterin Barbara Salesch* angeguckt, bei der vor laufenden Kameras anfangs reale, später fiktive Fälle verhandelt wurden. Da ging es häufig emotional hoch her, und ich hatte gedacht, so müsste es wohl sein. Doch davon konnte bei mir an diesem Morgen des 5. August 2016 nicht die Rede sein. Vielleicht lag es auch an der Uhrzeit, es war gerade mal halb sechs. «Ich muss heute zum Gericht», sagte ich in die Kamera, wenn auch nicht in die der Fernsehrichterin, sondern in die meines Handys, mit dem meine Mutter, die mich geweckt hatte, nun aufnahm. «Ich habe gemischte Gefühle. Die Nacht ist nicht so toll gewesen.» Dann erzählte ich, dass ich mir am Abend vorher schon eine leichte Bluse in gedeckten Farben, Jeans sowie weiße Turnschuhe herausgesucht hatte, dass ich gleich mein Auge säubern würde, wie jeden Morgen, um anschließend meine Narben einzucremen, meine Medikamente zu nehmen und schließlich meinen Blutzucker zu messen. Ich erklärte, dass ich mir Proviant gegen eine eventuelle Unterzuckerung bereitgelegt hätte, weil es gut sein konnte, dass meine Werte an einem Tag wie diesem verrücktspielten. Abschließend verkündete ich, dass ich vor dem Losgehen noch auf die «We Love Vanessa»-Website gehen würde, um dort Kraft zu tanken.

Und genau so machte ich es auch. Als ich etwas wacher war, dachte ich noch einmal an die vergangene Nacht zurück. Es war mir nicht ansatzweise gelungen, in den Tiefschlaf zu kommen, bei der kleinsten Störung, dem geringsten Knarzen in der Wohnung meiner Mutter hatte ich hellwach im Bett gelegen. Hatte ich geträumt? Nein. Zumindest konnte ich mich an keine einzige Traumsequenz bewusst erinnern. Aber während ich aufgeschreckt im Dunkeln lag, hatte ich mir vorgestellt, wie es sein würde, ihn zu sehen. Daniel. In Gedanken malte ich mir die Situation wie ein Puppenspiel aus. Er war eine Handpuppe, ich eine andere. Einer von uns würde im Gerichtssaal links sitzen, der andere rechts. Es war das erste Mal nach der Tat, dass ich Daniel so nah sein würde. Sechs Monate waren seither vergangen, er hatte dieses halbe Jahr in Untersuchungshaft verbracht. Wie würde er auf mich reagieren? War ihm klar, was er getan hatte? Saß ihm der Schreck noch in den Knochen?

Es hatte mich lange beschäftigt, was Daniel mit mir und meinem Gesicht angestellt hatte, und immer noch konnte ich die Tat und Daniel nicht zusammenbringen. Er hatte doch immer so feminin gewirkt, war in Tränen ausgebrochen, wenn wir weder kochen noch das Licht anschalten konnten, weil er die Stromrechnung nicht bezahlt hatte. Sicher, er war zickig gewesen, doch der Säureanschlag zeugte von einer Aggressivität ganz anderen Ausmaßes. Vielleicht stimmte das aber auch gar nicht, und das alles passte sehr wohl zu seinem Charakter. Womöglich wollte ich nur nicht, dass ihm nicht wirklich bewusst war, was er mir angetan hatte. Wünschte ich mir, dass er erschrocken war, als er sich dessen gewahr wurde, was er angerichtet hatte?

Falls es überhaupt in diese Richtung ging. Er konnte mich genauso gut auslachen, mich wegen meines Gesichts verspotten. Und dann drang plötzlich in mein Bewusstsein, was ich anscheinend die ganze Zeit verdrängt hatte. Von der Polizei hatte ich nach meiner Rückkehr aus der Reha nämlich erfahren, was Daniel bei seiner Festnahme ausgesagt hatte. Kaum zu glauben, aber er hatte sich als Opfer insze-niert. Ich hätte die Säure dabeigehabt, und bei dem Versuch, ihn mit dieser zu überschütten, hätte er sich gewehrt; erst dadurch sei die Flüssigkeit dann unbeabsichtigt in mein Gesicht geschwappt. Diese Aussage hatte mich so fassungs-los gemacht, dass ich sie nicht an mich herangelassen hatte. Wie konnte man die Fakten nur so verdrehen? Andererseits, hatte Daniel das nicht häufiger gemacht? Ich hatte bloß im-mer die Augen davor verschlossen. Anders war es nicht zu erklären.

Ich dachte auch an meinen Anwalt. Noch am Tag zuvor war ich am Rande eines Nervenzusammenbruchs gewesen. Wieder einmal hatte er darauf gepocht, dass es doch viel sinnvoller sei, wenn ich nicht vor Gericht aussagen wür-de. Erneut unterstrich er, dass es meiner Sache dienlich sei, wenn er mich als Opfer darstellte. Daraufhin hatte ich mich mit ihm angelegt, bis wir uns gegenseitig anschrien und mein Vater kommen musste, um mich zu beruhigen. Anschließend hatte mein Anwalt mehrmals angerufen und sich entschuldigt, er habe nun endgültig verstanden, dass er seine Strategie ändern müsse. Das wurde aber auch langsam Zeit. Er sollte mich darstellen und vertreten: Vanessa. Nicht Vanessa das Opfer.

Fertig. Um neun sollte die Verhandlung beginnen, wir hatten verabredet, uns vorher in einem nahegelegenen Hotel zu treffen, um von dort aus zu Fuß zum Landgericht Hannover im Volgersweg zu gehen. Es war ein Sommertag, doch der Himmel zog es vor, sich mit Wolken zu schmücken. Es war sogar so frisch, dass ich meine graue Steppjacke anzog. Vor dem Kamin in der Lobby des Hotels versammelten wir uns, mein Anwalt und sein Assistent sowie meine Eltern, meine Schwester und ich. Wir tranken einen Kaffee, besprachen ganz banale Dinge, über den Prozess verloren wir nicht ein Wort. Ein paar Tage zuvor hatten wir im Detail besprochen, wie alles vor Gericht ablaufen würde. Doch als der Uhrzeiger Richtung halb neun vorrückte, wurde ich auf einmal nervös. Was, wenn Daniel für die Tat zu gerade einmal zwei Jahren Haft verurteilt wurde? Dann wäre er in anderthalb Jahren wieder frei. Bei guter Führung womöglich noch früher. Da war sie, die Aufregung, die ich am Morgen vermisst hatte. Meine Gefühle wechselten von einer Minute zur nächsten, von einem Extrem ins andere. Mein Kopf wollte schier zerbersten angesichts der Ungewissheit, was da eigentlich auf mich zukam. Plötzlich überkam mich auch die Angst davor, dass ich den Prozess nicht würde durchhalten können. Würde ich mittendrin zusammenbrechen? Hatte der Anwalt womöglich recht, und ich war gar nicht stark genug, um – wie ich frech herumposaunt hatte – meine Meinung persönlich vor dem Richter zu vertreten? Und würde dieser mir auch glauben? Hatte ich mich überhaupt gut genug gekleidet, oder hätte ich etwas anderes anziehen sollen? Ich hatte doch keine Ahnung, was man vor Gericht trug, ich hatte noch nie einem Prozess beigewohnt.

«Ich denke, wir sollten aufbrechen.» Die Worte meines Vaters kamen genau zum richtigen Zeitpunkt und unterbrachen mein Gedankenkarussell, das sich immer schneller gedreht hatte.

Als wir ankamen, standen schon unzählige Journalisten mit Kameras und Mikrophonen vor der Eingangshalle des Fünfziger-Jahre-Baus. Mir schlug das Herz sowieso schon bis zum Hals, das Interesse der Medien machte es nicht besser. Meine Aufregung wuchs ins Unermessliche. In der Halle wurden alle Besucher kontrolliert und nach Waffen abgetastet, die ins Gebäude geschmuggelt werden sollten.

«Kommen Sie bitte mit mir», rief mir eine Beamtin zu, mittelgroß, um die dreißig, mit wunderschönem langem blondem Haar, Heidi Klum wäre vor Neid erblasst.

Ich sah mich um. Wen meinte sie?

«Frau Münstermann, wenn Sie mir bitte folgen würden», wiederholte sie ihre Aufforderung.

Sie hatte mich angesprochen. Eindeutig.

Die blonde Frau führte mich in ein kleines Zimmer, in dem ein Mann auf uns wartete, der ungefähr zehn Jahre älter als seine Kollegin war.

«Es tut mir sehr leid, was Ihnen passiert ist», sagte die Frau, ihre Stimme klang ausgesprochen sanft. «Unabhängig davon müssen wir Sie wie alle anderen kontrollieren, das ist unsere Pflicht.» Sie warf ihr Haar über die Schulter, während sie weiter erklärte: «Ich wollte das allerdings nicht in der Halle machen, vor den Medien sieht so etwas nie gut aus. Als hätten wir Sie im Verdacht, dass Sie etwas gegen den Angeklagten unternehmen oder ihm gar etwas antun könnten.»

Es ist ihr wichtig, dass ich mein Gesicht wahren kann, dachte ich, besser gesagt, meine zwei Gesichter. So viel Einfühlsamkeit hatte ich nicht erwartet. Sie tastete mich ab, dann warf sie einen Blick auf meinen Rucksack.

«Könnten Sie den Rucksack bitte vollständig leeren?»

Ich nickte. Dann zeigte ich ihr mein Asthmaspray, meine Spritzen und mein Insulin. «Und hier habe ich noch Schokolade und ein Trinkpäckchen, falls ich plötzlich unterzuckert bin.»

Besorgt fragte sie: «Geht es Ihnen gut? Kann ich noch etwas für Sie tun?»

«Ich habe alles bei mir, was ich für den Notfall brauche», erklärte ich. «Aber vielen Dank.»

«Sie schaffen das schon. Es wird Ihnen hier im Gebäude nichts passieren», sagte sie zum Abschluss ihrer Inspektion.

Ihr männlicher Kollege stand mit seinen leicht kantigen Gesichtszügen und seinem wie Stahlwolle vom Kopf abstehenden Haar schweigend neben ihr, betroffen schaute er mich an. Erst als ich den Raum verließ, rief er mir «Viel Glück!» hinterher. Beide hatten sie geholfen, die unerträgliche Situation ein wenig erträglicher für mich zu machen.

Meine Eltern und meine Schwester seien schon im Gerichtssaal, erfuhr ich von meinem Anwalt, der auf mich gewartet hatte. Er brachte mich in ein weiteres Zimmer, das wie eine Bibliothek aussah, mit hohen, abgeschlossenen Glasvitrinen, hinter denen neue und alte Gesetzesbücher darauf warteten, herausgenommen und studiert zu werden. In der Mitte des Raums stand ein großer Holztisch, der von zehn Stühlen umgeben war. Links davon befand sich ein

Couchtisch mit einem Zweiersofa und einem Sessel, rechts waren Fenster. Von dort aus konnte ich auf ein anderes Gerichtsgebäude sehen. Eigentlich alles ganz einladend, wäre es nicht mein erster Prozesstag gewesen.

«Was soll ich hier?», fragte ich. «Das ist doch nicht der Gerichtssaal.»

«Das ist richtig. Aber hier müssen Sie warten, bis Daniel F. seine Aussage gemacht hat.»

«Und wieso darf ich nicht dabei sein?» Ich hatte meinen Anwalt schon wieder im Verdacht, mich aus allem heraushalten zu wollen, weshalb ich einen unüberhörbar scharfen Ton anschlug.

«Das ist ein übliches Verfahren», versuchte er mich zu besänftigen. «Sie könnten durch die Aussage des Angeklagten beeinflusst werden.»

Das leuchtete mir ein, wenn es mich auch wurmte. Ausgeschlossen zu werden war so gar nicht meine Sache.

Ich setzte mich auf einen der Stühle nahe am Fenster, während mein Anwalt die Bibliothek verließ, um der Eröffnung der Verhandlung beizuwohnen. Neun Uhr war längst vorbei, doch jede Minute, die verstrich, erschien mir wie eine Ewigkeit. Ich legte mein Handy nicht aus der Hand, denn immer wieder informierte mich meine Schwester parallel zur Aussage von Daniel per SMS. Ha! Blieb ich also doch nicht völlig ahnungslos, was Daniels Aussagen vor Gericht anging. So erfuhr ich etwa, dass Daniel bereits als Kind in die Psychiatrie eingeliefert worden war, dass er keinen Schulabschluss hatte, dass man ihn zu Hause unterrichtet hatte, weil er aufgrund seines Verhaltens nicht weiter hatte zur Schule gehen können. Als die Sprache auf Daniels IQ kam, machte ich große Augen: Er war erschreckend niedrig, nahe der geistigen Behinderung. Das in der SMS meiner Schwester zu lesen versetzte mir einen regelrechten Schock. Ich war immer davon ausgegangen, dass Daniel eine gute Bildung genossen hatte, doch diese Vorstellung zerplatzte gerade wie eine Seifenblase. Offensichtlich war ich von Wunschbildern ausgegangen, hatte mir eine Wirklichkeit zurechtgebastelt, die nie existiert hatte. Nun zweifelte ich an mir selbst, an meiner eigenen Intelligenz – wie konnte es sein, dass ich diesen geringen IQ nie bemerkt hatte?

Weil mich dieser Punkt lange nicht in Ruhe ließ, kontaktierte ich irgendwann einen Psychologen, der mir erklärte, dass Menschen wie Daniel anfangs hervorragend in der Lage seien, sich anzupassen, die Fassade beginne erst nach einer gewissen Zeit zu bröckeln. Für den Partner oder die Partnerin würde dies erst später ersichtlich, ich bräuchte mir deswegen keine Vorwürfe zu machen. Menschen wie Daniel neigten dazu, eigene Regeln vorzugeben und den anderen zu kontrollieren, erst subtil, dann immer offensichtlicher. So wäre das Gegenüber mehr mit den eigenen Schwächen, dem eigenen vermeintlichen Fehlverhalten beschäftigt und verliere denjenigen, der ihm oder ihr all das fälschlicherweise suggerierte, gewissermaßen aus dem Blick. Für mich war dieses Gespräch eine Betätigung meiner Erfahrungen, die ich mit Daniel gemacht hatte.

Daniel griff bei seiner Aussage vor Gericht meine Familie an, außerdem behauptete er, ich sei hochgradig manipulativ. Besonders aufschlussreich fand ich seine Unterstellung, ich hätte ihn immer zum Sex gedrängt, als sei er ein Callboy, von dem man bestimmte Dienste erwarten konnte. Er habe sich wie ein Sexsklave gefühlt, zumal ich ihn ans Bett gefesselt hätte. Weiterhin meinte er, ich sei masochistisch veranlagt und hätte meine Eltern als Hurensohn bzw. Schlampe betitelt. Alles in allem hätte ich einen hässlichen Charakter, den er hier vor Gericht endlich ans Tageslicht bringen wolle. Und der Gipfel seiner Einlassungen: Er behauptete, ich hätte ihm Insulin gespritzt, sodass er drei Tage nicht bei Bewusstsein gewesen sei. Sein Fazit lautete, ich sei gemeingefährlich.

Mir stockte der Atem, als dieses Kurznachrichtengewitter auf mich niederprasselte. Wieder einmal hatte er den Spieß umgedreht. Was hatte ich mir in der Vergangenheit nicht alles für Entschuldigungen und Erklärungen aus den Fingern gesogen, um Daniels Tat wenigstens in Ansätzen nachvollziehen zu können – augenblicklich war es damit vorbei. Was bezweckte er bloß mit seinen Anschuldigungen? Was hatte das alles überhaupt mit der Tat zu tun? Jeder, der mich ansatzweise kannte, würde nur zu gut wissen, dass es sich dabei um grausame Lügen handelte. Warum hatte er den Angriff auf mich verübt? Dass ich darauf jemals eine ehrliche Antwort bekommen würde, war nicht zu erwarten. Das würde mir wohl ein Leben lang verwehrt bleiben, so viel stand fest. Daniel würde immer an seiner Perspektive festhalten, die Teil seiner Persönlichkeitsstörung war.

Ich schämte mich dafür, dass Daniel unser Sexualleben ins Spiel brachte, wo er doch wusste, dass meine Eltern im Zuschauerraum saßen. Es war nie meine Absicht gewesen, darüber zu reden, und nun würde ich dazu befragt werden, weil Daniel es angesprochen hatte. Es war mir hochnotpeinlich, weil gerade ich, die gern mit großer Klappe den Ton angab, mich hatte unterdrücken lassen. Ich hatte mich widerstandslos unter einen Mann gelegt und abgewartet, bis er fertig war. Ich begann zu begreifen, dass ein Prozess eine schwierige Angelegenheit war. Und ich verstand plötzlich, dass Frauen, die vergewaltigt wurden, häufig nicht zur Polizei gingen und den Täter nicht anzeigten, um sich nicht auch noch mit hanebüchenen Gegenargumenten auseinandersetzen zu müssen.

Bevor ich weiter darüber nachdenken konnte, ging die Tür auf. Ich durfte den Saal nun betreten, von rechts. Ungefähr eine halbe Stunde hatte Daniels Aussage gedauert. Ich konnte das Publikum überblicken, in der ersten Reihe saßen Pressevertreter, dahinter meine Familie, ich entdeckte aber auch Daniels Eltern sowie seine Exfreundin. Auch Herr Burmeister, der Kriminalbeamte, der meine Aussage im Krankenhaus aufgenommen hatte, war anwesend – er hatte sein Versprechen gehalten. Ich ließ mich neben meinem Anwalt nieder, schräg gegenüber saß Daniel. Es durften Fotos gemacht werden, aus diesem Grund hielt er seinen Kopf zwischen den Deckeln eines Aktenordners verborgen, sodass ich sein Gesicht nicht sehen konnte, nur sein graues T-Shirt, die Jeans und die Handschellen, die seine Hände unter Kontrolle hielten. Schließlich erklärte Richter Wolfgang Rosenbusch, Vorsitzender der Schwurgerichtskammer am Landgericht, ein Mann mit dichtem grauen Haar, Brille und einem Oberlippenbart, dass Fotografen und Kameraleute den Gerichtssaal nun verlassen müssten, nur die schreibenden Journalisten dürften bleiben. Erst danach legte Daniel den grauschwarzen Aktenordner vor sich auf den Tisch. Würde er zu mir rüberschauen? Er tat es nicht ein einziges Mal. Er konnte mir nicht ins Auge schauen, sosehr ich den Blickkontakt auch suchte, es war vergeblich.

Während der drei Tage, die der Prozess dauerte, blickte er nicht einmal in meine Richtung. Wenn ich etwas gefragt wurde, senkte er den Kopf und begann, auf seinem Stuhl hin und her zu rutschen, wie in der Schule, wenn man sich langweilte. Ich war enttäuscht von seinem Verhalten, letztlich verwunderte es mich aber nicht, denn feige war er schon immer gewesen. Ich hatte es bloß nicht wahrnehmen wollen.

Dann war ich an der Reihe, meine Aussage zu machen. Dazu sollte ich in die Mitte des Saals treten und mich dort an einen kleinen Tisch setzen. Richter Rosenbusch kam zu mir und erklärte mir, wie man das Mikrophon bediente und dass ich bei allem, was ich sagte, bei der Wahrheit zu bleiben hätte. Er stellte mir ausschließlich offene Fragen, die man nicht mit einem einfachen Ja oder Nein beantworten konnte, zum Beispiel: «Erzählen Sie mal, was am Tag der Tat passiert ist.» Manche Fragen stellte er mir mehr als einmal, mit allergrößter Wahrscheinlichkeit, um zu überprüfen, ob ich das, was ich anfangs behauptet hatte, auch genau so wiederholen würde. Eine Methode, um sicherzugehen, dass auch stimmte, was ich von mir gab. Ich verwickelte mich nicht in einen einzigen Widerspruch. Nie wäre es mir in den Sinn gekommen, den Richter anzulügen. So war ich nicht erzogen worden.

Bei Daniel verfolgte man ein ähnliches Vorgehen. Bei seiner ersten Aussage hatte er offenbar sehr überzeugend gewirkt, wie mir eine Freundin später erzählte, die unter den Zuschauern saß – vor allem, falls man mich nicht kannte. Er hatte sich als Opfer dargestellt, und dabei hatte man den Eindruck gewinnen können, hier sprach einer, der überzeugt war von dem, was er sagte. Im Verlauf des Prozesses wurde dann aber immer deutlicher, dass seine Versionen nicht stimmig waren. Da meine Darstellung von seiner abwich, musste er dazu Stellung nehmen, und sofort begann seine Argumentation zu wackeln.

Es gab Erklärungen, die so klangen, als hätte er sie vor der Verhandlung auf Karteikarten aufgeschrieben und auswendig gelernt. Vor Gericht sagte er sie dann fehlerfrei auf wie ein Weihnachtsgedicht vorm Tannenbaum. Doch sobald eine Frage gestellt wurde, die ein wenig von derjenigen abwich, die er tags zuvor hatte beantworten sollen, gelang es ihm nicht mehr, darauf entsprechend zu reagieren. Er redete sich dann um Kopf und Kragen. Manchmal widersprach er sich sogar innerhalb von nur fünf Minuten. In solchen Fällen wies Richter Rosenbusch ihn darauf hin: «Sie haben doch gerade eben noch etwas ganz anderes behauptet.» Daniel kam dadurch so aus dem Takt, dass er abermals etwas Neues erzählte, eine dritte Version präsentierte. So zerstörte er nach und nach seine Glaubwürdigkeit.

An den Ablauf der Verhandlung kann ich mich nicht mehr so genau erinnern, ich habe nur noch Bruchteile davon im Kopf, und zwar ziemlich sicher nicht in der richtigen zeitlichen Reihenfolge. Hängengeblieben sind bestimmte Momente, die ich, aus meiner subjektiven Perspektive, als bedeutsam empfunden habe.

Ein solcher Augenblick war der, in dem ich nach meinen Vorerkrankungen gefragt wurde. Natürlich kam ich dabei auf meinen Diabetes und die täglichen Insulinspritzen zu sprechen. Erst wunderte ich mich, denn was konnte meine Stoffwechselerkrankung mit der Tat zu tun haben? Dann dämmerte es mir langsam, denn die nächste Frage war, ob ich wüsste, ab welcher Menge Insulin tödlich für einen Menschen sei. Die SMS meiner Schwester fiel mir ein, laut der Daniel behauptet hatte, er sei drei Tage lang bewusstlos gewesen, weil ich ihm angeblich Insulin verabreicht hätte. Ich konnte die Frage des Gerichts nur bejahen, meine Diabetologin habe mich sehr wohl darüber aufgeklärt, ab wann eine Insulingabe für einen gesunden Menschen schädlich sei. Je nach Größe, Fettgewebe und Muskulatur wären, soviel ich wüsste, sicherlich drei meiner großen Aufziehspritzen nötig.

«Und wo lagern Sie Ihre Spritzen?», fragte der Richter nach.

«Ich bewahre sie immer im Kühlschrank auf», antwortete ich. «Aber nur die Patronen, denn das Insulin muss kühl gelagert werden. Die Nadeln trage ich allerdings bei mir, damit niemand einen direkten Zugriff darauf hat.»

Der Richter wandte sich daraufhin an Daniel und wollte von ihm wissen, wie er es sich erkläre, dass er einerseits drei Tage lang ohnmächtig gewesen sei, andererseits aber lückenlos nachgewiesen werden könne, dass er mich zur gleichen Zeit – Daniel musste bei seiner Aussage wohl ein Datum angegeben haben – nonstop mit Kurznachrichten bombardiert und über diverse soziale Plattformen in Kontakt mit mir gestanden hätte. Ob jemand anderes diese Nachrichten geschrieben hätte? Daniel konnte darauf keine Antwort geben. Damit war das Thema beendet, es wurde nie wieder angesprochen.

Ein anderes Mal ging es um ein Messer, das er in der Tasche seiner schwarzen Jacke gehabt hatte, die aber nie gefunden wurde. Es kam zur Sprache, dass er zwar nicht gegenüber der Polizei, wohl aber gegenüber Mitgefangenen in der U-Haft gesagt haben solle, dass er mir damit Arme und Beine hätte abschneiden wollen. Die anderen Insassen waren so empört darüber gewesen, dass sie dies gemeldet hatten. Darüber hinaus gaben sie auch zu Protokoll, Daniel habe gesagt, es sei schade, dass er nur eine meiner beiden Gesichtshälften erwischt habe. Sein Ziel sei gewesen, beide Seiten zu verätzen.

Richter Rosenbusch las Teile aus dem polizeilichen Vernehmungsprotokoll vor: «Demnach soll der Angeklagte nach seiner Inhaftierung keineswegs Reue gezeigt, sondern sich eher mit seiner Tat gebrüstet haben. Er sagte Sätze wie ‹Es wäre besser gewesen, wenn sie gestorben wäre› oder ‹Sie hätte ganz blind sein sollen›. Laut Aussage eines Häftlings soll Daniel F. auch bekundet haben, er würde Vanessa Münstermann am liebsten ‹aufschlitzen› und ‹ihr Arme, Finger und Gliedmaßen abhacken›.»

Ich schlug die Hände vors Gesicht und brach in Tränen aus. Das sollte Daniel wirklich gesagt haben, der Mann, in den ich mich rettungslos verliebt hatte? Das war alles so irreal. Was lief hier ab? Ich hatte das Gefühl, als wäre ich in einen Strudel geraten, der mich in die Tiefe zog.

Als das Gericht sich bei Daniel erkundigte, was es damit auf sich habe, wo das Messer denn abgeblieben sei, gab er abermals keine Antwort.

Noch ein dritter Moment ist mir im Gedächtnis geblieben, es ging dabei wieder um etwas, was Daniel vor der Polizei, aber auch vor Gericht bekräftigt hatte, nämlich dass ich noch in der Nacht meines Geburtstags Sex mit ihm gehabt hätte.

«Hatten Sie damals Sex mit Daniel F.?», wurde ich gefragt.

Ich schüttelte den Kopf. «Nein. Ich bin allein auf meinem Sofa eingeschlafen.»

Im Gerichtssaal wurde daraufhin ein Screenshot präsentiert, der die SMS zeigte, die Daniel mir gegen drei oder vier Uhr in jener Nacht geschickt hatte und in der er mich als seine Traumfrau bezeichnete, mit der er Kinder haben wollte. Zu diesem Zeitpunkt schien für ihn noch alles gut und in Ordnung zu sein, abgesehen von der Trennung vielleicht.

«Wie kann es sein», fragte Richter Rosenbusch, «dass Sie der Frau, mit der Sie Sex hatten und neben der Sie angeblich im Bett lagen, eine SMS schrieben? Wenn Sie sich neben Ihnen befand, warum dann die Nachricht? Können Sie mir das erklären?»

Auch dafür konnte Daniel keine Begründung vorbringen, es wurde immer abstruser.

Schließlich wandte sich der Richter noch einmal an mich: «Wussten Sie schon am Morgen der Tat, dass etwas im Argen lag?»

«Nein», erwiderte ich. «Welcher Typ lauert einem schon im Winter so früh morgens in Eiseskälte und Dunkelheit auf, um einen zu waschen?»

Alle lachten, ich hatte wirklich noch nicht realisiert, um was es hier eigentlich ging. Der erste Prozesstag war beendet.

13

WAS SIND ZWÖLF JAHRE HAFT?

August 2016

In den Tagen nach dem ersten Prozesstag fühlte ich mich wie ferngesteuert. Ich legte mich ins Bett, schlief, stand auf, redete, verrichtete Dinge, von denen ich im Nachhinein nicht mehr wusste, ob ich sie wirklich gemacht hatte. Vielleicht dachte ich auch nur, dass ich dieses oder jenes getan hatte. Der nächste Prozesstag war erst einige Tage später anberaumt, und ich befand mich in dieser Zwischenzeit in einem traumwandlerischen Zustand. Letztlich drang nur ein einziger Gedanke zu mir durch: Was ist, wenn Daniel in zwei Jahren wieder frei ist? Und wie werde ich mich fühlen, wenn man ihn zu einem Freiheitsentzug von fünf Jahren verurteilt? Ich wäre dann erst Anfang dreißig, wenn er wieder freikommt. All diese Überlegungen machten mir Angst.

Hin und wieder fiel das Wort «Sicherheitsverwahrung», bei der besonders gefährliche Straftäter über das Ende ihrer Haft hinaus im Gefängnis bleiben müssen – um die Allgemeinheit vor ihnen zu schützen. Mein Anwalt meinte allerdings, dass in Daniels Fall eher nicht damit zu rechnen sei. Was er getan habe, gelte zwar als schwere Körperverletzung, zähle aber nicht zu den schwersten Gewalttaten. Eine

Sicherungsverwahrung käme tendenziell bei noch schwereren Verbrechen zur Anwendung, etwa bei Mordserien.

«Und dann wäre Daniel einfach frei, wenn er seine Zeit im Gefängnis abgesessen hat?», fragte ich. «Dann kann er gehen, wohin er will, wieder Straftaten begehen, nachdem er eine nette Zeit in seiner Zelle verbracht hat?» In Anbetracht seines Vorstrafenregisters hielt ich es für wenig wahrscheinlich, dass er sich durch die Haft grundlegend ändern würde. Dass er ein ganz neuer Mensch werden würde, daran glaubte ich nicht.

«Es ist jetzt nicht so, dass Daniel im Gefängnis ein angenehmes Leben führen wird. Er wird in Behandlung von Psychiatern und Therapeuten sein, notfalls sogar in Kombination mit entsprechenden Medikamenten», versuchte mich mein Anwalt zu besänftigen.

«Und wenn er sich nicht in Behandlung begibt? Oder wenn sie bei ihm keine Wirkung zeigt?»

«Dann gibt es immer noch die elektronische Fußfessel.» Sie löst einen Alarm aus, sobald der Betreffende einen vorher bestimmten Abstand zur «Zielperson» unterschreitet.

«Aber wird die nicht vorwiegend bei Sexualstraftätern eingesetzt?», gab ich zu bedenken.

Mein Anwalt fuhr sich durch die weißen Haare. Er brauchte nichts weiter zu sagen, das war Antwort genug.

«Davon einmal abgesehen – wie oft entscheiden Gutachter, dass von einem Täter keine Gefahr mehr ausgeht, und dann schlägt er doch wieder zu?», fuhr ich fort.

«Immerhin gibt es individuelle Opferschutzmaßnahmen, in deren Rahmen zum Beispiel örtliche Polizeidienststellen informiert und die Täter entsprechend unter ‹Führungsaufsicht› gestellt werden. Das kommt im Grunde einer Bewährungsaufsicht nach der Haft gleich. Und was man bei alldem nicht vergessen sollte: Unser Rechtssystem geht davon aus, dass ein Mensch sich ändern kann.»

«Das kann man nur hoffen, davon ausgehen kann man nicht», stellte ich fest.

Es fiel mir nicht leicht, aber letztlich konnte ich es doch akzeptieren: Die Rechtsprechung muss dem Opfer, aber auch dem Täter gerecht werden. Fairness, das ist der leitende Gedanke. Zumindest so weit wie möglich.

Dann begann endlich der zweite Prozesstag. Es wurden hauptsächlich Zeugen befragt, aber auch Gutachter kamen zu Wort. Daniels Exfreundin erzählte, sie habe in der Beziehung mit ihm stets das gleiche Schema erlebt, ständig sei er ohne Grund ausgerastet, wobei man nie gewusst habe, wann es das nächste Mal passieren würde. All das, was die Nebenklägerin Vanessa Münstermann – also ich – geschildert habe, kenne sie so oder ähnlich zur Genüge. Daniel sei in ihren Augen ein kranker Mensch, der dringend Hilfe brauche. Er habe Drogen konsumiert (was ich nicht bestätigen konnte), und einmal sei er so aggressiv geworden, dass er den gemeinsamen Sohn von einer Brüstung habe herunterhängen lassen. Auch habe er ihr mehrmals gedroht, dem Sohn etwas anzutun, falls sie zu spät nach Hause käme. Pure Erpressung sei das gewesen. Sie führte noch etliche Begebenheiten an, die nicht minder krass waren. So habe Daniel sich einmal selbst ein Messer in den Bauch gerammt, sie habe sogar ein Video davon. Die dazugehörige Narbe kannte ich gut. Als ich Daniel einmal danach fragte, wie er sich diese zugezogen hatte, wich er aus, seine Geste signalisierte mir, dass ich besser nicht weiter nachfragen sollte.

Während ich einer abstrusen Episode nach der nächsten zuhörte, dachte ich: Warum hat mir das alles keiner vorher erzählt? Klar, von Daniel konnte ich das nicht erwarten, nie wäre ihm etwas Derartiges über die Lippen gekommen. Aber warum hatten seine Eltern mich nicht eingehender informiert? Als ich ihnen diese Frage zu einem späteren Zeitpunkt stellte, antworteten sie mir, dass ich ihnen das sowieso nicht geglaubt hätte. Ich protestierte: «Ihr hättet es wenigstens versuchen können.» Worauf ich nichts als Schweigen im Walde erntete.

Nach dem Prozess schrieb Daniels Exfreundin mir, es täte ihr leid, dass sie nicht vorher Kontakt zu mir gesucht, dass sie mich nicht rechtzeitig gewarnt habe. Aber damals sei sie nur froh gewesen, endlich den Absprung geschafft zu haben. Die Trennung von Daniel sei eine große Erleichterung gewesen, sie habe möglichst wenig an diese Zeit erinnert werden wollen. Ich konnte sie verstehen. Davon abgesehen hatte ich häufig genug gedacht, dass es allein an mir lag, dass wir so viele Probleme hatten. Ich war überhaupt nicht auf die Idee gekommen, dass er krank sein könnte – wieder einmal hatte ich mich von seiner Herkunft, zumindest die seiner Adoptiveltern, blenden lassen. Wie hatte ich zu Yağmur gesagt: «Bei einer solchen Familie kann doch nur ‹alles takko› sein.»

Die Aussage seiner Exfreundin war zu viel für Daniels Selbstkontrolle, und zum ersten Mal zeigte er vor Gericht eine intensive Regung, sein wahres Gesicht. Er wurde aggressiv, rastete regelrecht aus, vor allem als es um den Drogenmissbrauch und das Sorgerecht für seinen Sohn ging. Er wollte die Dinge unbedingt aus seiner Sicht richtigstellen, und so redete er drauflos, obwohl ihm das Rederecht gar nicht erteilt worden war. Mehrmals musste der Richter laut werden und Daniel ermahnen. Und er gab auch seinen Anwälten zu verstehen, dass sie eingreifen und für Ruhe sorgen sollten. Zeitweise wurde Daniels Mikrophon ausgestellt, weil er immer wieder die Nerven verlor.

Irgendwann gab es eine Mittagspause, und mein Anwalt holte ein paar belegte Brötchen, die wir in der Bibliothek aßen. Wie schon beim ersten Prozesstag hatte ich kein Gefühl für das Geschehen, konnte kaum reden, nahm alles wie durch einen Nebel wahr.

Nach der Mittagspause – vielleicht auch vorher, ich weiß es nicht mehr genau – wurde eine Gefängnispsychologin der JVA Hannover in den Zeugenstand gerufen, die aussagte, dass Daniel unter einer «dissozialen Persönlichkeitsstörung» leide und sowohl impulsiv als auch unberechenbar sei. Ihm fehle es an Unrechtsbewusstsein, mithin sei er eine Gefahr für sich und andere. Wegen diverser Übergriffe auf Justizmitarbeiter und Mitinsassen sei er vorübergehend in einer Sicherheitszelle der JVA Wolfenbüttel untergebracht worden. So hatte er einem Mithäftling angedroht, ihm heißes Wasser ins Gesicht zu schütten, begleitet von den Worten: «Dann wirst du so aussehen wie Vanessa.»

Es wurde ein Video gezeigt, das Daniel am Abend vor seiner Tat von sich selbst gefilmt und ins Internet gestellt hatte. Darin war zu sehen, wie er die Seiten eines Spiralblocks umblätterte und, untermalt von melodramatischer Musik, einzelne Sätze sagte wie «Meine Freundin hat mich verlassen», «Meine Eltern hassen mich», «Heute werde ich sterben». Dieses Video habe dazu geführt, so die Psychologin, dass Daniel seit seiner Festnahme unter besonderer Beobachtung stehe. Er gelte als selbstmordgefährdet, phasenweise sei er in einer besonders gesicherten sogenannten Suizidpräventionszelle untergebracht. In diesem Zusammenhang wurde auch aus Daniels Krankenakte zitiert, der zufolge er vor Jahren aus dem vierten Stock eines Hauses gesprungen war – ein Suizidversuch, den er überlebt hatte.

Die Gefängnispsychologin beschrieb Daniel darüber hinaus als «nie ganz durchsichtige Person», die ihr gegenüber mal verletzlich, mal ausgesprochen überheblich aufgetreten sei. Für dumm würde sie Daniel F. nicht halten, er wisse sich gut zu verkaufen. Ihr Fazit: «Man weiß nie bei ihm, was echt ist und was Zweckverhalten.»

Ein psychiatrischer Gutachter betonte ebenfalls Daniels dissoziale Persönlichkeitsstörung, eine psychische Erkrankung, die auch unter der Bezeichnung antisoziale Persönlichkeitsstörung bekannt sei. Ihm zufolge missachtete ein Mensch, der darunter litt, fortlaufend die sozialen Normen und war einzig und allein daran interessiert, die eigenen Ziele durchzusetzen. Dieses sehr auffällige Verhalten lasse sich wie bei Daniel F. meist schon in der Kindheit und Jugend beobachten, etwa in Form von fortgesetzten Regelbrüchen, wiederholtem Schulschwänzen, mutwilliger Sachbeschädigung und ständigem Lügen. Im Erwachsenenalter zeige sich, dass die Betroffenen Schwierigkeiten hätten, Beziehungen und Bindungen zu anderen Menschen aufzubauen, sie würden dann zu kriminellem und gewalttätigem Verhalten neigen, Gesetze übertreten und sich durch eine überproportional hohe Risikobereitschaft auszeichnen. Sie täten sich schwer, mit Frustrationen umzugehen, weshalb sie Gefahr liefen, aggressiv und gewalttätig zu werden. Weder Strafen noch negative Erfahrungen führten zu einer Verhaltensänderung.

Im Anschluss an diese Ausführungen benannte der Experte auch mögliche Ursachen. So hätten die Betroffenen als Kinder häufig Missbrauch, Gewalt, Vernachlässigung und wenig Zuwendung erfahren, es gebe aber auch Hinweise auf genetische Faktoren. Dementsprechend sei es durchaus möglich, dass bereits die Eltern unter dieser Störung gelitten hätten. Genaues könne er dazu aber nicht sagen, zu wenig wisse man über Daniel F.s leibliche Eltern.

Dann ließ sich der Gutachter konkret zu Daniel ein: Bei ihm sei die Persönlichkeitsstörung zusätzlich mit einer narzisstischen Problematik verbunden. Eine narzisstische Persönlichkeit, wie er sie habe, richte ihr Streben darauf, von anderen bewundert und geliebt zu werden. Talentiert, erotisch, mächtig, beliebt, beneidenswert oder wohlhabend seien Adjektive, mit denen sich Narzissten am liebsten beschrieben sähen. Deshalb seien sie selbstgerecht, manipulativ und ausbeuterisch. Schamlos würden sie andere für eigene Zwecke ausnutzen, Empathie hingegen sei ein Fremdwort für sie. Narzissten seien zudem leicht kränkbar, während sie andere gern demütigten, ohne auch nur mit der Wimper zu zucken. Man könne sie auch als Meister der emotionalen Erpressung bezeichnen. Sie würden es förmlich genießen, wenn ihr Gegenüber die Verachtung schmerzhaft spüre.

Am liebsten hätte ich bei jedem einzelnen Satz bekräftigend genickt. Der Gutachter lieferte eine glasklare Beschreibung all dessen, was ich selbst nicht so deutlich hatte erkennen können. Und auf einmal konnte ich das alles nachvollziehen. Fast war es, als habe er, der das Gutachten erstellt hatte, mit Daniel zusammengelebt und nicht ich. Ich zitterte, spürte, wie anstrengend das alles war, wie eine große Müdigkeit von mir Besitz ergriff. Es tröstete und erleichterte mich ein wenig zu hören, dass Narzissten sehr oft geschätzt und geliebt wurden, dass tatsächlich viele Menschen sie als attraktiv, engagiert und spannend wahrnahmen. Immerhin war ich nicht die Einzige, die auf einen Menschen reingefallen war, dem sonst niemand auf den Leim gegangen wäre. Ich war nicht einfach nur zu blöd gewesen, es hatte nicht an mir allein gelegen. Einerseits fiel es mir inzwischen schwer zu glauben, dass ich neben ihm in Ruhe hatte einschlafen können. Andererseits hätte ich mir damals niemals träumen lassen, wozu ein Mensch wie Daniel fähig war. All diese Lügen – wie ich nun dank des Gutachters wusste, log Daniel selbst dann, wenn er mit der Wahrheit besser weggekommen wäre. Alles hatte seiner Vorstellung zu folgen, sich die Realität untertan machen, um nichts weniger ging es ihm.

Der Gutachter hielt Daniel für voll schuldfähig, er war sogar der Meinung, Daniel sei gemeingefährlich und könne wieder gewalttätig werden. Die Gefahr einer Wiederholungstat mit Säure schätzte er aber als gering ein. Daniels Augen waren, soweit ich das erkennen konnte, die ganze Zeit völlig ausdruckslos geblieben, gleichgültig und kalt. Kalt wie Eis. In ihnen spiegelte sich kein Gefühl, ihr Innenleben war blank und kahl und weiß. Hatte Daniel überhaupt jemals etwas empfunden? In diesem Moment wusste ich nur eins: Der Mann, den ich einmal geliebt hatte, existierte nicht, hatte nie existiert. Ich musste ihn zu Grabe tragen, und mit ihm die Wärme, die er ausgestrahlt hatte, sein Temperament, sein Feuer, wenn er mir begeistert von etwas erzählt hatte. Der Mann auf der Anklagebank hatte nichts gemein mit dem Mann, der mich so fasziniert hatte. Gefühllos, eiskalt, gleichgültig war er ein Getriebener auf der Jagd nach dem Schmerz – um überhaupt etwas zu empfinden.

Daniels Persönlichkeitsstörung manifestierte sich eindrucksvoll in seinem ellenlangen Vorstrafenregister, das Richter Rosenbusch zu irgendeinem Zeitpunkt komplett vorlas. Da reihten sich etliche Diebstähle und Sachbeschädigungen an Körperverletzungsdelikte, darunter ein tätlicher Angriff auf seinen Vater. Und nicht zu vergessen die unselige Straßenbahnfahrt in Braunschweig, auf der er zusammen mit Freunden eine Nazi-Hymne gesungen und «Sieg Heil» gebrüllt hatte.

Die Gutachten, die Delikte, was sonst noch gesagt wurde – all das rauschte nur so an mir vorbei. Der Daniel, über den hier gesprochen und verhandelt wurde, war mir mit jedem Moment fremder. Aber auch wenn ich inzwischen einordnen konnte, dass all dies mit seinem Krankheitsbild zu tun hatte – die eigene Verwirrung wurde dadurch nicht besser.

Nach diesem Tag war wieder einige Zeit zu überstehen, bis ich eines Morgens aufwachte und mein erster Gedanke war: «Heute wird das Schwurgericht das Urteil sprechen, heute werde ich erfahren, wie viele Jahre Daniel im Gefängnis sitzen wird.» Es war der 25. August 2016, ein heißer, trockener Tag; ich zog mir ein schwarzes Top mit weißen Punkten und Spaghettiträgern an.

Pünktlich um neun begann der dritte und letzte Prozesstag. Als Erstes hielt der Staatsanwalt sein Plädoyer. Er vertrat die Ansicht, dass Daniel die Tat geplant und sich mehrere Tage Gedanken gemacht hatte. Auf keinen Fall könne von einer Tat im Affekt die Rede sein. Während des Prozesses sei auch deutlich geworden, dass Daniel keine Reue zeige. Er habe einerseits bewusst gelogen, andererseits genau über die Konsequenzen seines Tuns Bescheid gewusst. Zwar hätten Daniels Eltern 50 000 Euro als Wiedergutmachung an mich gezahlt, doch angesichts der schweren Verletzungen sei das vernachlässigenswert. Damit habe man nicht im Geringsten etwas wiedergutgemacht. Schließlich habe Daniel mich für mein gesamtes noch vor mir liegendes Leben entstellt, mir meine Zukunftsperspektiven genommen. Zum Schluss schilderte der Staatsanwalt noch einmal den Tathergang, bevor er eine Strafe von zwölf Jahren forderte. Daniels Verteidiger plädierten für siebeneinhalb Jahre Haft. Mein Anwalt hob hervor, dass nicht nur mein Äußeres, sondern auch meine Seele verätzt sei.

Nachdem wir uns alle erhoben hatten, sprach der Kammervorsitzende Wolfgang Rosenbusch dann den Schuldspruch. Bei der Strafzumessung folgte er dem Staatsanwalt: «Zwölf Jahre.» Bevor er seine Begründung vorlas, durften wir uns wieder setzen. Ich atmete tief durch. Es war nicht die Höchststrafe, Daniel hatte nicht lebenslänglich bekommen, aber es fehlte nicht viel. Mein Körper zitterte wie Espenlaub, aber nicht vor Furcht, sondern vor Freude. Nach der Erörterung des psychiatrischen Gutachtens hatte ich in der Angst gelebt, Daniel könnte für unzurechnungsfähig erklärt werden. Denn dann hätte die Möglichkeit bestanden, dass er bereits nach vier Jahren wieder auf freien Fuß kam.

Auch Richter Rosenbusch fasste den Tathergang noch einmal Stück für Stück zusammen und betonte dabei ausdrücklich, dass Daniel und ich an meinem Geburtstag keinen Sex miteinander gehabt hatten. Dass ich Daniel am Vormittag des 14. Februar 2016 bei der Polizei angezeigt hätte, sei das einzig Richtige gewesen, damit hätte ich ihm signalisiert, dass es genug mit dem Terror sei. Dann erklärte er, dass er sämtliche meiner Einlassungen für glaubwürdig halte. Und im Übrigen sei es bemerkenswert, dass ich mich dabei nicht von meinen Emotionen habe hinreißen lassen, sondern immer präzise und sachlich formuliert hätte – was bei Opfern von Gewalttaten eher selten zu beobachten sei. Im Gegensatz zu mir glaube er dem Angeklagten, also Daniel, kein Wort.

Daniel habe sich bewusst der absichtlichen, schweren Körperverletzung schuldig gemacht, er habe gewusst, dass der Industriereiniger «Rohrgranate» hochaggressiv sei und auf der Haut eines Menschen verheerende Schäden verursache. Als er mir am frühen Morgen in Leinhausen auflauerte, habe er mir die 96-prozentige Schwefelsäure völlig überraschend ins Gesicht geschüttet, mit dem Ziel, mich, seine Exfreundin, zu entstellen. Damit habe er mein Leben auf «unerträglich schmerzhafte Weise» verändert und ruiniert.

Für mich als Opfer, so der Richter weiter, ziehe das Verbrechen einen «Rattenschwanz von Konsequenzen» nach sich, von ständigen Schmerzen und starken körperlichen Einschränkungen über etliche Krankenhausaufenthalte bis hin zu einer Senkung des Einkommensniveaus. Daniel F. sei voll schuldfähig, auch wenn bei ihm eine dissoziale Persönlichkeitsstörung mit narzisstischen Akzentuierungen vorliege. Eine Einweisung in die Psychiatrie komme für Daniel ebenso wenig in Frage wie eine Sicherungsverwahrung nach Verbüßung der Haft.

Nach diesen Sätzen begann ich zu weinen. In diesem Moment, als der Richter noch einmal alles zusammenfasste, wurde mir zum ersten Mal wirklich bewusst, wie schlimm das war, was Daniel mir angetan hatte. Es tat richtig weh, all dies so komprimiert zu hören. Der Kammervorsitzende wandte sich nun an mich persönlich, er widmete mir seine ganze Aufmerksamkeit und sagte: «Frau Münstermann, ich hoffe, Sie verstehen mich, die Sicherheitsverwahrung ist ein zweischneidiges Schwert.» Sie sei das Schärfste, was unsere Gesetzgebung vorsehe. Man könne sie bei Daniel nicht anordnen, weil es noch weitaus schlimmere Straftaten gebe. Obwohl Richter Rosenbusch sicher drei Meter entfernt von mir war, hatte ich das Gefühl, als würde er mich beschützen, mich umarmen. Was wohl daran lag, dass er persönliche Worte für mich gefunden hatte.

Anschließend sprach er direkt zu Daniel: «Sie haben gesagt, dass Sie viel weinen würden, Ängste hätten, dass Sie seit der Tat nachts nicht mehr richtig schlafen könnten, Sie diese Tat nicht mehr loslasse. Mit den Verletzungen von Frau Münstermann haben Sie sich hingegen nicht auseinandergesetzt, sich kein einziges Mal bei ihr entschuldigt, Sie haben nicht einmal gesagt, dass es Ihnen leidtue. Sie bemitleiden sich nur selbst.»

Damit war die Sitzung beendet. Daniel hatte zuvor noch gesagt, dass er keine Revision wolle, auch wenn seine beiden Anwälte ihm dazu raten würden. Das sei seine Art, sich zu entschuldigen. Schon zu diesem Zeitpunkt schwante mir, dass das nur Show war. Und tatsächlich legte er zwei Wochen nach Ende des Prozesses Revision ein. Dabei ging es ihm aber gar nicht um eine Minderung seiner Strafe, sondern um eine Erhöhung. Er forderte fünfzehn Jahre und Sicherheitsverwahrung. Ich war perplex. Was sollte das denn jetzt? Welcher vernünftig denkende Mensch beantragte freiwillig eine höhere Strafe für sich? Doch dann wurde mir klar, dass er pokerte. Er legte es offenbar darauf an, als unzurechnungsfähig eingestuft zu werden. Meine Befürchtung war, dass er bei einer Wiederaufnahme des Verfahrens erneut lügen und mir die Schuld für alles geben würde. Mir graute vor der abermaligen enormen psychischen Belastung, sollte alles wieder von vorne losgehen. Zum Glück wurde die Revision abgelehnt.

Wir standen draußen vor dem Landgericht, mein Vater, meine Stiefmutter, meine Schwester, mein Schwager. Meine Mutter hatte mich fest an sich gedrückt und sich dann verabschiedet, weil sie in der Tankstelle gebraucht wurde. Es war inzwischen Mittag, und wir beschlossen, gemeinsam etwas essen zu gehen, obwohl keiner von uns so richtig Hunger hatte, dafür ging uns allen zu viel im Kopf herum. Wir ließen den Prozess noch einmal Revue passieren. Was hatte Daniel überhaupt gesagt? Was hatten wir erfahren, was wir vorher noch nicht gewusst hatten? Wieder befand ich mich in einer Situation, die ich zwar erlebte, aber nicht bewusst wahrnahm. Ich konnte nachvollziehen, was gerade passiert war, aber irgendwie kam mir das alles sehr abstrakt vor.

«Was bedeuten eigentlich zwölf Jahre? Sind zwölf Jahre viel?», fragte ich in die Runde.

«Hast du dir ein anderes Urteil gewünscht?», fragte mein Vater und sah mich an.

«Ich weiß es nicht», sagte ich. «Ich denke, ich bin nicht imstande, das ehrlich zu beantworten. Selbst wenn Daniel fünfzehn Jahre bekommen hätte – würde das einen Unterschied machen? Ich bin noch so jung, da sind zwölf Jahre nicht viel.»

«Du hast Angst vor dem Tag, an dem er aus der Haft entlassen wird, oder?» Mein Vater stocherte in seinen Nudeln herum, als würde er sie für meine Angst verantwortlich machen.

Ich nickte. «Was ist, wenn er mich nach seiner Entlassung aufsucht? Wenn das sein primäres Interesse ist? Er könnte die ganze Zeit im Knast darüber nachdenken, wie er sich am besten an mir rächen kann. Und sollte es so sein: Will er mir dann erst richtig weh tun, mich endgültig auslöschen?»

«Das glaube ich nicht», meinte meine Schwester beschwichtigend. «In den vielen Jahren, die er hinter Mauern verbringen muss, wird er schon noch zur Einsicht kommen.»

«Aber der Psychiater hat deutlich gesagt, dass weiterhin Gefahr von ihm ausgeht, selbst wenn er womöglich keinen weiteren Säureanschlag mehr im Sinn hat.» Die Worte des Gutachters hatten sich ihren Weg aus meinem Unterbewusstsein an die Oberfläche gekämpft, sie ließen sich nicht mehr wegdrücken. «Er könnte mich töten wollen.»

Nur dass er damit nicht bis nach der Haft wartete. Wenige Monate nach Prozessende erhielt ich die Warnung, dass Daniel womöglich einen Auftragskiller engagiert hatte.

14

ICH TÖTETE AUS EGOISMUS

Oktober 2016 bis Frühjahr 2017

Sehr geehrte Frau Münstermann, soeben erreichte mich die Nachricht aus dem Gericht, dass vertrauliche Informationen aus der JVA vorliegen, wonach F. den Auftrag erteilt haben soll, Sie zu töten. Für ein Honorar in Höhe von 20 000 Euro. Inwieweit das ernst zu nehmen ist, kann noch nicht zuverlässig beurteilt werden. Ermittlungen laufen ... Ich bin verpflichtet, Ihnen diese Warnung aus dem Schwurgericht weiterzuleiten, was ich hiermit tue.» Ich traute meinen Augen nicht, als ich die Nachricht von meinem Anwalt las. Er hatte mich telefonisch nicht erreicht, deshalb hatte er mir eine SMS geschickt – am 14. Oktober 2016 um 14:28 Uhr. Was hatte das zu bedeuten?

Ich war geschockt und konnte es zuerst nicht glauben, was ich da schwarz auf weiß las. Ich saß gerade mit Yağmur in einem Burgerladen, und im ersten Moment machte ich noch einen Witz. «Dann ist das hier wohl meine Henkersmahlzeit», schmunzelte ich, aber eigentlich hatte ich eine Riesenangst. Ich rief meinen Anwalt an, um von ihm zu hören, was das zu bedeuten hatte und ob er inzwischen Genaueres dazu sagen konnte, doch er wusste auch nur das, was er mir per SMS mitgeteilt hatte. Nach dem Telefonat fuhr ich zur Polizei, ich wollte dort um Personenschutz für meine Familie bitten. Das war aber nicht möglich, da die Hinweise dafür anscheinend nicht ausreichend waren. Als ich die Polizeistation unverrichteter Dinge wieder verlassen hatte, setzte ich mich in mein neues Auto, das mir meine Eltern nach der Reha geschenkt hatten, um in eine andere Stadt zu fahren. Ich wollte niemanden gefährden, und in meiner Angst dachte ich: Wenn ich nicht bei meiner Mutter oder bei einer Freundin bin, kann zumindest ihnen nichts passieren.

Ich fuhr einfach los, Richtung Hamburg. Im Endeffekt hielt ich nirgendwo an, ich blieb die ganze Zeit im Auto, bis ich irgendwann an einer Landstraße parkte. Auch wenn es schon spät war, schlafen konnte ich nicht. Das Adrenalin pulsierte durch meinen Körper, ich war hellwach. Ich überlegte, was zu tun war. Und nach einer Weile war mir klar: im Grunde nichts. Ich konnte mich zwar in Zukunft selbst verrückt machen und hinter jeder Straßenecke jemanden vermuten, der es auf mich abgesehen hatte, jedes Auto im Auge behalten, das eine längere Strecke hinter meinem herfuhr, in der Annahme, der Fahrer würde mich verfolgen. Aber es war überhaupt nicht gesagt, dass dieser Mordauftrag – sofern es ihn überhaupt gab – umgehend ausgeführt werden würde. Es konnte genauso gut erst morgen oder in einem Jahr so weit sein. Und vielleicht auch nie. Vanessa, sagte ich zu mir selbst, du musst dich psychisch darauf vorbereiten, dass jeder Tag dein letzter sein kann. Also leb auch jeden Tag, als wäre es dein letzter.

So lebe ich bis heute, inzwischen habe ich die Angst vor dem Tod verloren, was auch damit zu tun hat, dass ich die

Hoffnung hege, dass es im Zweifelsfall nur mich treffen wird, nur ich umgebracht werde. Damit wäre das Kapitel dann abgeschlossen, und meine Familie könnte weiter in Sicherheit leben. Das Schlimmste wäre nämlich für mich zu wissen, dass jemandem aus meiner Familie meinetwegen Gefahr drohte. Was wäre passiert, wenn ich an diesem 14. Oktober 2016 bei meiner Schwester geschlafen hätte und die Kinder bei uns gewesen wären? Hätte dieser angebliche Auftragskiller vor ihnen Halt gemacht? Hätte er den Kindern auch etwas getan, nur um mich zu verletzen?

Die Fahrt im Auto hatte ausgereicht, um viele Gedanken aufzuwirbeln und mir bewusst zu machen, dass ich niemals frei sein würde. Das würde ich erst wieder sein, wenn Daniel selbst nicht mehr am Leben war.

Nach ungefähr achtundvierzig Stunden kehrte ich nach Hannover zurück. Am Anfang war ich noch ständig auf der Hut. Aber ich wollte nicht, dass Daniel gewann, wieder einmal. Ich musste zwar im Hinterkopf behalten, dass ich nie ganz sicher und unbeschwert durchs Leben würde gehen können, aber auf keinen Fall wollte ich es mir vermiesen lassen. Im Gegenteil, ich wollte es ja schließlich neu erobern.

Nach dem Prozess versuchte ich, mich zurück ins Leben zu kämpfen, mir ein neues Leben aufzubauen. Das bestand größtenteils darin, mich mit alten Freunden zu treffen. Sie gaben mir das Gefühl, dass nichts Besonderes mit mir war, schenkten mir eine Auszeit vom Opfersein. Wenn wir uns trafen, war meine Vergangenheit mit Daniel kein Thema. Ich sah vor unseren Treffen nicht mehr in den Spiegel, und tat ich es doch, dann dachte ich: Huch, da ist ja was mit mir und meinem Gesicht! Doch schon im nächsten Augenblick war dieser Gedanke wieder verflogen. Durch all das machte sich auch eine größere Ruhe in mir breit, ich konnte besser mit mir allein sein und mir langsam überlegen, was mir in Zukunft wichtig war.

Spaß durfte dabei jedenfalls nicht fehlen. Ich wollte ausgehen, auch flirten, ich vermisste das. Und in diesem Moment trat Sascha in mein Leben. Ein fremder Mann hatte Interesse an mir! Unglaublich! Ein Mann, der nicht wusste, wie ich vor dem Säureattentat ausgesehen hatte. Auch Jonas kannte mich nur so, mit meinen beiden Gesichtern, ich hatte ihm nur Bilder von mir vor dem Anschlag zeigen können. Aber das mit Jonas war etwas sehr Spezielles gewesen, wir beide waren uns in der Welt der Kranken begegnet. Bei Sascha war das anders, er war Mitte dreißig, voll tätowiert, gepierct, groß und kräftig, wenn ich den Fotos glauben konnte, die er mir geschickt hatte. Kennengelernt hatten wir uns am Silvesterabend 2016/2017 über Facebook. Er zeigte sich betroffen von dem, was mir passiert war, ohne dabei aufgesetzt zu klingen, er war eher zurückhaltend und sehr freundlich. Tagelang chatteten wir miteinander, bis die unvermeidliche Frage aufkam: «Wollen wir nicht mal zusammen einen Kaffee trinken?» Frech und selbstbewusst stimmte ich diesem Vorschlag zu – oder war das sogar auf meinem Mist gewachsen? Doch schon kurz danach merkte ich, dass ich viel zu übermütig gewesen war. Mir war flau im Magen und hundeelend zumute.

«Ich kann das nicht. Ich trau mich nicht.» Wieder musste Yağmur meine Launen aushalten, mein Gejammere. «Ich komme damit nicht klar.»

«Du sollst damit auch gar nicht klarkommen, du sollst dir den Typen einfach nur anschauen. Und wenn er dir nicht

gefällt, dann vergiss ihn. Du musst ihn nie wiedersehen.»
Die Logik von Yağmurs Pragmatismus war nicht von der
Hand zu weisen, aber meine Emotionalität stand auf weit-
aus wackligeren Füßen.

«Und was ist, wenn er mir doch gefällt?»

«In diesem Fall wird es ein nächstes Treffen geben, vielleicht noch eins ...»

«Ich kann aber noch nicht mit einem unbekannten Mann
einfach irgendwo in einem Café sitzen. Die Leute starren
mich an – wie soll er denn mit so einer Situation umgehen?
Der ist doch gleich wieder weg, wenn er die Blicke der anderen bemerkt.»

«Lass das doch sein Problem sein. Du musst nicht für ihn
mitdenken», machte Yağmur mir Mut.

Schon wieder hatte sie recht, und das sagte ich ihr auch,
trotzdem bekam ich meine Aufregung nicht in den Griff. Als
es nur noch wenige Stunden bis zu unserer Verabredung
waren, rief ich Sascha an: «Tut mir leid, ich muss unser
Treffen absagen, mein Vater braucht meine Hilfe.» Das war
glatt gelogen, doch ich wusste mir nicht anders zu helfen.

«Okay», sagte Sascha, «das ist schade, aber du darfst deinen Vater nicht im Stich lassen.»

Verdammt verständnisvoll, dachte ich, als das Gespräch
beendet war. Aber das war Daniel auch gewesen, als mein
Vater bei unserem ersten Treffen angerufen und wirklich
meine Hilfe gebraucht hatte. Nun gut. Aber hatte jemand,
der so reagierte, nicht eine zweite Chance verdient? Yağmur
war derselben Meinung, und so nahm ich nach einigen
Tagen meinen ganzen Mut zusammen und meldete mich
wieder bei Sascha.

«Können wir unseren Kaffee nachholen?», fragte ich.

«Klar», erwiderte Sascha. «Hol mich doch zu Hause ab.» Gleich darauf nannte er mir seine Adresse.

Einen zweiten Rückzieher wollte ich auf keinen Fall machen, auch wenn ich mir schon wieder alle möglichen Ausflüchte überlegte. Nein, noch mal kneifen gilt nicht, ermahnte ich mich. Ich hatte keine Wahl, außer den Typ endgültig zu den Akten zu legen. Das aber wollte ich nicht.

Direkt vor seiner Haustür fand ich einen Parkplatz. Ich rannte zur Klingel, drückte drauf, und als ich Saschas Stimme in der Gegensprechanlage hörte, wurden meine Knie weich. Am liebsten wäre ich davongerannt, was aber wegen der Beine, die mir nicht gehorchen wollten, nicht möglich war.

«Kommst du runter? Ich sitze in meinem Auto direkt vor der Haustür und warte auf dich», rief ich in den Lautsprecher, in meinen Ohren klang es wie ein Schreien.

«Klar, bin sofort da.»

Plötzlich konnte ich wieder laufen, und nach wenigen Schritten saß ich hinter dem Steuer. Im Auto fühlte ich mich am sichersten. Nach einer Weile beruhigte sich mein Atmen.

«Bin ich hier richtig?» Sascha riss die Autotür auf und stieg mit einem breiten Grinsen ein. Er sah genauso aus wie auf den Fotos, auf Anhieb war er mir sympathisch. Wie umging ich es bloß, dass einer von uns verlegen wurde? Schnell hatte ich mich für eine Taktik entschieden, rund zehn Minuten lang redete ich ohne Punkt und Komma, das Steuer mit den Händen fest umklammert, jedoch ohne den Motor anzulassen. Wir standen noch immer vor Saschas Haus.

«Willst du nicht mal Luft holen?», fragte Sascha, der eine kleine Redepause genutzt hatte, um mir zu verdeutlichen, was ich da gerade trieb. Ich hatte ihn nicht ein einziges Mal zu Wort kommen lassen.

«Äh ... ja, kein schlechter Gedanke», bestätigte ich stotternd.

«Und wie wär's, wenn wir uns auf den Weg zu einem Café machen?», schlug er vor. «Stundenlang im Auto sitzen ist doch nun wirklich keine Option.»

«Willst du das wirklich?» Ich hatte Angst, Sascha würde sich mit mir in der Öffentlichkeit nicht zeigen wollen, so offen formulierte ich es ihm gegenüber aber nicht.

«Spinnst du? Ich habe doch den Vorschlag gemacht.»

«Aber ...», wandte ich ein.

«Kein Aber», unterbrach mich Sascha. «Ich will mit dir einen Kaffee trinken. In einem Café. Punkt.»

Seine Ehrlichkeit war entwaffnend. Wir redeten und redeten – Sascha war darin genauso gut wie ich –, erst stundenlang im Café und dann später noch weiter in meinem Auto. Dieser Mann war einfach unglaublich toll. Nichts triggerte mich, es gab nicht die geringsten Anzeichen, dass bei ihm etwas nicht in Ordnung sein könnte, nicht einmal kam eine Situation auf, die mich an Daniel erinnerte. Das fühlte sich wunderbar an. Sascha, dachte ich, lernt mich so kennen, wie ich jetzt bin. Auch wenn meine Eltern und Freunde meinten, ich hätte mich nach der Tat nicht verändert, ich sei dieselbe wie vorher, ich konnte ihnen da nicht uneingeschränkt zustimmen. Zu vielen Dingen hatte ich eine neue Einstellung gefunden, und das betraf nicht nur das Thema Schönheit und Äußerlichkeit, ich hatte auch neue Vorstellungen entwickelt, was ich von einem Partner erwartete. So wie ich auch schon Daniel gegenüber bestimmte Bedingungen formuliert hatte, um nach unserer Trennung wieder eine Annäherung zu ermöglichen. Ich hatte mir aber auch Gedanken über mich selbst gemacht, über meine frühere Naivität, über meinen unbedingten Wunsch, in einer Beziehung nicht zu scheitern, über die Tatsache, dass ich mich selbst nicht ernst genommen hatte. Stattdessen wollte ich die Seiten an mir stärker hervorkehren, die ich an mir mochte: meine Frechheit, mein loses Mundwerk, meine Ironie. Ich wollte mich nicht mehr verstecken, nicht nur äußerlich. Doch so ganz sollte es mir bei Sascha noch nicht glücken.

Wir sahen uns jeden Tag, und wie bei jeder neuen Begegnung stand da eine gewisse Schüchternheit im Raum. Da wird taktiert, wie man sich dem anderen präsentiert, da geht man nicht gleich aufs Ganze. Man guckt und wartet ab, wie weit man gehen kann. Was mag der andere? Was mag er nicht? Man probiert das eine oder andere aus, um festzustellen, wie das Gegenüber darauf reagiert. Es dauerte aber nicht lange, bis ich das Visier abnahm und die freche Vanessa zum Vorschein kam. Ich telefonierte mit Yağmur, und Sascha hörte, wie wir uns während unseres Gesprächs «beleidigten», wie er unseren Umgangston bezeichnete. Als Reaktion auf etwas, das sie mir erzählte, fragte ich: «Sag mal, bist du behindert? Warum machst du das?» Eine Frotzelei, wie wir sie uns ständig gegenseitig an den Kopf warfen.

«Wie redest du denn mit deiner Freundin?», fragte Sascha schockiert, nachdem wir aufgelegt hatten.

«Ganz normal», erwiderte ich.

«Nein, das ist nicht normal.»

«Woher willst du denn wissen, was bei mir normal ist, du kennst mich doch noch gar nicht so lange?» Erstaunt schaute ich ihn an.

«Ich weiß doch, wie du mit Journalisten sprichst. In den

Medien kommst du ganz anders rüber», erklärte Sascha bestimmt.

«In den Medien muss ich mich entsprechend darstellen, da muss ich professionell wirken, für andere Betroffene ein Vorbild sein. Da kann ich schlecht durchblicken lassen, dass ich nur zu gern vor dem Fernseher chille, die Füße auf den Tisch lege und auch nicht groß reden möchte.»

Sascha bekam riesige Augen. «Vanessa, das glaube ich dir nicht. So, wie du da redest, das bist du nicht, du spielst nur eine Rolle.»

Genau das tat ich nicht. Aber wie sollte ich ihm das verständlich machen?

«Mach nicht so ein Drama draus, meine Freunde und ich werfen uns manchmal Sachen an den Kopf, ohne groß darüber nachzudenken. Wir finden das lustig.»

«Das ist aber ganz und gar nicht lustig», beharrte er.

Was für ein Spielverderber! Anscheinend kam er nicht mit der Vanessa klar, die in ihren eigenen vier Wänden völlig anders war als in der Öffentlichkeit. Er hatte sich durch die Berichterstattung ein bestimmtes Bild von mir gemacht, das ich nun erfüllen sollte, dem ich aber nicht gerecht werden konnte. Offensichtlich war ich für ihn das Säureopfer, dieser Stempel hatte in seinem Gehirn bestimmte Erwartungen ausgelöst. Hilf- und schutzlos – so wollte er mich haben, damit er sich gut fühlen konnte, aber so war ich nicht. Ich versuchte es ihm zu erklären: «Selbst wenn ich im Fernsehen oder sonst wo sage, dass ich ein Säureopfer bin, so benutze ich das Wort, um eine Tatsache zu beschreiben, die unabänderlich ist. Ich verbinde damit jedoch kein Gefühl, weil ich mich selbst nicht als Opfer sehen möchte. Aber um das allgemeinverständlich zu erläutern, bräuchte ich mehr Zeit, als mir die Medien in aller Regel zugestehen. Daher muss ich zu Worten greifen, die sofort jedem einleuchten und den jeweiligen Sachverhalt kurz und knapp auf den Punkt bringen.»

Ich hoffte, dass Sascha das nachvollziehen konnte, doch so war es nicht. Wir sprachen nicht darüber, er ging überhaupt nicht darauf ein, als hätte er gar nicht hingehört. Und als ich das nächste Mal wieder in meinen «beleidigenden» Sprachgebrauch verfiel, hagelte es Vorwürfe: «Wenn ein Mann nicht so redet, wie du willst, dann rastest du aus.» Und: «Du suchst die Schuld immer bei anderen.» Ich fand seine Äußerungen ziemlich unpassend, ich fand aber auch, dass wir beide genauso wenig zusammenpassten. Ich hatte bereits an mir beobachtet, wie ich mehr und mehr versuchte, meine Worte zu kontrollieren, um nur ja nicht etwas zu sagen, das ihm missfallen könnte. Das führte letztlich dazu, dass ich mich ihm gegenüber nie ganz öffnete, mich die Beziehung mit der Zeit ziemlich anstrengte. Davon abgesehen wollte ich auf gar keinen Fall die gebrochene Frau sein, als die Sascha mich imaginiert hatte. Als Konsequenz brach ich den Kontakt zu ihm ab, schon aus Selbstschutz. Nicht noch einmal wollte ich in psychologische Verwicklungen gestürzt werden, davon hatte ich genug gehabt. Diesmal zog ich rechtzeitig die Notbremse. Die Fehler, die ich bei Daniel begangen hatte, wollte ich nicht wiederholen. Ich wollte bei einem Partner so sein dürfen, wie ich bin. Da wollte ich nicht darauf achten müssen, wie ich etwas sagte.

Ich bekleckerte mich nicht gerade mit Ruhm, als ich unsere Freundschaft schließlich beendete, denn ich sagte es Sascha nicht von Angesicht zu Angesicht, sondern schrieb ihm eine SMS. Er reagierte nicht darauf, was ich völlig in

Ordnung fand; unser beider Verhalten war der Tatsache geschuldet, dass es keine gemeinsame Basis mehr gab. Es hätte nie mit uns geklappt, da war ich mir hundertprozentig sicher.

Nach einer Weile stellte ich allerdings fest, dass ich schwanger war. Damit hatte ich nicht gerechnet, denn ich hatte verhütet. Ich wollte immer eine Familie haben, aber doch nicht mit einem Mann, von dem ich mich gerade erst getrennt hatte.

«Wie schön», sagten meine Mutter und meine Schwester unisono. «Das ist doch toll, du wolltest immer Kinder.»

Ich wusste nicht, ob ich lachen oder weinen sollte. «Ja, sicher, aber ich wollte nie eine alleinerziehende Mutter sein. Ich finde es großartig, wie Yağmur das meistert, aber ich sehe eben auch, wie schwer das ist.»

«Du hast doch uns, wir helfen dir!» Meine Mutter strahlte mich an, meine Schwester nickte.

Was war ich froh, mit diesem Dilemma nicht allein dazustehen.

«Aber du musst Sascha davon erzählen, er ist der Vater. Du musst herausfinden, wie er zu dem Kind steht.» Meine kluge Schwester hatte recht, aber der Gedanke baute mich nicht gerade weiter auf.

«Ihr wisst, dass ich ihn ganz armselig per SMS abserviert habe», wagte ich einzuwenden.

«Das zählt in diesem Fall nicht, da musst du über deinen Schatten springen», stellte meine Mutter sich hinter meine Schwester.

«Gut, dann schreibe ich ihm eine SMS, dass er mich anrufen soll.» Ich seufzte und griff zu meinem Handy. Ich hatte eine Mega-Angst vor ihm, vor seiner Reaktion, wenn er erfuhr, dass ich schwanger war. Und dass ich ihn trotz allem irgendwie noch immer sehr mochte, machte mein Gefühls-chaos nicht gerade kleiner.

«Kannst du mich mal anrufen», schrieb ich ihm, «ich muss dir etwas sagen.»

Es dauerte Stunden, bis er sich meldete. Ich bat um ein Treffen, und er willigte ein. Ob er etwas ahnte?

Unser Wiedersehen war unkompliziert, er redete ganz locker mit mir, gab mir auch das Gefühl, dass meine Ent-scheidung, mich von ihm zu trennen, in Ordnung war. Wir fuhren durch die Straßen, er wartete darauf, dass ich an-sprach, warum ich ihn hatte sehen wollen. Mein Ziel war ein kleiner See, er schien mir geeignet für mein Vorhaben, mich in Ruhe mit Sascha zu unterhalten.

Nachdem ich das Auto geparkt hatte, mit Blick aufs Was-ser, wagte ich endlich den Vorstoß. «Sascha, ich bin schwan-ger.»

Sascha drehte sich zu mir, sah mich mit seinen großen braunen Augen an und sagte: «So, du bist also schwanger von mir.»

Bei diesem Satz wäre ich am liebsten gestorben, es klang auf einmal so real. Viel zu real. Ich hatte noch gar keine Ent-scheidung getroffen, wusste nicht, ob ich das Kind über-haupt behalten wollte. Erst einmal war mir wichtig gewe-sen, mich mit Sascha zu treffen. Er sollte seine Meinung sagen, und ich hoffte, dass wir uns schon irgendwie einig sein würden.

«Ja», erwiderte ich. «Ich bin schwanger von dir.»

«Mmh. Was machen wir?»

«Ganz ehrlich? Ich würde das Kind gerne behalten», hör-te ich mich sagen. War mir das eben auch noch nicht klar gewesen, hatte ich Zweifel gehegt und mich im Zwiespalt befunden, angesichts von Saschas Frage war mir schlagartig bewusst geworden: Durch meine Vorgeschichte war mir alles genommen worden, doch dieses Kind, das in mir heranwuchs, konnte mir keiner nehmen. Ich spürte, dass ich ihm all meine Liebe geben würde. Hinzu kam, dass ich immer davon ausgegangen war, dass es wegen des Diabetes schwer werden würde, ein Kind zu bekommen, wenn es denn überhaupt klappte. Wie konnte ich diesen Sechser im Lotto nun ausschlagen?

«Ich möchte das Kind auf keinen Fall, sollte dich meine Meinung interessieren», sagte Sascha in meine Gedanken hinein.

«Aber warum nicht?»

«Ich glaube, dass du keine gute Mutter wärst.»

«Wie kommst du denn darauf?» Ich fand es verstörend und grausam, wie hart Sascha über mich urteilte. Wie konnte ein Mann das zu einer Frau sagen?

«Na, wenn man sich mal anguckt, wie du deinen Hund erzogen hast, ist doch alles klar.»

Das Gespräch hatte keine gute Wendung genommen, es war nicht das erste Mal, dass er mich aus heiterem Himmel persönlich angriff. Meine Beagle-Dame hatte ich gut erzogen, sie kam, wenn sie kommen sollte, saß, wenn sie sitzen sollte. Von meinem Umgangston mit meinem Hund auf meine Qualitäten als Mutter zu schließen, das war einfach lächerlich. Mir kam der leise Verdacht, dass es um etwas anderes ging, um das, was er an mir nicht leiden konnte, das Flippige. Dennoch war mir klar, dass ich ihn mit etwas konfrontiert hatte, das nicht leicht zu verdauen war. Vielleicht brauchte er ein wenig Trost?

«Darf ich dir über den Kopf streicheln?», fragte ich.

«Nein!» Es war ein ziemlich brüskes Nein.

Meine Tränen konnte ich gerade noch zurückhalten. Wortlos ließ ich den Motor an, fuhr los und fuhr zu seiner Wohnung. Wir hatten die schwierige Situation nicht wirklich klären können, und ich war verletzt und wütend zugleich. Wir hätten uns gegenseitig stützen, wir hätten das Für und Wider besprechen können. Wegen meiner Zuckererkrankung war es durchaus möglich, dass ich nie wieder schwanger werden würde. Das hier war womöglich meine einzige Möglichkeit, Mutter zu werden. Aber Sascha wollte kein Kind, und ich hatte das Gefühl, dass es gut für ihn war. Und vielleicht auch gut für mich. Aber war es auch besser? Alles war so verwirrend. Ich wollte kein Kind, das von seinem Vater nicht gewollt war. Sascha passte nicht in mein Leben, ebenso wenig wie ich in seins. Einige Sekunden saßen wir nur schweigend da. Schließlich griff seine Hand nach dem Türöffner. Er zögerte, als er die Tür öffnete, dann stieg er aus und schlug sie zu.

Etwas später schrieb er dann, dass er traurig sei, dass er ständig weinen müsse, dass es ihm schwerfiele, seine wirklichen Gefühle vor mir zu offenbaren, er würde aber genauso leiden wie ich. Ich fragte, ob ich bei ihm vorbeikommen solle. Dieses Mal wurde ich nicht abgewiesen. An diesem Abend war es so, als hätte es nie eine Trennung gegeben.

Unsere Meinungen änderten sich, auf einmal fand er es großartig, Vater zu werden, ich wiederum war auf einmal die Realistin. Ich hatte keine eigene Wohnung, ich lebte noch immer bei meiner Mutter, Sascha war nicht der richtige Mann. Es stimmte vorne und hinten nicht. Doch noch etwas anderes ließ mich so rational denken. Es gab eine Sache, die mein egoistisches Argumentieren beförderte, und zwar mein verätztes Auge. Die Schmerzen nahmen stetig zu, da das Auge von Tag zu Tag schrumpfte; es waren Schmerzen wie bei einem Migräneanfall. Die Ärzte hatten zurückhaltend reagiert, als ich ihnen von meiner Schwangerschaft erzählte, um es mal freundlich zu formulieren.

«Der Zustand Ihres Auges droht permanent eine sofortige OP erforderlich zu machen», erklärten sie mir. «Das Auge kann jederzeit platzen oder aber in sich zusammenfallen. Sie müssten dann innerhalb von zehn Minuten ins Krankenhaus.»

«Wieso wäre es dann plötzlich so dringend?», hatte ich nachgefragt.

«Dauert es länger, könnte es zu einer Vergiftung in Ihrem Körper kommen, die das Kind ernsthaft schädigen würde. Eine solche OP könnten wir zudem nur unter Vollnarkose durchführen, die ebenfalls eine Gefahr für das Baby darstellt. Sollte es die Narkosemittel nicht vertragen, wäre das womöglich sein Todesurteil. So oder so. Es tut mir leid, wenn wir Ihnen das so deutlich sagen müssen.»

Ich war dankbar, dass niemand versucht hatte, etwas zu beschönigen. Ich überlegte: Was würde es bedeuten, sollte das Auge völlig instabil werden und ich im sechsten oder siebten Monat sein? Würde man das Baby womöglich abtreiben, sollte es zu großen Schaden nehmen? Wäre ich bereit, das in Kauf zu nehmen? Was würde Sascha mir vorwerfen, wenn ich sein Kind durch eine Notoperation verlor? Er freute sich ja inzwischen aufs Vaterwerden. Ich musste abwägen. Sollte ich mich für das Kind entscheiden, dürfte ich zudem keine Schmerzmittel mehr nehmen. All das besprach ich auch mit Sascha, er verstand jedes einzelne Argument, das ich gegen das Kind vorbrachte.

Schließlich entschieden wir uns gemeinsam gegen das Baby. Am schlimmsten dabei war, dass es eigentlich nicht wir waren, die entschieden, Daniel hatte uns die Entscheidung abgenommen. Wieder mischte er sich in mein Leben ein, in unser Leben, denn jetzt litt nicht ich allein unter den Folgen seiner Tat. Er saß zwar hinter Gittern, doch selbst von dort hatte er noch Macht über mich, konnte mir das nehmen, was in mir heranwuchs. Es war so unfassbar schmerzhaft, zu verinnerlichen, dass er mich nicht nur mit Säure attackiert hatte, sondern noch im Nachhinein zerstörerisch wirkte. Das konnte ich ihm nicht verzeihen. Mir blieb keine Wahl. Ich wusste: Stieße dem Kind irgendetwas durch eine Not-OP zu, ich würde daran zerbrechen, mit meiner Stärke wäre es vorbei. Dann hätte Daniel sein Ziel erreicht: mich zu zerstören. Vielleicht wäre es nicht so weit gekommen, vielleicht wäre alles gut verlaufen und es hätte keine Komplikationen gegeben. Aber die Ärzte hatten mich eindringlich gewarnt, die Entscheidung fühlte sich absolut alternativlos an.

Als ich nach dem Schwangerschaftsabbruch aufwachte, saß Sascha neben meiner Liege und weinte leise. Er saß da und konnte die Tränen nicht zurückhalten. Unendliches Leid breitete sich in meinem Körper aus, Daniel hatte mir auch noch mein Baby genommen. In diesem Moment wünschte ich mir, dass er genauso leiden sollte wie Sascha und ich. Nur so war die Traurigkeit zu ertragen.

Sascha und ich sahen uns nicht wieder. Zwischen uns gab es nichts mehr zu retten, ich beendete den Kontakt zu ihm endgültig. Wir waren kein Paar, und wir würden auch niemals eins sein. Ich musste mit diesem Kapitel meines Lebens abschließen, erinnerte es mich doch daran, dass ich eventuell hätte Mutter werden können, wäre es nicht durch Daniels indirektes Eingreifen verhindert worden. Wieder war ich einer extremen Situation ausgesetzt gewesen, unter die ich einen Schlussstrich ziehen musste. Offenbar konnte ich nur so herausfinden, was ich wirklich wollte. Wobei ich das immer noch nicht so ganz genau wusste. Ich wusste nur, dass ich nicht noch einmal töten würde.

15

MEIN AUGE SOLL WEG

Mai 2017

Immer wieder schaute ich mir Fotos an. Wie ich bewusstlos auf dem OP-Tisch lag, wie ich reglos im Koma lag. Sie dokumentieren, wie viel Leid ich über mich ergehen lassen musste. Auf Bildern aus der Komazeit kann man nachvollziehen, wie sich das Grün auf meiner Haut in ein Schwarz verwandelte, wie sich die Haut auflöste. Wie dann nach und nach die schwarze Kruste abfiel und darunter rohes, entzündetes Fleisch zum Vorschein kam. Auf den nächsten Bildern konnte ich mich erkennen, mit abgeschabter Haut und einer Art weißem, grobem Netz über dem Gesicht, fixiert mit Hilfe eines Metalltackers, um diese großflächige Wunde erstmals zu schließen. Aus meinem Auge hing dieser kleine Schlauch, der eine Flüssigkeit absonderte, um die letzten noch vorhandenen Säurereste zu neutralisieren.

Die nächsten Fotos, einige Tage später entstanden, zeigen die Rekonstruktion meiner Haut und meines Augenlids. Dann gibt es da noch dieses Bild, mit dem ich mein Gesicht erstmals der Öffentlichkeit präsentierte. Ich sitze auf dem Krankenhausbett mit abrasierten Haaren und in meinem weißen «We Love Vanessa»-T-Shirt, die Hände übereinandergelegt. Damit hatte ich ein Statement abgeben wollen: «Ich gebe nicht auf, Daniel hat mich nicht gebrochen.» Drei Fotografen waren für diese Aufnahme ins Krankenhaus gekommen. Mir war aufgefallen, dass sie mir kaum ins Gesicht schauen konnten. Es fiel ihnen leichter, mich zu fotografieren, dabei konnten sie sich hinter der Kamera verstecken. Alle drei hatten mir gewünscht, dass ich meine Situation meistern würde – alle drei hatten aber nicht geglaubt, dass mir das gelingen würde, wie sie mir im darauffolgenden Jahr erzählten. Der Kontakt zu ihnen war nie abgebrochen.

Tatsächlich konnte noch lange nicht die Rede davon sein, dass ich alles gemeistert hatte. Mein Auge war und blieb mein größtes Sorgenkind. Es war zwar nicht völlig blind, wie ich anfangs gedacht hatte, das war nur den Verkrustungen geschuldet – doch sehen konnte ich damit auch nicht richtig. Mehrere Ärzte kämpften darum, mein Auge sowie das restliche Sehvermögen zu retten. Eine Stunde vor der OP am 30. August 2016 hatte ich noch eine Cola trinken müssen, weil ich plötzlich unterzuckert war. Den daraus resultierenden Harndrang hatte ich während der OP wegen der Narkose nicht zu kontrollieren vermocht. Nicht gerade zur Freude des Chirurgen, denn das hatte den OP-Plan durcheinandergebracht. Nach dem Eingriff, einen Tag später, tat mein Auge extrem weh, außerdem sah es aus, als würde ich ein wenig schielen. Das verätzte Auge guckte nun zu weit nach links, es war grauenvoll. Doch weil die Netzhaut, die hinter dem Glaskörper angebracht worden war, nicht richtig saß, wollte man mich gleich noch ein zweites Mal operieren.

«Ich möchte das nicht», erklärte ich vehement. «Ich kann die Schmerzen nach der OP nicht noch einmal ertragen.»

«Aber Sie werden dann auf diesem Auge völlig erblinden.»

«Ist das nicht womöglich die bessere Option? Die ewigen Schmerzen sind auch kaum auszuhalten.»

Und stimmte es überhaupt, was die Ärzte mir sagten? War ein zweiter Eingriff wirklich notwendig? Ich fuhr sogar nach Köln, um mir eine zweite Meinung einzuholen, aber die Mediziner sagten alle das Gleiche: «Es sieht nicht gut aus.» Das Problem war, dass der Glaskörper nicht mehr richtig funktionierte und in der Folge der Augendruck verloren ging. Was letztlich bedeutete, dass das Auge in sich zusammenzufallen drohte. Unermüdlich warnte mich Dr. Martin Brauns vor dieser Gefahr, so auch als ich ihm von meiner Schwangerschaft erzählte. Dr. Brauns, groß, stattlich, sehr höflich und besorgt um mich, nahm sich stets viel Zeit für mich, nie beschönigte er etwas, nie redete er um den heißen Brei herum. Schlug er eine weitere Operation vor, sagte er: «Ich tue, was in meinen Möglichkeiten steht, das tue ich immer, aber ich kann Ihnen nichts versprechen.» Mir reichte diese klare Äußerung, um dann am Ende wieder in eine OP einzuwilligen.

Weil aber ein Eingriff nach dem nächsten scheiterte, erklärte ich ihm: «Ich kann nicht mehr, was für einen Sinn hat das alles noch? Ist es nicht doch besser, wenn Sie das Auge einfach ganz entfernen?» Ich hatte mich in der Zwischenzeit über Glasaugen informiert. Eine Augenprothese schien mir keine schlechte Alternative zu sein, in Kleinstarbeit wurde dabei weißes und farbiges Glas unter Hitze so bearbeitet, bis es zum Schluss möglichst wie ein natürliches Auge aussah, und zwar angepasst an das Gesicht des jeweiligen Trägers. Wenn über kurz oder lang sowieso ein

Glasauge auf mich zukommen würde, warum dann nicht gleich?

Dr. Brauns schüttelte bedächtig den Kopf, als würde er darüber nachdenken, wie er meiner Erschöpfung, was zukünftige Operationen betraf, begegnen konnte. Seine hohe Stirn legte sich in Falten. «Wir versuchen es noch einmal. So schnell gebe ich mich nicht geschlagen», sagte er schließlich. «Und Sie sollten es auch nicht tun. Über ein Glasauge können wir dann immer noch nachdenken.»

So wurde mein linkes Auge weiter mit Öl behandelt, jeden Monat erhielt ich eine Amnionmembrantransplantation (AMT), da das Amnion nur temporär eingesetzt werden konnte. Die Membrantransplantation stellte eine Alternative zu anderen Augenrekonstruktionen dar, die insbesondere meine Hornhaut sowie die Blutgefäße im Auge stabilisieren sollte. Die Blutgefäße waren nicht völlig zerstört und teilweise noch vorhanden und sollten auf diese Weise zum Nachwachsen animiert werden. Das Implantat riss aber immer wieder, sodass ich nicht einmal, sondern manchmal zwei- oder sogar dreimal im Monat auf dem ambulanten OP-Tisch lag, weil ich keine klare Sicht mehr hatte, alles wie durch einen Nebel sah. Eine äußerst trübe Angelegenheit. Durchführen durfte die AMT einzig und allein Dr. Katerina Hufendiek, die Oberärztin an der MHH war. Zu ihr hatte ich grenzenloses Vertrauen. Und das musste man bei dieser Transplantation ohne Vollnarkose auch haben. Ich lag dann da, das Auge von ein paar Tropfen eines örtlichen Betäubungsmittels lahmgelegt, während neben mir die Ärztin saß, mit Nadel und Faden in der Hand, und munter in meinem Auge herumpikste.

«Zähne zusammenbeißen», sprach ich mir selbst Mut zu.

Katerina Hufendiek war mittelgroß, hatte lange dunkelbraune Haare, einen Akzent, den ich nicht einordnen konnte, der aber zum Verlieben war, und eine sichere Hand. Niemals hätte sie es zugelassen, dass mein Äußeres noch weiter verunstaltet wurde, als es ohnehin schon war. Oft erkundigte sie sich sonntags per SMS, ob alles gut sei. Wie für alle anderen Ärzte auch war ich keine Nummer für sie, keine x-beliebige Patientin. Ohne ihre Fürsorge hätte ich das alles kaum ausgehalten. Diese ganze Scheiße – anders konnte man das alles nicht nennen.

«Noch fünfmal Stechen, dann ist es vorbei», versicherte sie aufmunternd.

Ich war schweißgebadet, vor Angst und vor Schmerzen, denn die Tropfen wirkten nur oberflächlich – und wer mochte es schon, wenn mit Nadel und Faden am Auge herumgepikst wurde? Mit jedem Stich hasste ich Daniel mehr. Doch als ich merkte, dass ich diese Qualen plötzlich als normal empfand, wurde ich tieftraurig, denn damit ließ auch mein Hass nach. Ohne Zweifel ging eine Veränderung in mir vor, ohne dass ich sie wirklich hätte fassen können.

«Und jetzt die Kontaktlinse.» Frau Dr. Hufendiek war fertig mit der Transplantation, ich musste nun eine recht große Kontaktlinse in das frisch genähte Auge einsetzen, die verhinderte, dass meine Wimpern das neue Gewebe wie Rasierklingen aufschnitten. Häufig ging die Linse verloren, und wieder musste ich mich schnellstens auf den Weg ins Krankenhaus machen.

Einmal passierte genau das, was die Linse eigentlich hätte verhindern sollen – eine Wimper riss mein neues Augenimplantat auf, das Öl trat aus, und ich hatte höllische Schmerzen. Sofort setzte ich mich ins Auto, um ins MHH zu fahren, doch die Schmerzen waren kaum auszuhalten. Immer wieder musste ich anhalten, um nicht zur Gefahr für andere Verkehrsteilnehmer zu werden. Ich spürte einen enormen Druck im Kopf, als hätte ihn jemand mit einem Hammer zertrümmert. Dazu quälende Gedanken, die sich im Kreis drehten: Warum nur ich? (Eine völlig sinnlose Frage, die sich in solchen Situationen aber gerne mal als eine der ersten bemerkbar macht.) Wieso können sie mir das Auge nicht einfach ganz herausnehmen? Immer wieder hatte ich darum gebeten, denn der Leidensdruck war hoch, viel zu hoch. Warum nur wollte mich keiner hören? Sollte das ein Leben lang so weitergehen? Diesen Gedanken konnte ich nicht ertragen. Daniel war zwar verurteilt, er saß im Knast, aber erneut hatte ich das Gefühl, dass er mich ebenfalls eingesperrt hatte, in meinem Schmerz, in meiner Angst, in Krankenhäuser.

«Jetzt kann ich wirklich nicht mehr», sagte ich eines Tages zu Dr. Brauns. «Das Auge muss raus. Ich habe es immer eingesehen, wenn weitere Operationen nötig waren, um eine definite Erblindung aufzuhalten. Doch jetzt glaube ich nicht mehr daran, dass das Auge noch zu retten ist.»

«Sind Sie sich wirklich sicher?», fragte er mich ernst.

Ich nickte. Vehement. Mehrmals.

«Aber die Medizin macht permanent Fortschritte.» Mein Arzt unternahm einen letzten Versuch. «In zehn Jahren können wir Ihnen vielleicht Ihr Augenlicht so zurückbringen, dass es kaum von Ihrem normalen, gesunden Auge zu unterscheiden ist. Sie dürfen die Hoffnung einfach nicht aufgeben.»

«Sie sagen selbst: vielleicht. Ihre Hoffnung ist eine vage Hoffnung, und sie reicht mir einfach nicht, um die ständigen Torturen auszuhalten. Zehn Jahre? So lange kann ich nicht warten und die Schmerzen ertragen, so lange will ich nicht durchhalten. Oft genug muss ich vor Schmerzen erbrechen, das kann ich nicht noch zehn Jahre lang ertragen. Ich brauche einen Cut.» In zehn Jahren sollte Daniel entlassen werden, womöglich sogar früher. Das war eine Zeitspanne, die mich noch am wenigsten überzeugen konnte.

«Wenn es so ist, dann akzeptiere ich Ihren Entschluss», sagte Dr. Brauns nach einer kurzen Pause. «Ich weiß, Sie quälen sich mit dem Auge, und die Schmerzen kann ich Ihnen nicht nehmen. Leider.»

Endlich hatte ich Dr. Brauns überzeugt, nun musste ich nur noch meinen Vater umstimmen. Jedes Mal, wenn ich ihn darauf ansprach, dass es mein Wunsch war, das Auge entfernen zu lassen, geriet er in eine emotionale Krise.

«Für mich wäre es furchtbar, wenn du dein Auge entfernen lässt. Du würdest dein Augenlicht verlieren, es aufgeben», gestand er, wobei es ihm kaum gelang, seine Tränen zurückzuhalten. Er nahm seine Brille ab, ohne die er sich schrecklich unbehaglich fühlte, weil er dann selbst halb blind war. Überhaupt konnte er es aus unserer Familie am schwersten ertragen, was mir durch die Tat an Leid zugestoßen war. Immer wieder versuchte er mit mir darüber zu reden, versuchte zu begreifen, wie mir das hatte passieren können.

«Papa, ich verliere nicht mein Augenlicht, du dramatisierst. Auf dem rechten Auge kann ich wunderbar gucken, und das wird auch nach dem Eingriff immer noch so sein. Es wird einfach die Aufgaben des linken Auges größtenteils übernehmen. Ich werde lesen und Auto fahren können, sehen, wie du dich grämst. Nicht die kleinste Kleinigkeit wird mir entgehen.»

«Ich wüsste wirklich nicht, was ich an deiner Stelle machen würde.» Er war noch immer nicht überzeugt.

«Keiner kann sagen, wie er in bestimmten Situationen reagieren würde. Hätte mir jemand vor Jahren erzählt, dass ich einmal so aussehen würde, wie ich jetzt aussehe, ich hätte wahrscheinlich geantwortet, dass ich mich auf der Stelle umbringen würde. Wäre das in deinem Sinne gewesen?»

«Natürlich nicht», stöhnte mein Vater auf.

«Komm, vergiss es, schenk mir lieber noch ein Glas Wein ein.»

Schließlich gab mein Vater sich geschlagen. Und ab dem Moment standen mein linkes Auge und die damit verbundenen OP-Vorbereitungen im Fokus.

In den Akzent von Dr. Katerina Hufendiek, den ich nicht zuzuordnen vermochte, hatte sich schon vor mir jemand anderes verliebt, nämlich ihr Mann Dr. Karsten Hufendiek, ebenfalls Oberarzt an der Augenklinik der MHH. Er sollte mein verätztes Auge operativ entfernen. Die beiden waren ein hübsches Paar. Waren Augenärzte immer so attraktiv? Lustig, dass sie beide keine Brille trugen. Katerina Hufendiek gehörte ebenfalls zum OP-Team, genauso wie Gerald Greiner aus München, der mir von ihrem Mann vorgestellt wurde. Gerald Greiner hat einen außergewöhnlichen Beruf, er ist Ocularist, also jemand, der Augenprothesen herstellt und anpasst. Er war also der Spezialist für mein künstliches Auge, das anstelle meines verätzten eingepflanzt werden sollte. Immerhin trug er eine Brille, durch die er mich mit seinen blauen Augen anblickte. Auf seltsame Weise beruhigte mich das.

Dr. Karsten Hufendiek erklärte mir das operative Vorgehen im Beisein aller anderen: «Es gibt verschiedene Methoden, eine davon ist die komplette Entfernung Ihres Auges. Alternativ öffnen wir es, höhlen es aus, setzen eine Art Kugel in den Körper und nähen es wieder zu.»

«Wirkt mein Auge bei der zweiten Variante hinterher nicht starr? Wie bei einem Monster?», fragte ich erschrocken. «So wie Sie es beschrieben haben, klingt es ganz danach. Und ehrlich gesagt, ein Auge, das sich nicht bewegt – diese Vorstellung macht mir Angst.»

«Das wird aber wahrscheinlich so sein», mischte sich unvermittelt Gerald Greiner ein. Offensichtlich gehörte er zu jenen Menschen, die einem unverblümt die Wahrheit ins Gesicht sagten, was ich ansonsten gut vertragen kann. In diesem Moment allerdings, im Besprechungsraum der Klinik, tat ich mich schwer damit. Ich musste das alles erst einmal verarbeiten. «Ich würde es grundsätzlich als großen Erfolg ansehen», fuhr er fort, «wenn wir überhaupt eine Prothese in Ihr Auge hineinbekommen.»

Jetzt war ich endgültig am Boden zerstört. Diese Information war zu viel für mich. Alles, was ich mir bis zu diesem Zeitpunkt bei einem künstlichen Auge vorgestellt hatte, war eine Prothese, die sich wie ein normales Auge bewegte, wenn ich nach links oder rechts sah, nach oben oder unten. Im Internet hatte ich viel dazu gelesen, und das hatte alles so schön unkompliziert geklungen. Man würde das Glasauge einsetzen, und die Schmerzen wären weg. Genau das war es, was ich wollte. Doch gerade eben hatte ich erfahren, dass es in meinem Fall eventuell gar nicht möglich war, eine Prothese einzusetzen. Was lief in meinem Leben bloß schief? Ich konnte nicht mehr, ich ertrug die Ärzte um mich herum nicht mehr. Ich rannte aus dem Raum ohne ein einziges Wort. Alles schien über mir zusammenzubrechen.

Vor dem Krankenhaus setzte ich mich in mein Auto und fing an zu weinen, was meinem kaputten Auge aber gar nicht guttat, denn es fing heftig zu pochen an.

Fast einen Monat lang wollte ich nichts mehr von der OP wissen, nichts davon hören. Jeden, der mich darauf ansprach, verdonnerte ich zum Schweigen. Als ich mich einigermaßen beruhigt hatte, überwand ich mich und vereinbarte einen Termin mit dem Kunstaugenspezialisten, dem Ocularisten. Dieser Mann ist von unschätzbarem Wert für dich, sagte ich mir. Er kann dir helfen, doch du musst ihn nehmen, wie er ist. Mag er seine Gedanken auch raushauen ohne Rücksicht auf Verluste. Allmählich dämmerte mir, dass er mich nur vor falschen Erwartungen hatte schützen wollen.

Nächtelang hatte ich im vergangenen Monat vor meinem Computer gesessen und im Internet zu den diversen Methoden und möglichen Risiken einer solchen OP recherchiert. Ich notierte mir meine Fragen auf einem Zettel. Am Ende wurde es eine sehr lange Liste, denn mir war klar, dass ich nicht alles glauben durfte, was im Internet kursierte. Oft genug, das hatte ich in den letzten Monaten festgestellt, waren gerade auf dem medizinischen Sektor Fehlinformationen unterwegs. Um mir ein besseres Bild machen zu können, hatte ich auch mit Menschen gechattet, die nur ein Auge besaßen. Das Problem war letztlich, dass ich zu viele Meinungen aufgesaugt hatte, ohne mir selbst genügend Raum dafür zu lassen, mir eine eigene zu bilden.

Mit dem Zettel in der Hand marschierte ich zu Gerald Greiner. Und als ich ihm gegenübersaß, konfrontierte ich ihn gleich ohne Umschweife mit der Frage, die mir am wichtigsten war und die ganz oben auf meiner Liste stand:

«Meine größte Angst ist der Schmerz. Tut das Auge weh, wenn man es mir entfernt und durch die Prothese ersetzt hat?»

«Eine Operation ist eine Operation», erwiderte Gerald Greiner. «Und jede OP bereitet hinterher Schmerzen, doch die gehen vorbei. Sie halten nicht an.» Das war ein entscheidender Aspekt. «Dennoch», fuhr er fort, «der Eingriff kann mit Komplikationen einhergehen, die nicht vorhersehbar sind. Das müssen Sie einkalkulieren. Ihr Fall ist alles andere als alltäglich. Aber das wissen Sie selbst am besten.»

Das klang alles nicht gerade gut. Doch das hatte es vorher auch schon nicht getan.

«Und wie sieht es mit der Beweglichkeit aus?», fragte ich nochmals konkret nach.

Er schüttelte den Kopf, sodass seine hellblonden Haare sich bewegten. «Das kann Ihnen im Vorfeld keiner sagen.»

Anscheinend konnte niemand eine verbindliche Aussage machen, was das anging. Nächste Frage: «Muss ich auch nach so einer OP stündlich fünf verschiedene Tropfen in mein Auge hineinträufeln, damit es feucht bleibt? Lebenslang?»

«Fünf verschiedene nicht und auch nicht unbedingt stündlich, aber Sie werden es automatisch immer dann tun, wenn Sie merken, dass es sinnvoll wäre.»

So ging es über eine Stunde lang, vorlaut, provokativ von meiner Seite aus, zurückhaltend von seiner. Ich merkte, wie er bei meinen Äußerungen manchmal schluckte, nicht immer wusste, wie er reagieren sollte. Ein Eindruck, den er mir später bestätigte. Es war zu spüren, dass er versuchte, mir die ein oder andere Tatsache schonend beizubringen, ohne mich zu verletzen. Ich sollte wohl nicht noch einmal aus dem Raum stürmen. Sein Einfühlungsvermögen, seine Empathie ging sogar so weit, dass er Professor James Merritt aus Dallas in den USA kontaktierte, einen weltweit anerkannten Augenheilkundler. Am Ende erklärte dieser sich bereit, nach Deutschland zu reisen, nicht nur, um mich zu operieren, noch fünf weitere schwere Eingriffe wollte er durchführen. Das aber nicht in Hannover, sondern in der Augenklinik in Tübingen.

Die Tübinger Klinik glich mehr einem Hotel, das fand nicht nur ich, sondern auch Yağmur, die mich zu diesem Termin begleitete. Der 30. Mai 2017 war fast schon ein Sommertag, obwohl noch Frühling war. Neben Yağmur war noch eine andere Person an meiner Seite: Gerald Greiner. Das Vorgespräch entwickelte sich zu einer Horrorshow. Professor Merritt war genau so, wie ich mir bislang einen Professor vorgestellt hatte, ehrwürdig, mit Haaren, die eindeutig auf ein gewisses Alter hindeuteten, mit dichten, noch schwarzen Augenbrauen, die sich buschig in die Höhe streckten. Auch die Brille fehlte nicht. Das Einzige, was fehlte, war ein Cowboyhut. Aber nicht alle Menschen aus Texas schienen Cowboyhüte zu lieben.

«Ich spiele mit dem Gedanken, Sie nicht zu operieren», sagte er zu mir auf Englisch, nachdem er mich untersucht hatte.

«Und warum nicht?» Gerald Greiner stellte die Frage, bevor ich dies konnte.

«Mmh», erwiderte der Texaner gedehnt, «einen solchen Fall habe ich noch nie erlebt.» Dann blickte er mich an und sagte: «Würden Sie vielleicht für fünf Minuten den Raum verlassen, damit wir Ärzte uns noch einmal über Sie unterhalten können?»

Nein! Was ging hier vor? Alles brach aus mir heraus, meine Sehnsucht danach, dass mein Auge endlich entfernt wurde, dass in absehbarer Zeit die Schmerzen vorbei sein würden. Ich wollte dieses Auge nicht mehr, die ganze Last, die damit verbunden war, sie war inzwischen so groß geworden, dass ich das Auge zu hassen begonnen hatte. Und das gab ich ihm auch laut und deutlich zu verstehen.

«Ich will mit diesem Auge nicht mehr zurück nach Hause fahren», sagte ich, nun ganz leise, am Ende meines Ausbruchs.

Alle versuchten mich zu beruhigen, aber ich wollte mich gar nicht beruhigen lassen. Dieser ganze Selbsthass machte es mir unmöglich, meine Perspektive aufzugeben und ihre Sichtweise nachzuvollziehen, nicht einmal für einen kurzen Moment. Ich war einfach nur felsenfest davon überzeugt, dass mich keiner von ihnen verstand.

Schließlich ging ich aber doch noch nach draußen, wo ich wütend den Flur auf und ab tigerte. Dass da hinter der weißen Tür ohne mich über etwas bestimmt wurde, was mich anging, das war kaum auszuhalten. Von allen möglichen Selbstzweifeln wurde ich geplagt, mörderische Gedanken gingen mir durch den Kopf, gleichzeitig verspürte ich eine riesengroße Einsamkeit. Über ein Jahr war der Säureanschlag jetzt her, doch es kam mir immer noch so vor, als wäre es gestern gewesen. Mochte meine Haut auch heller geworden sein, nicht mehr so gerötet, mochte ich mich auch an meine zwei Gesichter mehr und mehr gewöhnt haben, trotz der vielen Narbenstränge, die meine linke Gesichtshälfte überzogen, die mein Ohr wie einen Bilderrahmen umrandeten und die meine Lippenkonturen zum Verschwinden gebracht hatten – es blieb ein Jahr, das in jeder Hinsicht gnadenlos gewesen war und all meine Kräfte gefordert hatte. Es war nicht einfach, damit umzugehen, dass meine Mimik sich veränderte, mein gesamtes Gesicht sich zu einer Fratze verzog, sobald ich meinen Mund öffnete. Mein linkes Augenlid, über dem sich nur noch eine halbe Augenbraue befand, war dann völlig verzerrt, das Schielen kam deutlich zum Vorschein. Lachte ich, so schob sich die Haut in kleinen Falten zusammen, dass es aussah, als hätte man mir eine Plastikfolie übers Gesicht gelegt. Wie bei einem misslungenen Facelifting. Mein linkes Nasenloch verkümmerte, weil auch hier Narben wucherten. Im Liegen hatte ich das Gefühl, als würde meine Nase komplett zuwachsen, als bekäme ich keine Luft mehr. Überhaupt zog jede einzelne Bewegung in meinem Gesicht eine Kettenreaktion nach sich. Mein Hörvermögen auf dem linken Ohr war beeinträchtigt, die Ohrmuschel größtenteils nicht mehr vorhanden. Die Rekonstruktion des Ohrs war unter großen Schmerzen versucht worden, aber daran gescheitert, dass das Gewebe wieder abstarb. Eine erneute Rekonstruktion zu versuchen kam für mich nicht in Frage, dazu war ich einfach nicht in der Lage. Hinzu kamen die psychischen Folgen, Flashbacks, Albträume und traumabezogene Ängste. Was ich auch nicht vergessen konnte, war die Tatsache, dass ich mich wegen dieses Auges dafür entschieden hatte, mein Kind abzutreiben. Ich brauchte eine Hoffnung. Dringend.

Endlich ging die Tür zum Ärztezimmer wieder auf.

«Kommen Sie», sagte Gerald Greiner. Es war ihm anzusehen, dass er mit mir fühlte, es war ihm aber nicht anzusehen, was die Unterredung als Ergebnis gebracht hatte.

Professor Merritt ergriff das Wort, ernst sah er mich an. «Wollen Sie das Auge entfernt haben, weil es schmerzt, oder wollen Sie die OP aus ästhetischen Gründen?»

Hatten Sie es denn immer noch nicht kapiert? Es ging mir nicht um die Optik. Hatte ich nicht vorhin schon deutlich gemacht, dass dieser Schmerz nicht mehr auszuhalten war? Ich sagte es ihnen noch einmal, laut und deutlich. Professor Merritt senkte für drei Sekunden seinen Kopf und hielt inne, wieder konnte ich meine Tränen nicht stoppen, die Furcht, dass er mich nicht operieren würde, war einfach zu groß. Schließlich schaute mich die Koryphäe aus Dallas an und sagte: «Okay.»

Wie? «Was meinen Sie mit okay?», fragte ich nach, während das Weinen langsam nachließ, so ganz hatte ich nicht begriffen, was er mit dem Wort meinte.

«Okay», wiederholte er. Mehr nicht.

Noch zweimal musste ich nachhaken. Anscheinend war ich im Moment nicht fähig, Dinge richtig einzuschätzen. Aber dann endlich verstand ich, dass die OP für den nächsten Tag, den 31. Mai 2017, um 13 Uhr angesetzt war. Als dieser Termin in mein Hirn eingesickert war, war ich auf einmal der glücklichste Mensch auf Erden, ich hätte alle die anwesenden Ärzte und Ocularisten umarmen können. Aber ich hielt mich zurück.

In der folgenden Nacht konnte ich kaum schlafen. Die Augen-OP war die größte Operation, die nach der Tat bei mir gemacht wurde. Und nicht nur das: Über die anderen Eingriffe hatte ich nie selbst bestimmen können, bei diesem war es anders gewesen. Ich wollte das Auge loswerden, das Auge, das mit seinen Schmerzen zum pochenden Zentrum von Daniels Tat geworden war.

Der Vormittag wollte nicht enden, doch zum Glück lenkte mich Yağmur ab. Sie erzählte mir alle möglichen Anekdoten von ihrem Kind, quasselte in einem fort, damit ich nicht ins Grübeln kam, nicht darüber nachdachte, was alles schiefgehen konnte. Endlich, um 12:40 Uhr, wurde ich in meinem Bett in den OP-Saal geschoben. Yağmur hatte mir noch viel Glück gewünscht und versprochen, sie würde da sein, an meinem Bett, wenn ich wieder aufwachte.

Im OP-Saal musste ich mich auf einen Stuhl setzen, der anschließend in eine Liegeposition gebracht wurde. Alle nötigen Zugänge wurden gelegt, der Blutzuckerwert wurde kontrolliert, und dann sah ich ihn: Gerald Greiner in voller grüner OP-Montur. Ich war erleichtert, er ließ mich wirklich zu keiner Zeit allein. Ich sagte: «Danke, dass Sie für mich da sind.»

Als der Anästhesist zu mir trat und wissen wollte, ob alles in Ordnung sei, fragte ich: «Und was ist, wenn Sie mir zu viel von dem Narkosemittel spritzen?» Diese Frage hatte mich schon immer beschäftigt, schon als kleines Kind. Eine der typischen Lebensfragen, die nach der Komaerfahrung noch bedeutsamer geworden war.

«Sie könnten sich keinen besseren Tod wünschen», witzelte er glaubwürdig. «Aber Spaß beiseite, Sie werden schlafen und die schönsten Träume haben.» Er blieb bei mir, bis ich weggedämmert war.

Als ich aufwachte, blickte ich in einen blauen Himmel mit weißen Wolken. Ich war aber nicht gestorben, befand mich auch nicht in einer Traumwelt, sondern in einem Aufwachraum, der Wolkenhimmel über mir war kunstvoll aufgemalt. Und ich konnte ihn sehen, mit meinem gesunden Auge. Eine Schwester meinte: «Alles ist überstanden, ruhen Sie sich aus, wir werden Sie bald auf Ihr Zimmer bringen.»

Die Narkose war die beste, die ich bislang bekommen hatte. Mir war hinterher überhaupt nicht schlecht, ich musste mich nicht übergeben, vielmehr verspürte ich sogar einen leichten Hunger auf einen Burger. Und noch etwas Erstaunliches stellte ich fest: Der Schmerz in meinem Kopf war weg. Und dies war nicht nur den Medikamenten geschuldet. Seit dem Tag der OP habe ich keine Kopfschmerzen mehr. Damals fühlte es sich nur so an, als hätte ich wieder ein Sandkorn im Auge, doch nur unmittelbar nach dem Eingriff. Das Gefühl verschwand recht bald.

Als ich in mein Zimmer gerollt wurde, lächelte mich Yağmur an. Anscheinend war alles gut verlaufen, denn weder die Schwester im Aufwachraum noch sonst jemand guckte in irgendeiner Form beunruhigend hektisch herum.

«Ich möchte in den Spiegel schauen», sagte ich, nachdem ich mich noch eine Weile von der Narkose erholt hatte.

Yağmur half mir beim Aufstehen, zusammen gingen wir ins Bad. Mein Gesicht war geschwollen, das Auge verbunden, ansonsten war nichts zu erkennen. Aber es war der erste Blick in einen Spiegel, ein erstes Betrachten meines Gesichts ohne diesen quälenden Schmerz, der mich immerzu an Daniels Tat erinnert hatte. Ohne Schmerz würde es viel leichter sein, meinen eigenen Weg zu gehen. Und ich hatte das Gefühl, dass nun eine Zeit anbrach, in der Daniel nicht mehr würde über mein Leben bestimmen können.

«So wohl habe ich mich seit der Tat nicht mehr gefühlt», sagte ich zu Yağmur.

16

NICHT JEDER KANN SICH EINE PERÜCKE LEISTEN

Sommer 2017

Ich konnte ihren Anblick nicht vergessen. Sie hatte nebenan auf der Intensivstation gelegen, ein Mädchen von vielleicht neun, zehn Jahren. Nie hatte ich mit dieser jungen Patientin gesprochen. Die Wände zu den Nebenzimmern bestanden größtenteils aus Glas, sodass die Ärzte und Schwestern, wenn sie bei mir waren, auch in den Raum rechts oder links von mir schauen konnten, damit ihnen nichts entging. Verließen sie mein Zimmer, wurden Vorhänge vor das Glas gezogen, damit ich nicht mitbekam, was nebenan passierte. Einmal hatte man es jedoch unterlassen, einen Sichtschutz richtig zuzuziehen, sodass ich dieses Mädchen beobachten konnte, während ihre Verbände gewechselt wurden. Sie lag in einem Bett aus Sand, auf einer Art Sandmatratze. So konnte die Luft unter ihrem Rücken zirkulieren, denn dieser war völlig verbrannt, genauso wie ihr Gesicht, es war komplett entstellt. Auf dem Kopf hatte sie nicht ein Haar, nicht einmal den geringsten Flaum. Und so, wie die Haut aussah, war es kaum anzunehmen, dass sie je wieder wachsen würden. Ich war zwar kahl rasiert, aber jeden Tag wurden die Stoppeln ein wenig länger, wenigstens bildete ich mir das ein, wenn ich mir mit den Fingern durch die Haare fuhr. Und auch wenn ich damals noch nicht wusste, wie ich aussah, so war mir klar, dass es dieses Kind weitaus schlimmer erwischt hatte als mich.

Nachdem man den Vorhang dann doch wieder zugezogen hatte, lag ich in meinem Bett und dachte: Ich bin sechsundzwanzig, ich habe Blödsinn gebaut, ich habe Männer kennengelernt, Männer, die mir gutgetan haben, und Männer, die mir weniger gutgetan haben. Doch dieses Mädchen hatte noch alles vor sich. Was würde geschehen, wenn es in die Pubertät kam – wer würde ihr helfen? Seelisch und vielleicht auch finanziell? Das Mädchen tat mir unendlich leid. Meine Freunde hatten die «We Love Vanessa»-Aktion ins Leben gerufen, sie hatten zu Spenden aufgerufen, um mit ihnen Operationen bezahlen zu können, die meine Krankenkasse womöglich nicht übernehmen würde. So bezahlten Krankenkassen nämlich in den seltensten Fällen für Haartransplantationen; solche Eingriffe fielen unter Schönheitsoperationen, und dafür musste man selbst aufkommen. Was, wenn die Eltern des Mädchens nicht einmal Geld für eine Perücke hatten, die nicht gleich auf dem ersten Blick als Perücke erkennbar war, für eine gute Perücke also? Immer mehr kam ich zu der Überzeugung, dass dieses Mädchen nicht so viel Glück gehabt hatte wie ich. Aber warum hatte ich in meinem Unglück mehr Glück gehabt? Warum war es nicht umgekehrt?

Als meine Schwester mich das nächste Mal besuchte, sagte ich: «Es ist ja viel Geld auf dem Spendenkonto eingegangen – was hältst du davon, wenn wir auch anderen davon etwas abgeben? Anderen, die auch Opfer von Säureanschlägen geworden sind? Ich bin ja nicht die Einzige, und Hilfe können sie bestimmt alle gebrauchen. Und wenn es nur Zuspruch ist.»

«Tolle Idee, da wäre ich sofort dabei», antwortete sie. «Aber noch ist es zu früh dafür. Werde erst mal gesund, dann kümmern wir uns darum.»

«Sicher?»

«Ganz sicher.»

Sie hatte mein Vorhaben nicht vergessen, ich musste sie nicht darauf ansprechen, sie tat es von sich aus. Nachdem man mich auf ein normales Stationszimmer verlegt hatte, kam sie eines Tages an, um mir strahlend zu erklären: «Ich habe lange darüber nachgedacht – du solltest einen Verein gründen, und ich hab auch schon einen Namen dafür.»

«Du hast schon einen Namen?» Ich war ein Energiebündel, aber meine Schwester konnte es offensichtlich auch sein.

«AusGezeichnet – wie findest du ihn? Das G großgeschrieben?»

Ich sagte das Wort mehrmals laut vor mich hin.

«Du bist zwar durch die Tat gezeichnet, aber auch ausgezeichnet.» Meine Schwester wollte mir ihre Wahl näher erläutern, aber ich hatte den Namen längst akzeptiert.

«Super!» Ich fand die Vorstellung großartig: ein Verein von einer Entstellten für Entstellte. Für Menschen, die wie ich von Narben gezeichnet waren. Das musste gar nicht unbedingt die Folge einer Gewalttat sein, die Narben konnten auch durch einen (Arbeits-)Unfall oder ein Feuer verursacht worden sein, vielleicht gab es sogar Entstellungen von Geburt an, bei denen Mütter und ihre Babys Unterstützung brauchten. In Gedanken malte ich mir aus, was ich alles tun konnte, wenn ich wieder einigermaßen mit mir selbst klarkam.

Ein Jahr nach Daniels Attacke war es dann so weit, AusGezeichnet war gegründet und als Verein anerkannt worden. Ein wichtiger Schritt. Ich wollte die Hilfe zurückgeben, die ich selbst erfahren hatte. Ich wäre mir egoistisch und unverantwortlich vorgekommen, wenn ich das auf dem Spendenkonto eingegangene Geld ganz für mich allein ausgegeben hätte. Ich fand, das gehörte sich nicht. Das Leben war ein Kreislauf, alles kehrte zurück. Es ging mir aber bei dem Verein nicht nur darum, finanzielle Hilfe zu leisten, ich wollte auch zeigen, dass Entstellungen kein Grund waren, Angst zu haben und sich womöglich zurückzuziehen. Entstellte Menschen sollten sich in der Öffentlichkeit zeigen, sie gehörten dazu, zu unserer Gesellschaft. Ich wollte verdeutlichen: Man muss nicht makellos aussehen, um ein toller Mensch zu sein.

Aus diesem Grund sollte der Verein auf mehreren Ebenen Unterstützung anbieten. Zum einen wollte ich Menschen, die durch Narben gezeichnet waren, begleiten, für sie da sein, mit ihnen reden, ihnen zuhören, ihnen von meinen Erfahrungen erzählen – genau das hatte ich mir von der Reha erhofft, auch wenn es dort nur bedingt möglich gewesen war. Gleichzeitig sollte es kein einseitiger Austausch sein, denn ich wollte selbst von den Erlebnissen, die andere gemacht haben, ein Stück weit lernen. Darüber hinaus hatte ich mir vorgenommen, zu Verletzten ins Krankenhaus zu gehen, um ihnen die nächsten anstehenden Schritte und Eingriffe zu erklären, ganz ohne medizinische Fachbegriffe. Und ich wollte sie auch an meinen Erfahrungen im Umgang mit Behörden und Krankenkassen teilhaben lassen. AusGezeichnet war somit ein Selbsthilfeverein. Ich wollte anderen die Unterstützung geben, die ich mir am Anfang, nach dem Aufwachen aus dem Koma, selbst gewünscht, aber nirgends gefunden hatte. Jeder hat Angst, anders zu sein, aber jeder von uns ist anders – das Betroffenen zu vermitteln, hatte ich mir vorgenommen. Und wenn ich nur einem Menschen mit Rat und Tat zur Seite stehen konnte, so dachte ich, dann hätte der Verein sich schon gelohnt. Niemand sollte sich unterkriegen lassen. Jeder sollte in seinem eigenen Schicksal, und sollte es mit noch so viel Leid verbunden sein, einen Sinn sehen.

Neben dieser sehr persönlichen Unterstützung war es uns natürlich auch ein Anliegen, materiell zu helfen, etwa mit unseren sogenannten SOS-Paketen. Sie enthalten das, was ich aus meiner Erfahrung als absolut nützlich wahrgenommen habe, darunter Verbandszeug, Spezialbäder, bestimmte Seifen und Cremes sowie Kompressionskleidung. Meine eigene Kompressionsmaske, die ich in der Reha-Klinik getragen hatte, schickte ich später einer Frau, die in Russland lebte und völlig falsch behandelt worden war. Bei vielen Menschen, die den Verein seither um Hilfe gebeten haben, war es mit einem einzigen Paket nicht getan, sie haben immer wieder welche bekommen. Inzwischen betreut unser Verein zwanzig Fälle.

Das erste Opfer, das ich durch meine neue Arbeit kennenlernte, stammte aus Paderborn. Auch bei dieser Frau hatte der Exfreund sie zu Hause aufgesucht und ihr heimtückischerweise Säure ins Gesicht geschüttet. Zum ersten Mal wusste ich, dass ich nicht allein war. Ein zweites Säureopfer meldete sich ein halbes Jahr später, doch nicht, um sich von unserem Verein Hilfe zu erbitten, nein, sondern um für mich da zu sein. Sie war vor zehn Jahren verätzt worden und hatte dabei ihr Augenlicht komplett verloren. Sie wurde zu meinem Vorbild, denn sie hatte einen tollen neuen Partner gefunden und war Mutter einer Tochter geworden. Sie zeigte mir, egal, was passieren mag, man muss kämpfen – und man kann es trotzdem schaffen, glücklich zu sein.

Die Arbeit im Verein tat mir wirklich sehr gut, denn durch die vielen OPs war es mir nicht möglich, einer geregelten Arbeit nachzugehen. Bislang lebte ich vom Krankengeld, doch das konnte sich ändern. Es stand auch noch der Zivilprozess aus, in dem es um weitere Schmerzensgeldforderungen gehen sollte. Das Gericht hatte die 50 000 Euro, die Daniels Eltern an mich gezahlt hatten, für angemessen gehalten, aber nur für die Zeit, in der Daniel in Untersuchungshaft war. Nun ging es darum, sich auf einen angemessenen Schadensausgleich zu verständigen, der im Verhältnis stand zu dem Ausmaß meiner Lebensbeeinträchtigungen, zu der Größe, Heftigkeit und Dauer der Schmerzen, zum Heilungsverlauf und zu den sich daraus ergebenden Nachteilen für mein Leben. Daniels Eltern boten mir abermals Geld an, sie stellten mir 100 000 Euro in Aussicht, aber nicht, um mir finanziell unter die Arme zu greifen, sondern unter der Bedingung, dass ich nicht mehr in die Medien ging und den Namen ihres Sohns dort nicht mehr nannte. Sie warfen mir plötzlich vor, Werbung mit Daniel zu machen. Aber selbst wenn ich Daniel in dem Flyer für meinen Verein erwähnte, konnte ich darin definitiv keine Werbung erkennen. Er war Teil meiner Geschichte, ein Teil, der in meinem Gesicht festgeschrieben ist. Egal welche Bezeichnung ich für den Täter fand, der Täter war und blieb Daniel. Und wenn ich in den Medien über ihn sprach, dann nur, um anderen, die in einer vergleichbaren Situation waren, Mut zu machen. Mir diese Motivation, in der Öffentlichkeit als Vorbild zu fungieren, als negativ anzulasten war völlig fehl am Platz. Und ich war mit dieser Ansicht nicht allein. Das Gericht sollte diesen Vorwurf im Laufe des anstehenden Zivilprozesses als «unbillig» bezeichnen.

Der Zivilprozess lag mir auf der Seele. Ich ahnte, dass Daniel mich dafür hasste, dass ich von ihm Geld verlangte, insgesamt 250 000 Euro. Eine hohe Summe, aber die Kammer des Gerichts hatte die Größenordnung des Betrags als angemessen eingeschätzt. Daniel hasste mich aber bestimmt auch, wenn er Berichte über mich las oder sah. Konnte mir das egal sein? Würde die Wut, die er in sich trug, noch da sein, wenn man ihn aus der Haft entließ? Würde er womöglich doch wieder zu Säure greifen und das Spiel von vorne beginnen? Auch wenn ein Gutachter das verneint hatte – hundertprozentig auszuschließen war es nicht. Und sollte das tatsächlich passieren – würde ich diese ganze Prozedur ein zweites Mal aushalten?

Manchmal versuchte ich mich krampfhaft daran zu erinnern, wie er gewesen war und was ich an ihm gemocht hatte. Daniel hatte gekocht, die Wäsche gewaschen, das Haus geputzt – welcher Frau gefiel das nicht? Die gemeinsamen Spaziergänge mit Tyra und Kylie waren wunderschön gewesen. Wenn ich daran dachte, wurde ich traurig. Ich trauerte dann dem Gefühl nach, angekommen zu sein. Dabei war ich letztlich ständig auf der Hut gewesen, hatte niemals abschalten können, in dem Bestreben, mir immer alles zu merken, was Daniel gesagt hatte, um nur ja nichts falsch zu machen. Oder war ich traurig, weil ich mich hatte blenden lassen? Hatte denn wirklich alles so offensichtlich

auf der Hand gelegen? War ich so harmonie- und liebebe-
dürftig gewesen, dass ich Sachen in Kauf nahm, die man so
nicht in Kauf nehmen durfte?

Manchmal gab ich mich Tagträumen hin. Dann malte ich
mir aus, was passiert wäre, wenn ich damals die Beziehung
zu Daniel nicht beendet hätte, sondern einfach geflohen
wäre. Wäre es besser gewesen, in einen Flieger zu steigen
und erst nach einem Jahr zurückzukehren? Wäre ich dann
unversehrt geblieben, und hätte ich so alle anderen vor ihm
und seinen Belästigungen schützen können? Hätte er mich
dann längst vergessen, und die ganze Angelegenheit wäre
im Sand verlaufen? Hätte ich auf diese Weise die Tat verhindern können? Oder hätte er mich dann immer noch gestalkt
und wäre mir unermüdlich hinterhergelaufen?

Manchmal stellte ich mir vor, wie er in seiner Zelle in
der Justizvollzugsanstalt saß und fernsah. Es gelang mir
nur kurz, dann wurden meine Gedanken von anderen Ein-
drücken überlagert. Von kleinen Szenen aus dem Gerichtssaal. Erst dort erfuhr ich, dass er offensichtlich selbst dieser
ominöse Bryan war, dass er sich selbst SMS schrieb. Daniels
Exfreundin, die Mutter seines Sohnes, hatte ausgesagt, dass
es diesen Bryan nicht gäbe. Ihre Aussage hatte mich sprachlos gemacht, aber letztlich meinen Verdacht bestätigt.

Trotz aller Nachdenklichkeit bekam ich langsam das Gefühl, dass sich mein Leben sortierte, dass ich es in den Griff
bekam, so wie ich es mir schon seit langem wünschte. Ich
sehnte mich nach einer Beziehung, hatte aber Angst davor,
dass ich mich bei jedem Mann auf die Jagd nach irgendwelchen Anzeichen begeben würde, Anzeichen dafür, dass
ich mich wieder in Gefahr begeben könnte. Zudem hatte

ich mit dem Verein und dem Zivilprozess genug zu tun, das Männerthema stand nicht im Vordergrund. Noch immer lebte ich bei meiner Mutter, das Provisorium fühlte sich inzwischen nicht mehr wie ein solches an. Hatte ich nachts Albträume, konnte ich zu ihr ins Schlafzimmer gehen; an eine eigene Wohnung mochte ich noch nicht denken.

Eines Abends saß ich mal wieder auf dem Sofa und guckte Fernsehen. Wie üblich schaute ich bei Instagram und auf Facebook nach, ob jemand Hilfe benötigte oder etwas gepostet hatte. Wir vom Verein stellten hin und wieder Videos auf die sozialen Plattformen, um auf diese Weise möglichst weltweit allgemeine Informationen zu verbreiten. Bei einer Nachricht auf Facebook blieb ich hängen: «Hallo Vanessa, wie geht es dir denn?» Geschrieben hatte sie Paul, ein alter Jugendfreund, eine Teenagerliebe, er war derjenige, der mich zum ersten Mal geküsst hatte. Ich hatte ihn sehr gemocht und er mich auch, aber wir waren damals noch zu jung gewesen, um so etwas wie eine dauerhafte Beziehung überhaupt in Erwägung ziehen zu können. Augenblicklich schlug mein Herz schneller. Wieso schrieb mir Paul? Wieso schrieb er mir jetzt?

«Ja, alles gut», antwortete ich. Smalltalk schien mir die beste Strategie, um meine Aufregung zu verbergen.

«Wollen wir nicht mal zusammen einen Kaffee trinken?» Diese Formulierung kam mir bekannt vor. Sascha hatte sie benutzt, als er ebenfalls über Facebook mit mir Kontakt aufgenommen hatte. Und es hatte kein gutes Ende gefunden.

«Eigentlich verabrede ich mich nicht so gern zum Kaffee», gestand ich. «Weißt du überhaupt, was mit mir passiert ist?» In meinem Hinterkopf geisterte bei jeder eventuellen Verabredung mit einem Mann die Vorstellung, dass er mich nur aus Sensationslust treffen wollte. Und ich dachte, dass es bei Paul genauso wäre. Andererseits kannten wir uns immerhin schon seit über fünfzehn Jahren, er war mein allererster Freund, zwei Jahre waren wir zusammen gewesen, da musste ich doch keine Bedenken haben, oder?

«Ja, kein Problem. Deswegen brauchst du dir keine Sorgen zu machen.» Es war, als könnte Paul Gedanken lesen.

«Hab ich auch nicht», konterte ich, wobei ich überlegte, dass er sich auch schon früher hätte melden können.

«Dann spricht ja nichts dagegen, dass ich bei dir vorbeikomme. Jetzt. Oder willst du mich besuchen?»

Was für eine Charmeoffensive. Aber war es letztlich nicht auch völlig egal, aus welchem Grund Paul mich sehen wollte? Um meine Mutter und meinen Stiefvater nicht zu stören – es war schon gegen 22 Uhr –, entschied ich mich, zu ihm zu fahren. Er nannte mir seine Adresse.

Während der Fahrt dachte ich: Paul ist jemand, den ich kenne. Der erste Kuss, der erste Liebeskummer. So etwas schweißt zusammen. Er ist aber auch jemand, der mich kennt. Wenn wir was zusammen trinken, kann ich mich bestimmt problemlos auf seine Couch fläzen und die Füße hochlegen. Ich muss nicht aufpassen, welche Worte ich benutze, er würde deswegen nicht aus allen Wolken fallen. Mit einem Mal war mein Herzklopfen wieder da.

Anfangs war ich noch etwas unsicher, als ich seine hübsche Zweizimmerwohnung betrat. Kein Wunder, wir hatten uns ja länger nicht gesehen, und dazwischen war so einiges passiert. Wir waren damals ja noch sehr jung gewesen. Die Wohnung war ganz anders eingerichtet als meine ehemalige, sehr modern, mit vielen technischen Geräten. Er bot mir eine Cola an, und ab dem Moment war es genau so, wie ich es mir ausgemalt hatte. Ich saß auf seiner Couch, als würde ich auf meinem eigenen Sofa sitzen. Ich redete unentwegt, textete ihn zu, erzählte, was mit mir geschehen war. Ich musste mir das alles von der Seele reden. Paul sagte kaum ein Wort, doch es war, als wäre ich zu Hause angekommen. Später erzählte er mir, dass ihn die Tat eigentlich gar nicht so interessiert hätte, er habe mich nur wiedersehen wollen, die Vanessa, die er kannte. An diesem Abend fuhr ich eingeschüchtert von meinen eigenen wirren Gedanken und Gefühlen heim.

Erst zwei Wochen später sahen wir uns wieder. Dieses Mal verlief alles entspannter. Wir sahen uns Filme an, ich ließ Paul reden, wir verstanden uns, das war nicht von der Hand zu weisen. Ein gemeinsamer Abend folgte dem nächsten, und Paul fand nichts Besonderes dabei, wenn ich beim Fernsehen einschlief. Ich hingegen zuckte beim Aufwachen zusammen, sah ihn fragend an, ob es in Ordnung war, dass ich einpennte. Es war in Ordnung. Es war nur der innere Druck, der noch sein Unwesen mit mir trieb. Daniel war immer ausgerastet, wenn ich etwas getan hatte, was ihm nicht passte, selbst wenn es dazu eigentlich keinen Anlass gegeben hätte, und Sascha hatte auch nicht gerade entspannt reagiert, wenn ich die «private» Vanessa hervorholte. Bei Paul konnte ich sein, wie ich war. Und nicht einen Moment hatte ich das Gefühl, dass ihn mein Gesicht befremdete. Meine Angst davor war schnell vergessen. Im Gegenteil, er cremte meine linke Gesichtshälfte sogar liebevoll ein, damit die Narben nicht so sehr spannten.

«Bin ich eine andere geworden?», fragte ich ihn einmal nach ein paar Monaten.

«Nein», erwiderte er. «Du bist noch genauso wie früher.»

Alles fühlte sich richtig an. Ich hatte in den vorherigen Beziehungen nichts falsch gemacht, ich hatte es mir nur einreden lassen. Ich war nicht so gaga, wie es die anderen hingestellt hatten. Es gab nicht einmal Streit ums Geld. Wenn ich da an Ahmed dachte ... In der Dose, in der Paul und ich unser Essensgeld aufbewahrten, war stets welches drin. Sogar mehr, als Paul hätte hineinlegen sollen. Immer tankte er mein Auto voll, wenn er es benutzt hatte. Und brauchte ich neue Scheibenwischer, kam wenige Tage später ein Paket an: «Du, ich habe dir neue Scheibenwischer bestellt, deine alten sollten wir dringend austauschen.»

Manchmal werde ich traurig, wenn ich das erzähle, wenn ich sage, dass ich mich über Dinge freute, die eigentlich normal sein sollten. Ich war einen großen Umweg gegangen.

Immer seltener übernachtete ich noch bei meiner Mutter, nachts nicht neben Paul zu liegen und zu schlafen gefiel mir gar nicht mehr.

Zu Anfang unserer Beziehung verhüteten Paul und ich. Doch irgendwann erzählte er mir, dass er zuvor fünf Jahre in einer Beziehung gewesen sei, in der seine Freundin keine Kinder gewollt hätte. Er selbst aber habe einen großen Kinderwunsch verspürt.

«Was würdest du tun, wenn du doch wieder schwanger wirst?», fragte Paul. Ich hatte ihm von meinem Abbruch erzählt, von meiner großen Trauer um dieses verlorene Kind.

«Ich würde das Kind unbedingt behalten. Dieses Mal kann nichts passieren, weder dem Baby noch mir, mein verätztes Auge ist draußen. Und den richtigen Partner habe ich auch.» Ich strahlte Paul an.

«Dann lassen wir es darauf ankommen?»

«Gegenfrage: Kannst du dir denn vorstellen, Papa zu werden?»

«Na klar.» Jetzt grinste Paul.

Da mir ja von ärztlicher Seite gesagt worden war, dass es bei mir wegen des Diabetes nicht so leicht mit dem Kinderkriegen werden würde, nahm ich an, dass es sowieso nicht so schnell klappen würde, wenn überhaupt. Auch wenn die Erfahrung mit Sascha nicht unbedingt im Einklang damit stand. Paul und ich fuhren jedenfalls erst einmal zusammen in den Urlaub, nach Österreich, um herauszufinden, ob wir es miteinander aushielten, wenn wir Tag und Nacht auf engstem Raum zusammenhockten. Und es funktionierte. Es konnte gar nicht besser sein. Und schwanger wurde ich auch sofort, kaum dass wir mit dem Verhüten aufgehört hatten. Es ging rasend schnell, als hätte mein Körper nur darauf gewartet.

Im Herbst 2017 suchten wir nach einer gemeinsamen Wohnung, schließlich war ein Kind unterwegs, unser Kind, und wir brauchten für unsere kleine Familie mehr Platz. Ich konnte mein Glück kaum fassen. Gerade mal einundzwanzig Monate waren seit der Säureattacke vergangen. Ich freute mich unbändig auf das Baby.

«Ein Mutmachbaby», sagte ich zu Paul, der sich kaum einkriegen konnte, als er hörte, dass er Papa werden würde. «Man muss nicht ewig mit Schicksalsschlägen hadern, es kommen auch wieder die schönen Zeiten.»

«Zuversicht trägt Früchte», sagte er und streichelte meinen Bauch.

17

BESUCH IN DER ZELLE,
IN DER DANIEL SASS

März 2018

S elbst in meinem Glücksrausch konnte ich Daniel nicht vergessen, allein die Narben in meinem Gesicht ließen mich jeden Tag an ihn denken. Aber er fand noch weitere Mittel und Wege, um sich immer wieder in Erinnerung zu rufen: Er schrieb mir Briefe aus dem Gefängnis. Anfangs konnte man sie fast für Liebesbriefe halten, doch dann änderte sich der Ton. Er wurde weniger freundlich. Im Dezember 2017, nach einem Fernsehbeitrag, in dem ich gesagt hatte, dass ich Angst vor seiner Entlassung hätte, schrieb er, ich sei schon genug bestraft mit meinem Aussehen. Hätte er mich töten wollen, so wäre das ziemlich dumm von ihm gewesen, denn dafür hätte er lebenslänglich bekommen. Und dann würde ich auch nicht das Leben führen, was ich mir selbst ständig schönzureden versuchte. Ich hätte es nicht verdient zu sterben, es sei genau richtig, wenn ich jeden Tag in den Spiegel schaute, um auf diese Weise an meine Lügen erinnert zu werden. Daran, dass ich nicht zugegeben hätte, dass wir die Nacht vor meinem Geburtstag zusammen verbracht hätten.

Darüber hinaus habe er nach seiner Entlassung etwas

Besseres vor, als mich zu nerven, er würde nach seiner Haft einen brasilianischen Club eröffnen, vielleicht auch in die Immobilienbranche gehen, aus diesem Grund würde er inzwischen eine kaufmännische Ausbildung machen. Ich solle es also lieber bleiben lassen, mich weiter über ihn in den Medien zu äußern, seinen Namen aus meinem Flyer entfernen, den ich zur Gründung meines Vereins erstellt hatte. Sein Säureangriff sei nicht aus Eifersucht geschehen, nie habe er mir eine SMS geschickt, in der er behauptet hätte, dass er mit mir Kinder haben wolle. Nicht er sei eifersüchtig, sondern ich, damit hätte ich alles kaputt gemacht.

In einem dieser Briefe stand, er habe mich einmal sehr geliebt, doch das sei vorbei, ich hätte ihm durch meine Lügen die letzten schönen Erinnerungen an mich genommen. Ich hätte alles von ihm haben können, er sei immer treu gewesen, dabei hätte er oft genug die Möglichkeit gehabt, mich zu betrügen. Er zählte Frauen auf, die Sex mit ihm hätten haben wollen, doch ihnen allen hätte er gesagt, dass er mich über alles lieben würde, mir hätte er sein Herz geschenkt, sein Vertrauen, seine Liebe, ein Zuhause.

In dem Dezemberbrief war von dem brasilianischen Club nicht mehr die Rede, da hieß es, er habe vor, sobald man ihn 2024 oder spätestens 2029 entlasse, auf einem Anwesen mit Pferden zu wohnen, er wolle sich dann auch zwei Autos zulegen, einen Lamborghini Huracán sowie einen Audi R8 Spyder. Natürlich nicht auf seinen Namen, denn so könne man das nicht pfänden, er habe auch kein Geld mehr, seine Eltern hätten ihn enterbt, nicht einmal einen Pflichtteil würde er mehr erhalten. Auf diesem Anwesen hätte ich mit ihm wohnen können, statt Anwälte zu manipulieren, wir hätten beide, wie er es ausdrückte, ein geiles Leben haben können. Mein Gesicht sei die Strafe Gottes für mein Verhalten. Nun würde er eben auf diesem Anwesen seine jetzige Freundin heiraten, in Nike-Schuhen, und auch alle neunhundert Gäste würden Turnschuhe von Nike tragen.

Es ging auch immer wieder um Bryan, seinen ominösen Freund, bei dem das Gericht festgestellt hatte, dass er identisch mit Daniel war. Daniel argumentierte, das könne nicht sein, dann hätte er ja zwei Handys besitzen müssen mit zwei WhatsApp-Profilen, die Polizei hätte bei seiner Festnahme aber nur ein Mobiltelefon sichergestellt. Immer wieder versuchte Daniel das, was längst vor Gericht geklärt worden war, durch seine Version zu ersetzen.

In seinen Briefen erwähnte Daniel auch Paul, woher auch immer er von ihm wusste. Er hoffe für mich, dass ich nun endlich einen Mann habe, den ich manipulieren könne, wie ich wollte, denn dummerweise würde Paul wohl glauben, dass ich ein gutes Herz hätte. Dann verlangte er noch, dass ich ihn und seine Familie in Ruhe lassen sollte. Dazu fiel mir nichts mehr ein. Wer ließ hier eigentlich wen nicht in Ruhe?

Ich war im siebten Monat schwanger, als *stern TV* für einen Bericht auf mich zukam, natürlich sollte auch mein Babybauch in Szene gesetzt werden. Inzwischen wusste ich, dass Paul und ich Eltern eines Mädchens werden würden. Man hatte mir am Arm einen Chip unter die Haut implantiert, so konnte ich am Handy zu jeder Zeit meinen Zuckerwert kontrollieren – eine Sicherheitsmaßnahme für das Baby.

Vor den Dreharbeiten fragte man mich, ob ich einen Wunsch hätte. Ich hatte einen: «Ich kenne Gefängniszellen nur aus dem Fernsehen, aus Filmen, ich würde mir gern persönlich eine ansehen.» Der Wunsch hatte damit zu tun, dass ich wissen wollte, wie Daniel jetzt lebte. Ging es ihm genauso schlecht wie mir? Oder, ganz im Gegenteil: Ging es ihm vielleicht zu gut? Litt er womöglich gar nicht? Das mochten keine netten Gedanken sein, doch das waren die Gedanken, die ich hatte.

Mein Wunsch wurde mir erfüllt. Ich durfte sogar die Zelle 5502 sehen, die Zelle, in der Daniel in der JVA Hannover in Untersuchungshaft gesessen hatte. Eine gelbe Eisentür wurde aufgeschlossen, sie kam mir vor wie die Tür zu einem Bunker. Danach stand ich in einem Raum, der höchstens acht Quadratmeter groß war, es roch wie in einem Jugendheim, nach abgestandener Luft und Desinfektionsmittel. Es beruhigte mich, dass es in der Zelle so stickig war, so übel roch. Ich sah mich genauer um. Neben dem schmalen Bett sah ich einen kleinen Holztisch mit einem Stuhl davor. Auf dem Tisch stand ein weißer Wasserkocher, der Spiegel war aus Plastik, die reflektierende Oberfläche milchig, sodass man sich kaum darin erkennen konnte. Mit den Scherben eines Glasspiegels könnten sich Gefangene die Pulsadern aufschneiden, wurde mir erklärt. Die Toilette in der Ecke besaß keinen Deckel, der Sitz war aus Gummi. Neben der Toilette lag eine Rolle Klopapier auf dem nackten Boden.

Es war alles sehr spartanisch. Ich wusste nicht, wie ich diese Zelle einzuordnen hatte. Sie konnte eine gerechte Strafe sein für jemanden, der seine Tat bereute. Solange die Tür offen stand, war die Zelle vielleicht auszuhalten, aber wurde hinter einem die Tür abgeschlossen, kam man nicht mehr raus. Die eigene Selbstbestimmung war auf acht Quadratmeter eingesperrt, kaum noch etwas konnte man frei entscheiden. Für mich war das eine entsetzliche Vorstellung. Aber war es das auch für Daniel? Ich hegte die leise

Vermutung, dass das bei ihm nicht der Fall war. Er war in der «normalen» Welt nicht klargekommen, ich hatte sämtliche Briefe für ihn schreiben und auch sonst alle möglichen Sachen für ihn regeln müssen. Es war davon auszugehen, dass er mit einem Leben im Gefängnis ganz gut fuhr. Im Grunde genommen musste es eine Erleichterung für ihn sein, da er draußen – zumindest nach meiner Erfahrung – nicht überlebensfähig war. Hier wurde ihm gesagt, wann er zu essen hatte, wann er raus auf den Innenhof konnte, wann das Licht ausging. Er kam nicht nur mit dem Leben draußen nicht klar, das betraf auch sein eigenes.

Die Haft musste wie Urlaub für ihn sein, schließlich wurde ihm hier drinnen alles abgenommen. Es würde ihm auch nichts fehlen, nicht einmal das Materielle, da es für ihn keine Bedeutung hatte. Ich erinnerte mich daran, dass ich ihm einmal Pullover gekauft hatte, die er wie Putzlumpen behandelt hatte, ohne jeglichen Respekt, völlig unabhängig davon, wie teuer sie gewesen waren. Nie war er stolz auf seine Sachen gewesen, nie hatte er auf etwas achtgegeben. Nein, das Gefängnis war keine Strafe für ihn. Er fand es womöglich sogar schön, so wie es hier drinnen zuging – wenn er überhaupt etwas fühlte. Eine Genugtuung konnte ich nicht spüren.

Eine Frage lag mir auf der Zunge, die ich nun dem Beamten stellte, der die Zellentür aufgeschlossen hatte.

«Warum bekomme ich eigentlich immer noch Briefe von Daniel F.?»

«Das Briefgeheimnis ist ein Grundrecht des Menschen und damit unverletzlich, Artikel 10 des Grundgesetzes», erklärte er. «Jeder darf jedem einen Brief schreiben und verlangen, dass dieser zugestellt wird. Auch Daniel F.»

«Selbst wenn auf dem Kuvert meine Adresse steht? Kann man das denn nicht irgendwie stoppen?»

«Das Briefgeheimnis ist ein Menschenrecht», wiederholte er. «Wir dürfen die Briefe nicht einmal lesen.»

Ich musste schlucken, nicht einmal der Inhalt seiner Schreiben war bekannt. Das hieß, selbst wenn die Täter weggesperrt waren, konnte man die «Opfer» vor gewissen Sachen nicht schützen.

Anschließend bekam ich die Möglichkeit, mit einer Mitarbeiterin der JVA zu sprechen, die es mir ermöglicht hatte, die U-Haft-Zelle anzuschauen. Sie hatte blondes, schulterlanges Haar, einen Pony und war Mitte dreißig. Sie erzählte mir, dass Daniel im Beisein von Beamten nie schlecht über mich gesprochen hätte, sie habe aber sehr wohl gehört, wie er mit anderen Häftlingen ganz anders über mich sprach. Ihnen habe er gesagt, dass er mich hasse und mich umbringen wolle. Auch Daniel hatte zwei Gesichter.

Aus anderer Quelle hatte ich erfahren, dass Daniel nur einmal am Tag die Zelle verließ, um Sport zu machen, ansonsten würde er sich einsperren lassen, aus Angst, die Mitgefangenen könnten ihm etwas antun. Ob das der Wahrheit entsprach, wusste ich nicht. Ebenso wenig wusste ich, ob er tatsächlich eine Ausbildung machte, wie er es in einem seiner Briefe behauptet hatte. Es konnte stimmen, es konnte aber auch nicht stimmen.

Als ich wieder draußen vor dem Tor der JVA stand, dachte ich: Im Grunde möchte ich nur das Beste für einen Menschen, so bin ich erzogen worden. Aber für Daniel möchte ich nicht das Beste. Sofort hatte ich ein schlechtes Gewissen, als ich diesen Gedanken für mich ausformuliert hatte. Doch was ich in der Zelle gesehen hatte, war meiner

Meinung nach nicht Strafe genug. Ich hatte lebenslang bekommen, er nicht. Diese Tatsache konnte ich einfach nicht vergessen.

Ich stellte mir auch vor, ich wäre mit Daniel zusammengeblieben und von ihm schwanger geworden. Er hätte mich bestimmt niedergemacht, hätte sich womöglich abwertend darüber geäußert, wie ich immer dicker werde. Der Terror wäre sicher weitergegangen, hätte sich vielleicht sogar verstärkt, denn durch eine Schwangerschaft hätte er weniger Aufmerksamkeit bekommen. Ich hätte dann ja noch eine weitere Person geliebt, das in mir heranwachsende Kind. Es wäre mir niemals gelungen, seinen Anforderungen zu entsprechen, wahrscheinlich hätte er mich irgendwann wieder eingeschlossen, und ich hätte bitterlich geweint und mich nach dem Tod gesehnt. Die reinste Hölle!

Von seiner Exfreundin hatte ich erfahren, dass Daniel, wenn der kleine Sohn in seinem Kinderzimmer schrie und sie noch im Bett lagen, nur rübergerufen hätte, dass er leise sein solle, sie würden noch schlafen. Das hätte ihr das Herz gebrochen, sie wäre dann weinend zu dem Kind geeilt. Wäre das Gleiche auch mir passiert? Wie auch immer: Es war gut, dass sie ihn verlassen hatte, allein dem Kind zuliebe.

Und dann dachte ich, vielleicht auch zu meiner eigenen Überraschung: Wenn die Verätzung der einzige Ausweg war, damit er mich in Zukunft in Ruhe lässt und ich endlich glücklich sein kann, dann war es das wert.

Die Schwangerschaft veränderte meine versengte Haut. Sie wurde fleckig, verlor an Elastizität und hing ein wenig herab, die Narbenwulste verringerten sich hingegen. Erstaunlich, was ich so alles an mir beobachten konnte. Aber noch etwas wurde durch mein schwangeres Dasein beeinflusst: Mit jedem Monat kehrte ich mehr und mehr in das normale Leben zurück, die Verbrennungen, die von den Medien verwendete Bezeichnung «Säureopfer» rückten zunehmend in den Hintergrund. Es gab sogar Momente, in denen ich völlig vergaß, dass ich verbrannt war.

Dann wieder plagten mich Ängste. Paul und ich würden ja ein Mädchen bekommen – doch wie würde unsere Tochter reagieren, wenn sie größer wurde und feststellte, dass ihre Mutter nicht so aussah wie die anderen Mütter? Würde sie darunter leiden oder dazu stehen, dass ich so war, wie ich war, und mich in Schutz nehmen? Würde sie deswegen gemobbt werden? Und wann wäre der Zeitpunkt gekommen, an dem ich ihr erzählen musste, was mit mir passiert war? Schon dann, wenn ihr auffiel, dass ich anders war? Würde sie dann Angst vor mir haben, weil ich mich mit einem Menschen wie Daniel eingelassen hatte?

Vor kurzem wollte ich ein Paket bei einer Nachbarin abholen, die es freundlicherweise für mich angenommen hatte. Paul und ich hatten schon unten bei ihr geklingelt und ihr über die Gegensprechanlage angekündigt, dass wir das Paket jetzt abholen würden. Als wir die Treppen hochstiegen und schließlich vor ihrer Tür standen, machte sie diese nur einen Spaltbreit weit auf. Ich sah ihr direkt in die Augen, da riss sie die Tür auf, rief laut: «Oh Gott!», und knallte sie mir vor der Nase wieder zu. Im ersten Moment war ich so perplex, dass ich nicht begriff, was gerade vor sich gegangen war. Ich klingelte ein weiteres Mal, zögernd öffnete die Nachbarin erneut die Tür, eine Mittdreißigerin, die ein blaugrünes Kopftuch umgebunden hatte. «Entschuldigung», sagte sie verlegen und erklärte, sie habe sich maßlos erschrocken. Langsam wurde mir bewusst, dass ich der Frau mit meinem Gesicht Angst eingejagt hatte. Was, wenn meine Tochter auch so reagieren würde oder ihre Freunde? Bevor ich diesen Gedanken zu Ende gedacht hatte, schossen mir bereits die Tränen in die Augen.

Das Erlebnis bedrückte mich noch tagelang. Ich überlegte, ob es an der Zeit sei, all die Schönheitsoperationen durchführen zu lassen, die mir Dr. Vogt angeboten hatte. Doch je länger ich mit diesem Gedanken spielte, umso mehr kam ich zu dem Schluss: Es würde mich nicht glücklich machen, wieder normal auszusehen. So seltsam das klingen mag, aber diese frühere Vanessa war ich einfach nicht mehr, und ich wollte sie auch nicht mehr sein. Ich erinnerte mich an Aussagen von Müttern, die mich kontaktiert hatten, weil sie ein verbranntes Kind hatten. Eine Mutter hatte mir erzählt, ihr Sohn würde es schlichtweg ablehnen, andere verbrannte Kinder zu treffen. Verständlich. Doch vor den eigenen Narben konnte man nicht davonrennen. Da halfen selbst nicht noch so viele plastisch-chirurgische Eingriffe.

Ich entschied, die neue Vanessa mit den zwei Gesichtern auf Dauer zu akzeptieren, und inzwischen war ich mir fast sicher, meine Tochter würde es ebenfalls tun. Und diese Hoffnung war gar nicht mal so unbegründet, denn die Nachbarin, die entsetzt vor mir zurückgewichen war, stellte eine Ausnahme dar. Aber mit Ausnahmen konnte ich umgehen.

Ich fasste diesen Entschluss auch, weil der Ärger, die maßlose Wut allmählich verblassten. Zwang der Alltagsstress mich in die Knie, ließ er mich hin und wieder an allem zweifeln, dann musste ich nur an den schlimmsten Tag in meinem Leben zurückdenken. Ich fragte mich dann: Was war an diesem Tag noch wichtig gewesen? Und die Antwort lieferte ich gleich hinterher: Wichtig war, überhaupt leben zu dürfen!

Mir war natürlich klar, dass die Tat nicht nur äußerlich Spuren hinterlassen hatte. Vielleicht war das innere Leid sogar größer als das sichtbare. Anfangs versetzte mich die kleinste Auseinandersetzung mit Paul in Angst und Schrecken – die Qualen, die Daniel mir zugefügt hatte, brodelten noch in mir. Einmal fuhren wir zu Pauls Eltern zum Essen, und während des Fahrens bewegte er sein Handgelenk und formte seine Hand zu einer Faust. Ich wusste, dass diese geballte Faust nicht mir galt, auch keinem anderen Fahrer – er hatte sich gerade eine sogenannte Smartwatch gekauft, die die Zeit anzeigte, wenn man seinen Arm bewegte –, dennoch zuckte ich zusammen. Schneller, als ich denken konnte. Mein Herz begann zu rasen, und der Adrenalinstoß löste einen Asthmaanfall aus.

Diese Reaktion zeigte mir, dass ich nicht mehr in der Lage war, einem Mann hundertprozentig zu vertrauen. Die Sicherheit, die grundsätzliche Stabilität im Umgang mit Männern war mir abhandengekommen, war mir genommen worden. Eine falsche Handbewegung, und mein Körper war getriggert, er signalisierte mir, dass es jederzeit zu einer Handgreiflichkeit kommen konnte. Das gefiel mir gar nicht, denn das hatte Paul nicht verdient. Paul, bei dem ich am besten schlief, wenn er in meiner Nähe war.

Dann war es so weit. Mal wieder trat mich mein Baby in den Bauch, und zwar so heftig, dass ich dadurch wach wurde. Dabei bemerkte ich, dass ich wie jede Nacht dringend auf die Toilette musste. Danach kontrollierte ich noch einmal meinen Blutzucker. Hmmh. Ein Wert von 75, das war ein wenig niedrig für vier Uhr morgens. Also trank ich ein paar Schlücke Cola und kuschelte mich wieder an Paul. Nur fünf Minuten später bemerkte ich, wie eine Art Ausfluss aus mir herauskam. Ich sprang auf und rannte zur Toilette. Es war, als würde Wasser aus mir herauslaufen. Mit jedem Schritt, den ich tat, schlug mein Herz so stark, dass ich es hören konnte. Ich ahnte, dass es die Fruchtblase war, offensichtlich war sie geplatzt. Als ich auf der Toilette saß, dachte ich nur: Jetzt geht es los, vier Tage zu früh. Ich öffnete die Toilettentür, die in unserer neuen Wohnung an unser Schlafzimmer grenzte, und rief:

«Paul, bitte wach auf!»

Mit verschlafenen Augen schaute er mich an. «Ist was passiert?», fragte er. Doch noch bevor ich ihm die Sache mit der Fruchtblase erklären konnte, hatte er verstanden. Augenblicklich sprang er aus dem Bett und zog sich an, ich konnte an seinen Bewegungen erkennen, wie aufgeregt er war.

Ich schnappte mir zwei Handtücher, eine dicke Binde, zog ein Kleid an und schlüpfte in Flip-Flops. Der Koffer fürs Krankenhaus war schon gepackt. Die beiden Handtücher zwischen meinen Schenkeln, fuhr Paul mich in die Klinik. Die Fahrt wollte nicht enden. Die ganze Zeit über fassten wir uns an den Händen und machten uns bewusst, dass wir in ein paar Stunden Eltern sein würden.

Endlich hatten wir das Krankenhaus erreicht. Man schickte uns in den Kreißsaal, wo ich sofort an ein CTG-Gerät angeschlossen wurde, an den Herztonwehenschreiber. Die Wehen setzten ein. Und dann begann er, um neun Uhr, der geplante Kaiserschnitt, wenn auch nicht ganz so geplant. Ich zitterte von Beginn an am ganzen Körper. Ich hatte keine Kontrolle mehr über ihn, das ausgeschüttete Adrenalin war nicht mehr zu bändigen. Alle Ärzte und Schwestern waren ausgesprochen liebenswert und fürsorglich. Sie betteten mich in vorgewärmte Decken und erzählten mir Schritt für Schritt, was sie gerade machten. Dann wurde die Spinalanästhesie gesetzt. Ein kurzer Stich in den Rücken, den ich kaum merkte, ganz ohne Schmerzen. Nun lag ich da, während alles für den Kaiserschnitt vorbereitet wurde.

Paul wartete draußen darauf, dass man ihn reinholte, man hatte ihn gebeten, OP-Kleidung anzuziehen. Ein grobes Hemd, Mütze und Mundschutz. In meinem Innersten stürzten Fragen über Fragen auf mich ein: War unsere Tochter gesund? Würde sie schreien? Was machte ich überhaupt mit dem Wurm, sobald er draußen war? Ich war komplett überfordert.

Nun durfte Paul zu mir kommen, sich neben meinem Kopf zu mir setzen und mit mir warten. Mein ganzer Körper wurde unablässig durchgerüttelt, doch ich hatte zu keinem Zeitpunkt irgendwelche Schmerzen. Zugleich konnte ich Bewegungen außen an meinem Körper spüren. Es fühlte sich an, als würde jemand auf meinem Bauch herumdrücken, um meine Tochter herauszuschieben. Dann endlich – der erlösende Schrei. Unser Baby schrie ordentlich, es klang putzmunter. Aus Erleichterung fing ich an zu weinen. Paul und ich waren Eltern geworden. Auch Paul konnte seine Tränen nicht zurückhalten, vor Freude weinten wir um die Wette. Ein kurzer Blick auf unsere Tochter, dann hieß es, man würde sie sauber machen. Paul begrüßte und begleitete sie, während ich weiter betreut und zugenäht wurde.

Im Beobachtungsraum warteten die beiden auf mich.

Endlich durfte ich meine wundervolle Tochter in den Armen halten. Wir konnten beide unsere Blicke gar nicht von ihr abwenden. Ich dachte: Noch nie in meinem ganzen Leben habe ich einen anderen Menschen so sehr geliebt – außer Paul natürlich. Ich begriff plötzlich, wie sehr meine Eltern gelitten hatten, als sie mich an jenem besagten Morgen nicht vor Daniel hatten schützen können. Könnte er auch ihr eines Tages etwas antun? Sofort schob ich diesen Gedanken brutal zur Seite, um mir den emotionalsten Moment in meinem Leben nicht kaputt zu machen. Jetzt hieß es, diesen Augenblick zu genießen, ihn auszukosten.

Wir durften nun aufs Zimmer, ein Familienzimmer, damit Paul sich um die Kleine kümmern konnte. Ich war noch achtundvierzig Stunden ans Bett gefesselt, mit einem Blasenkatheter und schlimmen Schmerzen. Es war eine Achterbahn der Gefühle. Zwischendurch war ich tieftraurig und musste weinen, weil ich nicht in der Lage war, mich um meine Tochter zu kümmern. Doch Paul war ein hinreißender Vater, ich verliebte mich in diesen Stunden erneut in ihn. Er wickelte das Baby zum ersten Mal, alles ganz vorsichtig, die Aufregung war ihm anzusehen.

Wir beide konnten in dieser ersten Nacht zu dritt nicht schlafen, da wir unsere Tochter jede Minute beobachten wollten. Ich bekam wieder Morphin, damit meine Schmerzen nicht überhandnahmen.

Nach zwei Wochen hatte ich mich in die Mutterrolle eingefunden. Ich war chronisch übermüdet und manchmal wehleidig, doch alles war vergessen, sobald die Kleine auf meinem Bauch lag und lächelte. Was für ein schönes Gefühl, Mutter sein zu dürfen!

NACHKLANG

Rückblickend denke ich, dass das Attentat am 15. Februar 2016, das eine Wendung in meinem Leben herbeiführte, letztlich etwas war, das geschehen musste. Es gelang ihm nie, mich zu zerstören, im Gegenteil, es zeigte mir eher, wie stark ich wirklich bin! Daniel F. hat damals im Grunde gar nicht mich getroffen, vielmehr hat er sich mit der Schwefelsäure selbst zerstört. Immer wieder höre ich diesen letzten Satz von ihm. «Ich geh ja sowieso ins Gefängnis.» Er sollte recht behalten. Er ging aber nicht nur hinter Gitter, er schloss sich auch in seinem eigenen Leben ein, in seinem eigenen Gefängnis.

Der 15. Februar 2016 ist für mich also nicht der Tag, an dem das Attentat stattfand, es ist der Tag, der mir einen Neuanfang ermöglichte. Meine Welt hat sich seither um 180 Grad gedreht. Meine Erinnerungen an Daniel und die vergangenen drei Jahre verschwimmen zusehends. Ich muss mich inzwischen anstrengen, um mich zu entsinnen, wie es damals eigentlich war. Ganz sicher hängt das auch damit zusammen, dass ich inzwischen eine große Verantwortung für meine Tochter trage und dass ich jede freie Minute nutze, um mich um unseren Verein zu kümmern. Ich möchte denjenigen, die unsere Hilfe benötigen, gerecht werden, denn auch ihnen gegenüber habe ich eine große Verantwortung.

Manchmal scheitere ich an meinem eigenen Anspruch. Es kommt vor, dass ich einfach vor dem Laptop einschlafe, während ich Anträge schreibe und Dokumente für unsere Vereinssitzungen erstelle. Und oft dauert es länger, als mir lieb ist, bis ich ein SOS-Paket verschicke, um das wir gebeten wurden. Das macht mich unzufrieden. Aber dann stelle ich mir vor, wie ich meine kleine Tochter bald zu anderen Betroffenen mitnehmen kann, sodass sie schon früh Kontakt zu ihnen hat. Und wenn ich dann so richtig ins Träumen gerate, sehe ich es schon vor mir, wie wir eines Tages zusammen die Hilfspakete zusammenstellen und zur Post bringen. Wer weiß, vielleicht übernimmt sie sogar irgendwann den Vorstand unseres Vereins.

Ich kann es nicht anders sagen. Meine Tochter ist das Wichtigste in meinem Leben geworden.

DANK

Es gibt viele Menschen, denen ich danke sagen möchte. Ich danke Laura Jordan und Mark Sprotte, die die Initiative «We Love Vanessa» ins Leben gerufen haben, um nach dem Säureanschlag Spenden für mich zu sammeln. Allen anderen, die ebenfalls daran beteiligt waren, möchte ich auch danken.

Als ich aus dem Koma erwachte, standen unzählige Menschen aus der ganzen Welt hinter mir, die mir über die Website viel Kraft gespendet haben. Sie gaben mir das Gefühl, nie aufgeben zu dürfen.

Ich danke meiner Familie, meinem Vater, meiner Mutter, meiner Schwester und allen lieben Menschen um sie herum. Sie haben mir immer Mut gemacht. Meine beiden Freundinnen Arezu Djafari Naini und Yağmur Sahin sind während meiner Zeit im Krankenhaus nicht von meiner Seite gewichen. Jeden Tag wechselten sich alle ab, damit ich nie alleine war. Und natürlich mussten sie reihum etwas zu essen mitbringen, klar. Wie oft habe ich nachts mit einer oder einem von ihnen telefoniert. Und niemals haben sie sich beschwert. In der schlimmsten Zeit meines Lebens waren sie alle bei mir, und ich kann sagen, dass ich reicher nicht mehr werden kann. Wer kann schon von sich behaupten, dass sich so viele Menschen für einen einsetzten? Ich weiß, dass meine Familie und meine Freunde zu mir halten, egal was noch passieren wird.

Auch möchte ich den Krankenschwestern auf der Intensivstation 71, auf der Station 37 und in der Augenpoliklinik danken, die mich nicht wie eine Patientin behandelt haben, sondern wie eine ganz normale junge Frau, die gerade eine Auszeit benötigt. Ganz besonders möchte ich mich bei Frau Dr. Katerina Hufendiek und ihrem Team bedanken, die mich immer unterstützten und halfen, wenn wieder kurzfristig eine Not-OP notwendig wurde, weil mein Auge aufplatzte. Ich danke Prof. Peter Vogt und seinem Team, dass es mir ein neues Ich schenkte und mir mein Leben rettete. Danke ebenso an Prof. James Mcrritt und Prof. Dorothea Besch, sie waren die Einzigen, die sich getraut haben, mich von meinem Leid mit dem Auge zu erlösen. Auch möchte ich Gerald Greiner, meinem Ocularisten, dafür danken, dass er mich bei meiner Augenentnahme, meiner schwersten OP, begleitet hat und es möglich gemacht hat, dass ich inzwischen eine Prothetik trage, denn mein Auge war völlig zerstört. Mein Dank gilt ebenso den Kommissaren Burmeister und Hoffmann, die stets an meiner Seite waren und mir das Gefühl gaben, sicher zu sein. Letzteres vermittelte mir auch Richter Rosenbusch.

Danke an Regina Carstensen, denn ohne sie wäre das Buch nicht entstanden. Als ich sie das erste Mal am Hauptbahnhof in Hannover sah, wusste ich, wir würden zusammenpassen. Sie hörte mir auch an den Tagen zu, als ich den Kopf nicht mehr freihatte, selbst etwas aufzuschreiben. Ich konnte mit ihr lachen und weinen, und immer ging sie liebevoll und unverfälscht mit meinen Sätzen um. Vertrauensvoll übergab ich ihr mein Tagebuch. Danke dir, Regina.

Mein allergrößter Dank gilt meinem Lebenspartner dafür, dass er mir eine wundervolle Tochter geschenkt hat und mich so liebe, wie ich bin.

Vielen Dank,
eure Vanessa Münstermann